我迷故我在

日本动漫御宅族生活方式研究

I Fascinate, therefore I am

The Study of Living Pattern of
Japanese Animation Otaku on an Anthropological Perspective

博日吉汗卓娜 ◎ 著

中国社会科学出版社

图书在版编目（CIP）数据

我迷故我在：日本动漫御宅族生活方式研究／博日吉汗卓娜著．—北京：中国社会科学出版社，2019.3

ISBN 978-7-5203-1978-2

Ⅰ.①我… Ⅱ.①博… Ⅲ.①生活方式—研究—日本 Ⅳ.①D731.383

中国版本图书馆 CIP 数据核字（2018）第 015723 号

出 版 人	赵剑英
责任编辑	戴玉龙
责任校对	王纪慧
责任印制	王　超

出　　版	中国社会科学出版社
社　　址	北京鼓楼西大街甲 158 号
邮　　编	100720
网　　址	http://www.csspw.cn
发 行 部	010-84083685
门 市 部	010-84029450
经　　销	新华书店及其他书店
印　　刷	北京明恒达印务有限公司
装　　订	廊坊市广阳区广增装订厂
版　　次	2019 年 3 月第 1 版
印　　次	2019 年 3 月第 1 次印刷
开　　本	710×1000　1/16
印　　张	19.25
插　　页	2
字　　数	279 千字
定　　价	78.00 元

凡购买中国社会科学出版社图书，如有质量问题请与本社营销中心联系调换
电话：010-84083683
版权所有　侵权必究

序

　　日本是世界第一动漫强国和动漫文化产品输出国，其动漫文化的影响力波及世界各国。在动漫产业十分发达的日本，有形的动漫产品和无形的动漫文化，共同催生了动漫御宅族这一特殊的亚文化群体的形成。伴随着动漫文化的发展繁荣，动漫御宅族已经成为一个有别于其他社会群体、有着共享价值理念和特殊生活方式的亚文化群体。他们追逐、消费动漫文化，也参与建构、再生产动漫文化。动漫御宅族特征鲜明地存在于日本社会，经历着他们的别样人生。

　　动漫亚文化已成为一部分人的特殊生活方式。文化人类学把人们的生活方式作为文化研究的主要内容之一，研究的意旨就是阐明一种特殊的生活方式以及这种生活方式隐含或外显的意义和价值。本书作者以日本御宅族为研究对象，综合运用人类学、文化社会学及媒体人类学的相关理论与方法，对御宅族的衣食住行、休闲娱乐方式、消费方式、人际互动方式、二次元情结，以及反映在这一群体生活方式中的态度、价值观或世界观，及其背后的意义系统等进行了较为深入的分析阐述。作者认为，御宅族生活方式的最大特点是生活融入动漫、动漫融入生活。动漫文化内化于御宅族的价值追求和审美取向，外显于御宅族的生活方式与行为方式。动漫御宅族生活方式的意义，表层是对风格、个性的塑造和张扬，快感的获得；深层是在于自我身份的建构与表达，在于自我认同和群体认同的实现。作者还认为，御宅族是传媒技术高度发达的商业社会和知识经济时代的产物，是当代社会多元文化的重要组成部分。同时，御宅族的存在也是社会活力的表现形态之一。这一特殊群体及其文化形态，具有引领科技及时尚前沿、激发创新思维的积极一面。但同时，御宅族对动漫的迷恋表现出一定的过度性，过度沉迷于动漫会造成青少年社交能力的弱化、滋生心理疾病等问题。尽管御宅族群体内部的自我认知和群体外部的观感存在一定的差异性，但日本御宅族文化经过几十年的发展，业已成为具有重要影响力的社会亚文化，并不断向社会主流文化渗透。在以互联网为主导的新媒介时代，御宅族与由大众传媒主导的文化消费模式之间形成一种互动的、相互博弈的关系，在此过程中各取所需、相互依存。

  本书的学术价值表现在：就研究视角而言，在相关研究领域中，国内学者多是从传播学、心理学和文化产业等方面探讨相关话题，尚未发现从人类学视角对日本御宅族的深入、系统研究。由于所研究的文化形态属于与现代传播技术有紧密关联的时尚、流行文化，因而，本节还引入了媒体人类学、传播学等相关学科的研究视角。因而，可以说，作者的研究实践拓展了人类学的研究领域和研究内容。从研究方法来看，作者除了直接接触调查对象搜集第一手资料之外，由于御宅族的主要活动场域是虚拟网络空间，因而，需要将网络作为另一种田野，参与到与御宅族的互动和交流之中，突破人类学田野调查的现场观察和面对面访谈的局限，创新了人类学的研究方法。

  本书的应用价值表现在：通过对日本御宅族生活方式和行为、思维特征的系统研究，能够为日本相关研究领域提供一种跨文化研究的范例，同时，也能够为中国的动漫研究、御宅族等相关研究提供一定的借鉴。作者借助动漫亚文化这一文化多样性的表现形式之一，增进了对御宅族文化现象所承载的知识形式和文化特征的理解，为中日两国跨文化交流与互动提供了一个新的渠道。

  本书作者博日吉汗卓娜，2010年10月从日本留学回国，2011年9月考入中国社会科学院民族学与人类学研究所攻读博士学位，2014年6月获法学博士学位。我是她的博士生导师，该同学勤勉好学、认真严谨的治学态度，给我留下了深刻印象。她在攻读博士学位期间两次获得优秀研究生称号，其博士学位论文被评为2014年度中国社会科学院优秀博士论文。

  在此想补充的一点是，作为一部具有开拓性的海外民族志研究成果，特别是对御宅族亚文化、流行文化的研究，无论方法还是理论分析，都有别于人类学传统的研究领域，难度较大，因而本书中难免存在一些局限和不足。希望作者在今后的学习及研究中继续努力，以取得更好的研究成果。我相信，本书的出版将会进一步带动和促进动漫亚文化研究的发展。

色音

中国社会科学院民族学与人类学研究所

2017年春

摘　　要

　　文化人类学把人们的生活方式作为文化研究的主要内容，文化分析就是阐明一种特殊的生活方式以及这种生活方式隐含或外显的意义和价值。在本书中，御宅族的生活方式指的是御宅族的衣食住行、休闲娱乐方式、消费方式、人际互动方式，以及反映在生活方式中的态度、价值观和世界观等。

　　日本动漫御宅族是伴随动漫文化以及现代资讯的快速发展而出现的一个独特的社会群体。御宅族与众不同的生活方式创造了各种独特的文本、符号、象征及意义，并催生了动漫亚文化的产生，动漫亚文化是一种生活方式文化。日本作为世界第一大动漫强国，其动漫文化的影响波及世界各国。与此相应，日本御宅族的生活方式、行为方式和审美观也是包括中国在内的其他国家御宅族效仿的样板。中国是日本的邻国，20世纪八九十年代日本动漫传入中国后，日本动漫文化以及日本御宅族的生活方式、思维及行为方式对中国年青一代产生了深远的影响。

　　本书以日本御宅族这一亚文化群体为研究对象，采用人类学田野调查和文献研究相结合的方法，综合运用人类学、文化社会学及媒体人类学的相关理论，对御宅族的生活方式、思维及行为方式进行深度描述，在此基础上，从文化整体论的视角出发，探析御宅族的生活方式和行为模式背后的意义和价值系统，以期增进对御宅族这一亚文化群体的了解，以及对这一文化现象所承载的知识形式和文化特征的理解。

　　本书的理论意义表现在：就研究视角而言，通过对动漫文化及御宅族相关研究的文献回顾发现，在这一研究领域中，鲜见人类学、民族学的研究成果。国内学者多是从传播学、心理学和文化产业等方面探讨相关话题，尚未发现从人类学视角对日本御宅族生活方式的深入、系统研究。因而，本书的研究，可以拓展人类学的研究领域和研究内容。就研究方法而言，除了直接接触调查对象搜集第一手资料之外，由于御宅族的主要活动场域是虚拟网络空间，因而，需要将网络作为另一种田野，参与到与御宅族的互动和交流之中，突破人类学田野调查的现场观察和面对面访谈的局限，创新了人类学的研究方法。

本书的实践意义表现在：通过对当代日本御宅族生活方式的深入研究，能够对御宅族研究起到正本清源的作用，为中国的动漫文化研究和御宅族研究提供一定的借鉴。对御宅族这一亚文化群体的观照，也有助于对文化多样性的理解。

本书的主体内容由绪论、正文五章和结语三部分组成。

绪论：介绍本书的选题目的与选题意义、国内外研究现状、研究内容与研究方法、创新之处，并对相关概念和术语进行界定和解释。

第一章：梳理和介绍作为本书分析背景的日本动漫的产生及发展历程，并对日本动漫的基本特征、传播形式和传播渠道进行概括和分析。

第二章：对动漫御宅族的概念进行辨析、界定。厘清御宅族与普通动漫爱好者的异同，分析御宅族产生的主、客观因素。

第三章：首先，分析御宅族群体内外对其形象的认识和评价；其次，在实地调查的基础上，对御宅族的语言使用、审美取向、恋爱、衣着装扮等进行深入阐述；再次，以网络田野和实地田野工作相结合的方法，对御宅族在虚拟空间和现实生活中人—机—人、人—人等特殊的交流互动方式进行分析研究；最后，通过实地调查，重点考察东京秋叶原、池袋乙女路和鹫宫町等三个主要的御宅族"圣地"，揭示御宅族对"圣地"的依存和"圣地"因御宅族而繁盛的过程与原因。

第四章：在对角色扮演概念进行界定，对角色扮演的缘起和发展、角色扮演的具体过程进行梳理和描述的基础上，对秋叶原女仆餐厅和乙女路执事餐厅这两个因角色扮演行为而包含大量动漫元素的场所进行深入的田野调查，探究御宅族在现实生活中追求二次元文化、渴望融入动漫世界的原因和过程。

第五章：从文化人类学、社会学、传播学等相关学科的视角，对御宅族的身份特征、御宅族生活方式的意义系统及其追求意义的途径等进行尝试性分析和阐述。

结语：对正文的主要内容进行逻辑层面的概括、提炼，深入阐述本书的研究主旨及研究结论，并提出了有待进一步研究的问题。

本书的主要观点是：

首先，御宅族生活方式的最大特点表现为生活融入动漫、动漫融入生活。与动漫相融合的生活方式是动漫亚文化的表征。动漫文化内化于御宅族的价值追求和审美取向，外显于御宅族的生活方式与行为方式。

其次，动漫御宅族生活方式的意义，表层是对风格、个性的塑造和张扬，快感的获得；深层是在于自我身份的建构与表达，在于自我认同和群体认同的实现。

再次，日本御宅族群体经过几十年的发展，御宅族文化已经成为具有重要影响力的社会亚文化，并不断向社会主流文化渗透。在以互联网为主导的新媒介时代，御宅族与由大众传媒主导的文化消费模式之间是一种互动的、相互博弈的关系，在此过程中各取所需、相互依存。

最后，御宅族是商业社会和知识经济时代的产物，动漫亚文化是当代社会多元文化的重要组成部分，御宅族的存在是社会活力的表现形态之一，但同时，御宅族对动漫的迷恋表现出一定的过度性，御宅族群体内部的自我认知和群体外部的观感存在一定的差异性。

关键词：日本动漫；御宅族；生活方式；二次元

Abstract

  Cultural anthropology is a discipline of cultural study which concentrates on the life style of people, meanwhile cultural analyses attempt to interpret one specific lifestyle and its impicit or explicit siginificance and value. In this dissertation, the lifestyle of otakus（おたく）refers to their the clothing, food, shelter, entertainment, expenditure and communicative interaction. Moreover, it also indicates their attitude, value and view of world in their daily life.

  ACG otaku is a peculiar social community which has emerged with the fast development of ACG culture and modern information technology since the 1980s. The unique lifestyle of otakus creates their own texts, signs, symbols and meanings, resulting in the formation of ACG subculture—A culture of lifestyle. Japan is the No. 1 ACG power which has a great impact on the countries all over the world. Accordingly, the lifestyle, behavioural pattern and aesthetic consciousness of otakus in the other countries（including China）fall into Japanese – category. In China, the new generation has been influenced strongly by Japanese ACG culture and the lifestyle, thinking and behavioural pattern of otakus since 1980s.

  The study object in this dissertation is otaku—A subcutural community in Japan. This dissertation is attempted to explore the lifestyle, thinking and behavioural pattern of otakus. Theoretically it draws on anthropology, cultural sociology and anthropology of mass media. Methodologically, it is a good combination of field investigation and document research. Then it tries to explore the significance and value which is hidden behind the lifestyle and behavioural pattern of otakus in order to enhance our understanding of this subcutural community and its knowledge form and cultural features.

The theoretical significance of this dissertation lies in the following aspects. Through the literature review on otakus and ACG culture, there are few findings which are concerned with anthropology and ethnography in this area. Most of the scholars at home have done some studies from the perspectives of communication, psychology and culture Industry, but there haven't been yet profound and systematic explorations in the lifestyle of Japanese otakus from the angle of anthropology. Therefore, this dissertation will fill this kind of research gap. As far as the methodology is concerned, this dissertation goes beyond the limitations of on – the – spot field investigation and vis – à – vis interview, regarding the internet as a new field and participating in the communicative interaction with Japanese otakus besides collecting first – hand data, because they actually live their lives in vitual cyper – space.

The practical significance of this dissertation is conveyed through the deep exploration of the lifestyle of Japanese otakus, clarifying the confused notions of otakus , providing useful insights into the research in this area in China, and even enhancing our understanding of cultural diversities.

This dissertation is composed of three parts: Introduction, body and conclusion. The introduction part introduces the research goal and the theoretical significance, the research status at home and abroad, the research content, methodology and the innovations; moreover, it also gives the definitions and explanations to some relevant notions and terminologies.

The main body of this dissertation is divided into five chapters.

Chapter one: Introduces the background information about the development journey of Japanese ACG and analyzes its fundamental characteristics, its communication modes and channels.

Chapter Two: Defines the notion of ACG otakus, distinguishing the otakus from common ACG amateurs and analyzing the contributing factors of the emergence of this kind of community.

Chapter Three: Consists of three parts. First, an analysis of the image of otakus which is understood and evaluated by people inside and outside this community is carried out. Secondly, an interpretation on language use, aesthetic value, love, clothing and apparel of otakus is conducted based on field investigation. Thirdly, an exploration in the communicative interactions such as person – to – computer – to – person interaction or person – to – person one in cyper – space by means of cyper field and on – the – spot field investigations. Finally, field investigations are made in Akihabara（あきはばら）, Ikebukuro Otome road（乙女ロード）and Washimiya – cho（わしみやまち）which are important shrines for otakus, revealing the close relationship between otakus and their shrines.

Chapter Four: Gives a definition for the "Cosplay". Drawing on the description of the origin and development of the Cosplay itself, acareful field investigation has been made on a maid cafe in Akihab – ara and a butler cafe in Ikebukuro Otome road, where ACG elements are in abundance, to explore how otakus pursue two – dimensional culture and how they are integrated into the ACG community.

Chapter Five: Carries out a tentative analysis and interpretation of the identity, lifestyle and meaning realization of otakus from the perspective of cultural anthropology and cultural sociology.

The conclusion: Drawn through the interpretation of its major findings, valuable implications, limitations of the present research and suggestions for further research.

The main ideas of this dissertation will be illustrated as follows:

First, the most striking feature of the lifestyle of otakus is the marriage of life and ACG. The integration of life and ACG is represented through ACG sub – culture. The value pursuit and aesthetic awareness are internalized by otakus, meanwhile their lifestyle and behavioural pattern are demonstrated externally.

In the second place, the surface meaning and the deep meaning of the lifestyle of otakus is interpreted. On the one hand, they show off their styles, personalities and attitudes ostentatiously; on the other hand, they attempt to construct self – identities in such a sub – cultural community.

Thirdly, through decades' development, the OTAKU has already been an influential sub – culture, permeating into the mainstream of society. In this new – media age, gambling occur in the process of interactions between the lifestyle of otakus and cultural consumption pattern, where both of them benefit from each other.

Last but not least, otakus originate from commercial society and Knowledge economy, and ACG culture is a fundamental part of diversified culture. Therefore, the existence of this community reveals social dynamism. At the same time, ACG obsession in this community is transitional, because there exists differences between their self – identity and the evaluation of outsider0s.

Key words: Japanese Anime; Otaku; Life Style; Quadratic Element

目 录

绪 论 ··· 1
    一 选题缘由与选题意义 ································ 1
    二 国内外相关研究现状 ································ 4
    三 研究方法与研究经历 ······························ 24
    四 概念界定 ·· 26

第一章 日本动漫概述 ······································· 31
  第一节 日本动漫的形成与发展历程 ·············· 31
    一 萌芽时期 ·· 31
    二 近代探索时期 ··· 32
    三 战时低谷时期 ··· 34
    四 战后转型时期 ··· 34
    五 成熟经典时期 ··· 39
    六 数码延伸时期 ··· 46
  第二节 日本动漫的基本特征 ························· 60
    一 文化特征 ·· 61
    二 艺术特征 ·· 69
    三 产业特征 ·· 81
  本章小结 ·· 85

第二章 御宅族的形成与演变 ····························· 87
  第一节 御宅族的定义与演变 ························· 87
    一 御宅族的定义和内涵 ······························ 87

二　御宅族的形成、演变和现状 …………………………… 89
第二节　御宅族与普通动漫爱好者的比较 ……………………… 95
　　一　御宅族与普通动漫爱好者的定性比较 ………………… 95
　　二　御宅族界定的定量分析方法 …………………………… 100
第三节　御宅族形成的主、客观因素 …………………………… 102
　　一　客观因素 ………………………………………………… 102
　　二　主观因素 ………………………………………………… 106
本章小结 …………………………………………………………… 108

第三章　御宅族的语言、着装与人际互动 ………………… 110

第一节　御宅族的形象 …………………………………………… 110
　　一　御宅族眼中的自我形象 ………………………………… 110
　　二　御宅族的社会形象 ……………………………………… 112
第二节　御宅族的别样人生 ……………………………………… 115
　　一　语言 ……………………………………………………… 115
　　二　恋声 ……………………………………………………… 118
　　三　审美取向 ………………………………………………… 120
　　四　痛车 ……………………………………………………… 126
　　五　恋爱 ……………………………………………………… 132
　　六　日常衣着 ………………………………………………… 135
第三节　御宅族互动方式及其特点 ……………………………… 136
　　一　互动方式 ………………………………………………… 136
　　二　互动基础 ………………………………………………… 142
　　三　互动特点 ………………………………………………… 142
第四节　圣地朝圣与巡礼 ………………………………………… 143
　　一　秋叶原：圣地朝圣 ……………………………………… 143
　　二　池袋乙女路：女性御宅族（腐女）的圣地巡礼 ……… 154
　　三　鹫宫町神社：圣地巡礼 ………………………………… 162
本章小结 …………………………………………………………… 174

第四章　御宅族的角色扮演 ………………………………… 176

第一节　角色扮演概述 …………………………………………… 176

  一 概念界定 ………………………………………… 176
  二 角色扮演的缘起和发展 ………………………… 177
  三 角色扮演的特征 ………………………………… 181
  四 角色扮演的过程 ………………………………… 183
 第二节 女仆餐厅 …………………………………………… 188
  一 女仆餐厅的概况、发展过程和服务特色 ……… 188
  二 女仆餐厅天堂之门的概况及调查经过 ………… 195
 第三节 执事餐厅 …………………………………………… 202
  一 执事餐厅的概况 ………………………………… 202
  二 执事餐厅燕尾蝶的概况及调查经过 …………… 204
 本章小结 ………………………………………………………… 211

第五章 御宅族生活方式的文化解读 ……………………… 213

 第一节 御宅族的身份特征 ………………………………… 213
  一 动漫文化资本的拥有者 ………………………… 214
  二 动漫文化的发烧解读者 ………………………… 218
  三 永不餍足的动漫消费者 ………………………… 220
  四 动漫文化的社会实践者 ………………………… 223
  五 游离于现实世界与虚拟世界的特殊人群 ……… 225
 第二节 动漫文化的象征符号体系及其意义 …………… 226
  一 动漫文本内容 …………………………………… 228
  二 动漫传播媒介 …………………………………… 230
  三 动漫受众 ………………………………………… 231
 第三节 御宅族生活方式的意义及其获得途径 ………… 233
  一 愉悦感和幸福感的获得 ………………………… 234
  二 自我认同和群体认同的实现 …………………… 235
  三 以文化消费为特征的消费动机与消费行为 …… 238

结 语 ………………………………………………………… 242

  一 本书的逻辑结构 ………………………………… 242
  二 主要观点 ………………………………………… 249
  三 有待进一步研究的问题 ………………………… 250

参考文献 ·· 252
附　录 ·· 263
后　记 ·· 289

绪　论

一　选题缘由与选题意义

　　日本动漫是日本动画和日本漫画两个词汇的合称与缩写，包括动画片、漫画、游戏及其衍生产品（衍生产品包括服装、玩具、生活用品等）。日本是世界第一动漫强国，也是世界上最大的动漫输出国，目前，全世界60％的动漫作品来自日本，动漫产品及相关产品的出口值远远高于钢铁出口值。动漫产业与汽车业、电子技术业共同构成了日本的三大支柱产业。日本动漫蕴含了其民族文化气质，是现代日本文化的重要表现形式之一。现代日本在以精密的工业产品闻名于世的同时，日本动漫更是凭借其丰富的想象、精彩的情节、风格独特的人物造型、精良的制作和先进的数字媒体技术以及产业化的经营模式，在世界动漫市场占据重要位置，其文化影响力以日本本土为最，并波及世界许多国家的经济、文化、社会生活的不同层面。

　　在日本，御宅族，或称动漫御宅族是伴随动漫文化以及现代资讯的快速发展而出现的一个独特的社会群体，御宅族一词指称对动画片、漫画、游戏产品及相关文化极度痴迷的特定社会群体，他们拥有共同的心理基础和特定的生活方式，长期极度痴迷动漫，善于使用各种现代通信媒介收集动漫信息，倾入大量时间、金钱来收集各种喜好的漫画、动画、动漫角色模型，热衷于参加或组织与其喜好的动漫相关的活动。他们的生活方式及行为方式呈现出与普通人，包括一般动漫爱好者不同的特点。

　　在人类学有关文化的界定中，"文化"可以用来指"使一种特定的生活方式显得与众不同"的符号的创造和使用，而文化分析就是阐明一种特殊的生活方式,以及这种生活方式隐含或外显的意义和价值[①]。

在本书中,御宅族的生活方式指的是御宅族的衣食住行、休闲娱乐方式、消费方式、人际互动方式,以及反映在生活方式中的态度、价值观、人生观或世界观等。御宅族生活方式的最大特点表现为生活融入动漫,动漫融入生活。

他们在作为御宅族的生活方式中创造了各种符号、象征、文本、意义,并催生了一种亚文化——动漫亚文化的产生。动漫亚文化是一种生活方式的文化。通常"亚文化"可以用来指共享某种亚文化的人群或社群;也可以指一种特殊的生活方式,即当社会中的某一群体形成了一种区别于占主导地位的文化特征,具有其他一些群体所不具备的文化要素的生活方式时,这种群体文化便被称为"亚文化"。

本书以日本御宅族这一亚文化群体为研究对象,采用人类学田野调查和文献研究相结合的方法,综合运用人类学、社会学及媒体人类学的相关理论,对御宅族的生活、思维及行为方式进行深度描述,在此基础上,从文化整体论的视角出发,在历史文化脉络中,探析御宅族的生活方式和行为模式背后的意义和价值系统,以期增进对御宅族这一亚文化群体的了解,以及对这一文化现象所承载的知识形式和文化特征的理解,并希望为中国的御宅族研究提供一定的借鉴。笔者在对动漫相关研究文献的梳理中发现,在这一研究领域中,鲜见人类学、民族学的研究成果,特别是国内对于御宅族的研究尚处于起步阶段,研究者多是从传播学、心理学和文化产业等方面探讨相关话题。从笔者目前掌握的资料看,还没有发现从人类学的学科视角对日本御宅族(动漫迷)生活方式的深入、全面的研究。因而,本书对日本御宅族亚文化群体的研究,可以拓展人类学的研究领域,丰富人类学的研究内容。

御宅族的生活方式、人际交往、身份认同等主要依赖于虚拟的网

---

① [英]阿雷恩·鲍尔德温、布莱恩·朗赫斯特等:《文化研究导论》,陶东风等译,高等教育出版社2004年版,第46页。

络空间，这一特定群体的生活空间，迥异于人类学家传统田野工作社区那种小型、有边界、研究者与研究对象面对面的特点，御宅族建构的"社区"，是超地方的、流动的、匿名的、非面对面的。以研究"土著文化"和"地方性知识"见长的人类学者，在面对由现代传媒技术支撑的、具有全球化性质的传媒文化时，遇到了前所未有的挑战。本书对虚拟网络社区的研究，也是对人类学研究方法的创新。人类学的研究传统是对"他文化"的关注，笔者的这一选题也是希望从主位和客位的双重视角对日本的御宅族文化现象给予深度考察和阐述。

御宅族现象发端于日本，对世界各国产生了深远的影响，日本御宅族的生活方式、行为方式和审美观也是包括中国在内的其他国家御宅族效仿的样板。中国是日本的邻国，20世纪八九十年代日本动漫传入中国后，日本动漫文化以及日本御宅族的生活方式、思维及行为方式对中国年青一代产生了深远的影响。面对御宅族这一青年亚文化群体，国内的多数家长、老师，甚至是青少年问题研究者普遍认为动漫是小孩子喜欢看的东西，沉溺于动漫的御宅族被认定为心理不成熟、哈日哈韩、装扮怪异、学习成绩不佳、个性孤僻、叛逆等。御宅族给社会以幼稚、自闭、内向、社会适应能力低等标签化的刻板印象。

国内学术界对日本动漫的关注和研究主要集中于动漫产业方面，很少有对于动漫文化的研究，尤其是对于御宅族这一亚文化群体的深入研究。在有限的对包括御宅族在内的迷文化（fans culture）研究中，学者表现出两种评价取向：一种是负面评价，认为"迷"是病态、心理幼稚、非理性的；另一种则持正面态度，认为御宅族创造了自己的生活方式和文化形态——御宅族文化，御宅族通过这种文化建构了另一种文化资本，御宅族是富于创造力与辨识力的受众。

本书的实践意义表现在：笔者希望通过研究现代日本御宅族的生活现状、行为、思维特征，能够对御宅族研究起到正本清源的作用，进而为中国的动漫研究、御宅族相关研究提供一定的借鉴。本书的实践意义还表现在：借助动漫亚文化这一多样性的文化表现形式，增进对御宅族文化现象所承载的知识形式和文化特征的理解，为跨文化的交流与互动提供一个新的渠道。

二 国内外相关研究现状

下文首先简要梳理、回顾国内外学者对于动漫文化及御宅族研究的理论背景或称理论资源；其次梳理日本学者对御宅族的定义、产生及发展过程、消费和心理特征等的研究；再次介绍国内学者对日本动漫、动漫文化以及御宅族的行为和思维特征进行研究的文献；最后是笔者对上述文献的评述。

（一）御宅族研究的理论背景

作为御宅族研究的理论资源，首先梳理和辨析如下概念以及它们之间的关系：人类学意义上的"文化研究"与作为粉丝研究主要理论资源的"文化研究"之间的关系。其次简要回顾文化研究的发展轨迹，并重点分析介绍包括御宅族在内的粉丝文化研究的主要理论范式。

产生于19世纪中叶的人类学，是一门以"文化"作为研究对象的学科，这是人类学这门学科的基本定位。人类学知识体系的形成和学科地位的确立无不是基于对"文化"的整体性研究。被誉为英国人类学之父的泰勒在其《原始文化》中给出如下的文化定义："文化或文明，就其广泛的民族学意义来说，是作为社会成员的人所习得的包括知识、信仰、艺术、道德、法律、习俗以及其他能力和习惯的复合的整体。"[①] 这一定义至今仍为人类学界所普遍接受。该定义指出了文化的共享性、习得性，以及文化在社会生活中的渗透性。人类学研究的文化范围涵盖了物质文化、制度文化、精神文化及行为文化等几乎所有的与文化有关的领域。

可以说人类学意义上的文化似乎是一个无处不在、无所不包的概念。但人类学关注的文化类型或文化领域还是具有一定的学科倾向性的，例如，对于现当代西方英语世界的主流文化、官方文化和大众媒体主导下的大众文化、娱乐文化、流行文化等都不是人类学家擅长的研究领域，与此相关的研究一般不会引起人类学家兴趣。正像萨拉·

---

① 夏建中：《文化人类学理论学派》，中国人民大学出版社2003年版，第20页。

迪基（Sara Dickey）指出的那样："最近几十年来，对大众媒体的研究已经铺天盖地，然而人类学家们才刚刚将其注意力和方法转向这一领域。"① 而"文化研究"的意趣与人类学有所不同，第二次世界大战后兴起于英国，而后扩展到美国及其他西方国家的"文化研究"是一种具有国际影响力的学术思潮和知识传统。文化研究"是一门新兴的跨学科或多学科支撑的学科体系"。② 文化研究是商业社会和知识经济时代的产物，其兴起和发展受到当代社会思潮的影响，而文化研究跨学科的研究视野，以及对当代社会大众文化的关注，亦对人文、社会科学领域产生了重要影响。

在国内，张嫱的《粉丝力量大》（2010）一书是国内第一部写粉丝的著作，内容深入浅出。虽然以文化研究的学术理论为脉络，却使用许多国内外粉丝故事，既丰富了内容又活用了理论，对当代粉丝做了一次全景扫描。不过，张嫱在论述粉丝经济的时候更多侧重于指点商业机构如何利用粉丝社群的凝聚力和感情投入来获取利润，却很少关注粉丝自身的文化经济体系和对商业利用的普遍不满。③

陈仲伟在《日本动、漫画的全球化与迷的文化》（2004）一书中，论述了日本动漫全球化的重要历程及其成功的因素，指出日本动漫全球化是在地域性的文化实践中，配合全球传播网络的形成以及由"迷的文化"所建构的。陈仲伟认为"迷的文化"是日本动漫文化的特色，也是其全球化的主要支柱。

中国台湾学者简妙如在前人研究的基础上，详细论述了"迷"的特征和具体指标，使后续的研究能够从定性和定量的角度来分析"迷"这一个体或群体。她在《过度的阅听人——"迷"之初探》（2004）一书中，将"迷"的特征归纳为：①特定的阅听者；②特定的文本形式（阅听对象）；③特定的互动方式；④特定的时间历程；⑤特定的文化现象。她认为"迷"是"在某段时间内，特别为媒体

---

① 萨拉·迪基：《人类学及其对大众传媒研究的贡献》，载庄孔韶主编《人类学经典导读》，中国人民大学出版社2008年版，第608页。
② 祁进玉：《文化研究导论》，学苑出版社2013年版，第43页。
③ 陶东风：《粉丝文化读本》，北京大学出版社2009年版，第66页。

内容的某些特质吸引，并有相当程度认同与涉入的阅听人"。她强调了"迷"的"过度性"特征，并认为成为"迷"的要素是"过度性"。若没有某种程度的"过度性"，并不一定会成为这些事物的"迷"，因此"过度"是成为"迷"的重点。① 她对"迷"的特征的清晰界定，为区分"迷"与普通爱好者的界限提供了准确的标尺。

此外，还有张姗的《迷研究理论初探》、邓惟佳的《试析西方迷研究的三次浪潮和新的发展方向》②、张晨阳的《"迷文化"：新媒介环境下的价值审视》③ 等论文，从传播学的视角对西方"迷文化"的研究历程、研究趋势、理论建树等进行了梳理、评述，并对中国的相关研究给予了一定的观照。

（二）日本学者对御宅族的相关研究

1. 关于御宅族的定义、产生和发展的研究

日本御宅族是随动漫文化以及新媒体技术的发展而出现的一个独特的社会群体。他们熟练使用互联网，是运用现代资讯手段的高手。在各种文化消费市场上，尤其是在动漫市场上往往扮演着市场引导者的角色。动漫御宅族的生活方式、行为方式和消费理念不仅对日本人的社会生活产生了一定的影响，同时，动漫产业作为日本的三大支柱产业之一，也对日本社会的经济发展起到了重要作用。

御宅族最早产生于日本，他们随着日本动漫的发展而壮大，并对世界各国的动漫文化产生深远的影响。日本学者最早对御宅族这一特殊文化群体进行了深入的研究。

根据《広辞苑》和《数码大辞泉》（《デジタル大辞泉》）的注释："御宅"（オタク）原先是日语的第二人称，如"○○御宅"是指对某种事物的痴迷者，即对某种特定事物怀有异常浓厚的兴趣，由于过度精专其中，而在其他如人际交往、生活常识等方面出现缺陷的人群。

---

① 张嫱：《粉丝力量大》，中国人民大学出版社2010年版。
② 邓惟佳：《试析西方迷研究的三次浪潮和新的发展方向》，《国际新闻界》2009年第10期。
③ 张晨阳：《"迷文化"：新媒介环境下的价值审视》，《中州学刊》2011年第6期。

"御宅"一词开始主要是代指御宅族。日本人类学者大泽真幸认为,御宅族是指对漫画、电玩游戏、电脑、动画片和偶像歌星等狂热追捧,并投入大量精力和金钱的年轻人。① "御宅族"一词最早出现于《月刊ログイン》(《月刊 Loading》)杂志中,杂志中的"御宅族"主要指对漫画、电玩游戏、电脑、动画片和偶像歌星等狂热追捧,并投入极大精力和金钱的年轻人。

日本专栏作家中森明夫和文化人类学者中沢新一等最早开始研究这一社会现象。1983年,中森明夫在《漫画ブリッコ》(《漫画 Borikko》)一文中,直接援引喜欢在动漫市场中聚集的年轻人的相互称呼,并用"御宅"(オタク)来指代这一类人。"他们一般是班级中不显眼的角色,形象邋遢、营养不良、缺乏朋友,醉心于自己的漫画世界。平时毫无存在感地躲在教室的某个角落里,但在秋叶原里却表现出反常的兴奋,身着怪异的服装,做出各种奇怪的表情……"并指出御宅族是动画和漫画迷或 SF 动漫(SF 是 Science Fiction 的缩略称谓,SF 动漫指科幻动漫)爱好者的自我称呼,不仅限于此,也是对一些拥有特殊兴趣爱好、缺乏社交能力的群体的称谓。中森明夫对御宅族持强烈的否定态度,指责当时痴迷于"高达"等动漫形象的御宅族的幼稚性。

文艺评论家榎本秋在《轻松了解御宅族——引导日本消费的人们》(《オタクのことが面白いほどわかる本:日本の消費をけん引する人々》)(2009)一书中,阐述了御宅族和动漫迷的异同点。他认为,在对动漫拥有强烈的兴趣和痴迷上,动漫迷与御宅族并无本质区别。但在日本的社会观感上来看,如果对该群体或个人的思想追求和行为方式持批评否定态度,一般称其为御宅族,如果是中立或正面的评价,通常称之为动漫迷。

菊池聪在《固守陈规的御宅族和社会技能》(《おたくステレオタイプと社会的スキルに関する分析》)(2003)一文中,从社会学角度,通过问卷调查的形式对东京都和长野县内两所国立大学的208名大学生进行了关于"御宅族程度"的实证分析,问卷主要包括

---

① 大泽真幸:《虚構の時代の果て》,东京:ちくま新書1996年版,第13页。

"兴趣、性格特征和自我评价"三个项目,发现其中有3名具有明显御宅族特征的学生。[1] 该研究对通过问卷形式开展御宅族研究具有相当的借鉴意义。

冈田斗司夫的《御宅族入门》(《オタク学入门》)(2000)一书,被誉为是对御宅族进行系统研究的巨著。冈田考察了御宅族一词的由来,认为"御宅"一词产生于庆应大学附属小学毕业的一群SF动漫爱好者,1982年,他们举办了一场SF动漫大会,彼此交流玩赏漫画和动画片作品的心得。由于彼此不尽熟识,就都以"御宅"(オタク)一词相称。自此以后,"御宅"作为对动漫迷的代称逐渐流传开来。冈田总结了御宅族具有的三个素质:①纯粹的能够发现美的眼光,能够从独特的视角发掘并欣赏动漫作品中的美,见证作者的成长;②了解动漫作品的制作过程和手法,清楚并能够预测动漫界各种类型动漫发展历程;③对各种类型的动漫作品,能够领会其表达的思想,具有引导初学者进入动漫世界的能力。冈田所定义的御宅族是对动漫具有深入研究和领悟的一群人,而非普通的动漫爱好者。[2] 冈田对御宅族持肯定和高度赞扬的态度,他的研究在很大程度上改变了当时日本社会对御宅族的负面观感。

教育社会学家田川隆博在论文《御宅族分析的方向性》(《タク分析の方向性》)(2010)中,指出御宅族现象在世界各地蔓延发展,一方面牵引着经济的发展,另一方面也引起许多社会问题,强调应关注御宅族的行为和思维方式。他指出御宅族收集动漫及其衍生产品,很大程度上是被动漫作品的性感特质所吸引,这是御宅族与普通动漫爱好者的最大区别。动漫人物的特殊语言和装束、人偶威武或性感的造型设计,甚至于成人游戏的制作都对具有不同兴趣取向的特定御宅族具有特定的吸引力。开放、丰富的二次元动漫情节和形象的创造能够满足御宅族们不同喜好。二次创作是指御宅族将动漫原作中的角色

---

[1] 菊池聪:《おたくステレオタイプと社会のスキルに関する分析》,Japanese Association of Educational Psychology, 2003年版,第37页。

[2] 冈田斗司夫:《オタク学入门》,东京:新潮社2000年版,第72页。

加入自身想象，令其在不同故事情节中出现，或者将动漫角色制作成模型或卡片等动漫产品。在虚拟时空中，御宅族通过自发地创造出各种与其爱好的动漫相关的作品和活动（二次创作）满足自己心目中对所钟爱的动漫偶像（符号）的膜拜。① 田川主要从御宅族性取向的角度分析其行为，对研究御宅族行为方式具有一定借鉴意义。

民俗学家大塚英志在《御宅族的精神史1980年代论》（《おたくの精神史1980年代論》）（2010）一书中认为，大量的日本动漫作品是现实或历史与虚幻的巧妙融合。他同意许多学者关于认为日本的御宅族正式产生于20世纪七八十年代的观点，强调动漫《宇宙战舰大和号》和《机动战士高达》两部经典的作品对御宅族的发展起到了重要的作用。他认为"两部作品都成功地做到了激发御宅族在虚幻的时空中排解现实生活的压抑"，因而引起御宅族的狂热追捧。"以往的迷从动漫中被动地接受能够使其快乐的信号，现在的迷开始主观、能动借助动漫这一工具进行二次创作，自发地创造满足感。"以往的漫画市场只是售卖漫画的场所，如今的动漫市场聚集大量的动漫作品和御宅族，通过各种全新的活动，制造出由漫画原作衍生出的有形和无形的事物，动漫俨然已形成一种风潮和文化。大塚重点论述了御宅族的成长过程及御宅族文化的传播历程。②

作家弘安介在《御宅族的考察》（《オタクの考察》）（2008）一书中通过访谈，研究了御宅族中通用的符号、语言和经常进出的场所，对女仆餐厅和秋叶原进行了深入的考察，从御宅族的角度出发解读御宅族的行为方式、思维模式。他的针对御宅族个人的采访方式对田野研究具有一定的借鉴意义。③ 安田诚在《图解真实的御宅族——从统计学看御宅族的人生计划》（《図説オタクのリアル―統計からみる毒男の人生設計》）（2011）一书中，通过统计工具，对御宅族

---

① 田川隆博：《タク分析の方向性》，东京：講談社2010年版，第83页。
② 大塚英志：《おたくの精神史1980年代論》，东京：講談社2004年版，第92—93页。
③ 弘安介：《御宅族的考察》（《オタクの考察》），东京：講談社2008年版，第73—75页。

从不同年龄层和职业进行分类，分析了御宅族的作息时间、面临失业和无现实交际对象的处境，以及其热衷参加的活动等。对运用统计学工具对御宅族研究进行定量分析具有较大的借鉴意义。①

相田美穗在《现代日本的社交能力变容——论御宅的社会现象》(《現代日本におけるコミュニケーションの変容——オタクという社会現象を通して》)（2004）一文中，运用社会学的研究方法，考察了御宅族对日本社会交流方式的影响。文章的第一部分，整理了自称御宅族的宅八郎和冈田斗司夫两个人的观点。1989年的幼女连环诱杀事件震惊日本社会。由于嫌疑人具有浓厚的御宅族特征，日本民众将御宅族与凶杀和犯罪画上等号，御宅族受到社会的边缘化。御宅族评论家宅八郎从外形和行为上极力仿效御宅族，吸引民众的注意。他一方面撰文，在《周刊 SPA》(《週刊 SPA》)上连载了介绍御宅族的行为和思维方式的文章，另一方面在客观上，以自身的行为证明将御宅族一律视为犯罪潜在者的观点是错误的。冈田斗司夫自身是崇拜御宅族的御宅族研究者，在撰文研究御宅族的同时，也深入御宅族的世界，并组织大型的动漫展览和购买活动，加深对御宅族的了解和宣传。在文章的第二部分，相田研究了御宅族与食玩小模型（附加在食品中动漫小模型）、动漫、同人志和角色扮演的关系。御宅族通过对食玩小模型、漫画和动画片的收集，在动漫集会上交流和模仿动漫人物，来满足某种精神需求。他认为动漫模型是御宅族心目中动漫作品的具象化，能够和漫画、动画片一起收藏保存。而同人志的活动是御宅族收集、展示动漫藏品和心得的场所，通过展出、售卖和角色扮演等活动，相互展示自身对动漫作品的理解和渴求。相田认为御宅族擅于通过特定的媒介进行交流，而不是以往的面对面的互动。例如互联网、论坛、模型、动漫和服饰等，既是他们喜好的物品，也是交流的媒介。随着信息化的发展，这种通过某种中介进行的交流方式，逐步被日本社会民众以某种程度接受，人们在工作之后陷入"孤独而精彩

---

① 安田誠：《図説オタクのリアル—統計からみる毒男の人生設計》，东京：幻冬舎コミックス2011年版。

的幻想世界",彼此在无法面对面的条件下,制造和发送出许多经过精心加工的虚拟信息,来获得某种满足。在制造虚幻的同时,也开始轻信迷信。一系列社会问题由此产生,例如日本的"约会网络",网民以某种目的而传递和交流交友和约会信息,却使许多人卷入了犯罪事件。相田美穗的研究列举宅八郎和冈田斗司夫的实例,详细叙述了御宅族的行为和思维特征,并对与御宅族的交流方式相关的社会问题进行了深入的探讨。[1]

宫田真司在《制服少女的选择》(《制服少女の選択》)(1994)一书中,通过对首都圈内大学三、四年级1500名学生做问卷调查后得出结论:在所设定的5种性格类型中,御宅族可以称为在某一领域的"偏执的专家",是极端的动漫(或其他事物)爱好者,对音乐、漫画、动画和电脑等极度喜好和专精。御宅族的人际交往能力较弱,交际范围狭小,一般只与具有相同兴趣的御宅族有较多的话题。他分析当时日本经济已处于高度消费阶段,物质生活的改善和文化生活的多样化发展对御宅族的形成具有积极的促进作用。[2] 笔者认为,宫田对御宅族的研究处于早期探索阶段,基本能够反映御宅族的整体特征,但也存在一些有待改进的地方:由于问卷调查的设计不尽合理,造成对御宅族形象的描述模糊不清,得出御宅族人数占调查样本15%的结论。

社会评论家中岛梓在《交际能力不全症》(《コミュニケーション不全症候》)(1999)一书中指出御宅族具有严重的"交际能力不全症",在极端的情况下表现为:①御宅族不会为他人考虑;②一旦成为志同道合的"同类",情况就完全改变,只把自己认可的人视为人类;③他们的交际方式几乎不被主流社会认同。他认为御宅族是不满现实社会的境遇,又具有很强私欲的一群人,在由想象构造出的动漫世界中,追求虚幻的占有和满足。人在年轻时通常都具有御宅族式的

---

[1] 相田美穗:《現代日本におけるコミュニケーションの変容おたくという社会現象にっ通じて》,硕士学位论文,2004年。
[2] 宫田真司:《制服少女的选择》,东京:雏英社1994年版,第29页。

思维，随着个体的成熟逐渐改变，如果人无法随着生理成熟而摆脱这种思维方式，就会出现人格和心理问题。① 中岛对御宅族的观察较为细致，书中列举了大量御宅族的生活行为实例，但做出的评价却过于绝对。

2. 关于御宅族特征的研究

大塚英志认为，御宅族的最大特征在于他们对动漫的狂热。从主流社会的视角来看，漫画、动漫、电玩游戏、动漫偶像等近乎是一种奇技淫巧、毫无价值可言的事物，但在御宅族眼中却是他们倾力追求，并将这方面的知识视为自豪和人生重要价值的体现。对此，冈田斗司夫将其表述为"即使知道被（虚拟的动漫情节）所欺骗，也发自内心的感动、崇拜"的御宅族的心态。冈田以日本一部面向少儿播放的动漫节目《超级战士》为例犀利地指出片商和玩具公司协作，在节目中不断更新机器人和武器，并在市场上大量贩售相关的玩具产品，商业意图昭然于市，但由于精彩的情节、精美的机器人角色和武器等因素强烈吸引观众，使人们对其始终保持高度的关注和喜好，"即使知道被引诱，也心甘情愿喜欢"。第二个特征是御宅族之间相互认可的条件是御宅族通常只对其他御宅族所拥有的动漫知识和情感感兴趣，而对他们的其他方面毫无兴趣。许多御宅族只在网络虚拟世界建立亲密的关系，交流关心的话题，大部分御宅族只知道多年好同伴的网名或昵称，至于真实姓名或实际从事的工作等则一无所知。②

3. 关于御宅族消费的研究

折原由梨在论文《御宅族的消费行动的先进性》（《おたくの消費行動の先進性について》）（2009）中，对御宅族的消费行为进行了深入的研究。折原认为"御宅族从对动漫产品的消费中，获取了强烈的自我满足的乐趣，是一种自我实现和创作的过程"。他们的消费具有先导性，是一种信息的传播，推动着动漫产业和文化的发展。折原对动漫产业相关厂商、御宅族与普通动漫爱好者等进行分类和调查

---

① 中岛梓：《コミュニケーション不全症候》，筑摩書房 1999 年版，第 36 页。
② 大塚英志：《おたくの精神史 1980 年代論》，东京：講談社 2004 年版，第 97 页。

统计，从消费行为上分析御宅族与普通动漫爱好者的异同。他发现受调查的御宅族和非御宅族的收入所得大致相当，当收入增加时，御宅族有增加对喜爱的动漫产品的购买的支出，而生活（衣食住等）支出占总收入（或支出）比重不断下降的趋势。同时，折原指出动漫产品支出随收入增加的这一趋势，受访的男性御宅族比女性御宅族表现得更加明显。并且，他认为女性花费在服饰方面的支出存在较大刚性。折原通过问卷统计还发现，御宅族与普通动漫爱好者在人际交往能力上没有明显的差距。[①]

日本民俗学者、小说家大塚英志在《故事消费论》（《物語消費論》）（2001）一书中，认为御宅族消费漫画、动画片和模型等动漫作品，是满足自身对作品中故事情节的追求。他认为人类具有收集、整理，并在此基础上向其他人讲述故事的欲望，而且对故事的接受和理解需要一个过程。漫画和动画片恰好能够满足这种欲望，这些作品都是图像形式，一本一本出版或一集一集上映，既能够充分调动人们对故事情节的好奇心，也有利于人们发挥想象力，整理和改编这些故事，向其他人讲述经过自身改造过的故事情节。这与小说或其他作品不同。御宅族购买收集各类相关的模型，特别是系列化的定期逐渐发售的模型商品，也是对自身欲望的满足。[②]

作家东浩纪在《动物化的新地位——御宅族眼中的日本社会》（《動物化するポストモダンオタクから見た日本社会》）（2008）一书中，分析了御宅族的消费。他认为御宅族对动漫作品的消费，不仅是对作品浅层的评价，而且是透过作品本身对蕴藏在其背后的信息、思想的探求，从中提炼出最能表现该作品的精髓，具体化到一个词语、形象、手势、动漫形象或者行为方式。在此基础上，加入自身想象，对这一精练进行"二次创造"和传播，在御宅族内部以及他们和动漫产品制作方面形成一种共同认可的、具有系统性的动漫衍生品和

[①] 折原由梨：《おたくの消費行動の先進性について》（《御宅族的消费行为的先进性》），跡見学園女子大学マネジメント学部紀要第8号，2009年，第19—46页。
[②] 大塚英志：《故事消费论》（《物語消費論》），筑摩书房2001年版，第65页。

标志物。东浩纪列举了"萌"现象，这一动漫元素从大量动漫作品中精炼而出，经过御宅族的"二次创造"，形成"眼镜萌""猫耳萌""白衣萌"和"凌波萌"等概念和系统，被御宅族广泛接受。东浩纪认为御宅族消费的不仅是动漫作品的物质实体，更是通过理解、领会和充实其中的文化本质，来获得满足感。① 本书认为东浩纪的观点促进了御宅族的动漫消费研究由物质层面向精神层面深入。

森川嘉一郎的《欢乐城市的诞生——最萌的城市秋叶原》（《趣都の誕生——萌える都市アキハバラ》）（2003）一书，介绍了动漫"圣地"——秋叶原的形成和发展过程。秋叶原最早是电器售卖场所，后来逐渐发展为集电脑、漫画、动画片、服饰和动漫模型等产品的区域动漫产品批发和零售地，并开设了大量的动漫主题游戏商店和饮食店。秋叶原的不同区域开设着不同类型的商店，不同兴趣的御宅族驻足其中。森川认为，秋叶原是以御宅族的狂热的收集嗜好和对动漫角色的性幻想为基础形成的"个人空间向都市延伸"的产物。森川对御宅族"圣地"——秋叶原的历史和结构布局进行了详细的介绍，对田野调查的开展具有指导意义。②

4. 关于御宅族心理的研究

浅田通明在《天使的国王（御宅族）的理论》（《天使の王国：「おたく」の論理のために》）（1991）一书中对御宅族的观点可以概况为四点：第一，御宅族是一种意识形态；第二，御宅族是未被社会化的个人或群体；第三，御宅族在20世纪70年代就已经出现；第四，现代科技因素促使御宅族的发展。浅田把御宅族划分为"原始御宅族"和"二次御宅族"（现代御宅族），认为现代通信科技的发展实现了御宅族的进化。一部分70年代出现的"原始御宅族"或者具有御宅族倾向的学生已成为日本各行业的主力军，他们利用现代通信传媒科技，将自己理想的生活方式和追求融入社会文化中。而现代御

---

① 东浩纪：《动物化的新地位——御宅族眼中的日本社会》（《動物化するポストモダンオタクから見た日本社会》），东京：青土社2008年版，第127页。

② 森川嘉一郎：《趣都の誕生——萌える都市アキハバラ》，东京：幻冬舎2003年版，第19页。

宅族是在不断接受"原始御宅族"意识中成长起来的。浅田认为,御宅族是未被社会化的个人或群体,并关注御宅族在社会化方面的性别差异,男性御宅族在工作后,随着日常交往活动的增多,较容易接受"社会化",而弱化御宅族的行为方式;而女性御宅族在婚后从事专职主妇的概率较高,难以与外界进行较多的交流,因此难以减轻御宅族特性,甚至有加强的倾向。浅田认为,御宅族在某种程度上存在自身意识形态与所处环境相脱节的问题,他们将精力等资源大量地倾注在自身感兴趣的动漫物品中。这种内向趋于封闭的思维状态与主流交流模式形成冲突,如果他们难以获得客观的比较和重新考虑自身价值观的机会,往往难以改变这种生活和思维状态。浅田划分年龄、性别,侧重分析御宅族的心理和意识形态,对御宅族思维方式的形成和发展及脱离御宅族研究具有较大的启发意义。①

社会学家大译真幸在《流行交流全书》(《ポップコミュニケーション全書》)(1992)一书中认为,御宅族无法区分现实与虚拟的不同和轻重,从而把现实生活工作与虚拟世界的价值颠倒,认为后者远远高于前者。大译构建了御宅族的意识形态模型:在御宅族内心存在一个令其向往的理想的人物或事物类型,以补偿自身在现实世界中无法实现的某种追求;御宅族在充满想象色彩的动漫作品中往往能够寻找到接近理想形象的动漫角色或故事情节,通过音乐、图像和模型实体的自我暗示,御宅族会将二者逐步融合,形成他们热衷追求的标的物,这一标的物最终落实到某部动漫片、漫画、模型或游戏等具体物品。大泽将其称为御宅族的"自我同一性"。由于两个世界存在巨大的反差,同时又相互联系,御宅族会倾向于"相信"和重视虚拟世界的价值和行为原则,从而出现对待现实生活和虚拟世界本末倒置的结果。本书认为大译的模型形象地反映并解释了御宅族的心理状态。②

石井久雄在学术论文《御宅族的宇宙论》(1998)一书中,从教

---

① 浅田通明:《天使の国王:「おたく」の論理のために》,东京:JICC 出版局 1991年版,第 36 页。
② 大译真幸:《流行交流全书》(《ポップコミュニケーション全書》),东京:新潮社 1992 年版,第 67 页。

育学的角度出发研究了在信息化背景下，擅长使用现代通信工具的御宅族在人际交往中不断陷入困境的矛盾现象以及御宅族的宇宙观。首先，他分析了动漫杂志对御宅族形成和发展具有分化、强化共同性以及召集活动等作用；其次，他分析了御宅族的"宇宙观"，认为御宅族在思想上拥有独特的"限定意义的领域"，产生于御宅族独特的兴趣爱好和长期对动漫的追求，这一"限定意义的领域"具有"封闭的信息空间"和"封锁的共同性"两个特征。这种思维共性能够把御宅族们以某种方式联系在一起，使他们热衷于各类特定的活动，但他们所交流和追求的信息和物品是非动漫爱好者难以知晓和领悟的。由于"限定意义的领域"与日常生活存在落差，会使热衷于动漫世界的御宅族对现实世界的人物产生"排异"，日益专注和习惯于在"限定意义的领域"中与拥有共同爱好的御宅族交流，出现社交能力低下等问题。石井从御宅族的生活习惯层面入手，剖析了御宅族的内心世界，归纳出御宅族特定的"限定意义的领域"具有"封闭的信息空间"和"封锁的共同性"两个特征，对进一步研究御宅族的思维特征具有很大的启发意义。[1]

（三）国内学者对御宅族的相关研究

日本动漫在中国的流行及其影响力日益加强，引起了国内越来越多的学者的关注。目前，国内学者从社会学、心理学、经济学和文化人类学多个学科和角度对日本动漫、日本动漫文化和御宅族进行了研究。

1. 关于日本动漫文化的研究

林舒舒在《当前日本动漫风靡现象探析》（2006）一文中，对日本动漫、美国动漫和中国传统画报小说等作品进行了比较，并梳理分析了日本动漫逐步进入中国社会的过程，分析了其吸引青少年的原因。[2]

---

[1] 石井久雄：《オタクのコスモロジー》（《御宅族的宇宙论》），东京：新潮社2000年版，第45页。

[2] 林舒舒：《当前日本动漫风靡现象探析》，《江苏社会科学》2006年第1期，第39—40页。

赵敏在《关于日本漫画研究》（2008）一文中，从艺术创作、文化鉴赏、读者层分类等角度分析了日本动漫能够吸引众多读者的原因。①

石勇在《动漫文化：不可小觑的青少年亚文化》（2006）一文中，将动漫文化流行的原因归纳为：①迎合青少年的身心特征；②现代快速的生活节奏催热动漫亚文化；③电脑科技的应用及动漫产业化政策推动动漫亚文化。作者还分析了在中国流行的动漫文化的特征，包括：日美动漫为主，日本动漫占据统治地位，呈现出教育性与腐蚀性并存的特点，并逐渐向主流文化过渡。他认为借鉴日本和欧美等国的情况，动漫文化日益演化为社会的主流文化，对青少年的人格的形成以及民族性格的养成有重要的影响。②

韩若冰在《浅谈日本动漫文化的草根性特点》（2007）一文中，探讨了日本动漫的发展历程，认为"草根情结"是日本动漫文化持续成长的基础。日本动漫文化的草根性表现在：源于生活、高于生活、还原于生活；创作主体与受众之间存在经常性的良性互动；休闲阶层的存在成为流行文化的核心消费群体；日本动漫粉丝组织的动漫俱乐部数量众多，并定期发行会刊。日本动漫的草根性还在于动漫制作者依然保持着民间传统"职人"对自身技艺完美追求的执着。作者指出，日本动漫文化深入日本社会的方方面面，但也遇到了成长的瓶颈：一是越来越多的动漫产品开始走向对"超能力"的漫无边际的杜撰，情节日趋荒诞，剧情扯断了人物与现实生活的联系，受众兴趣减弱。二是色情内容大量涌入动漫世界，尤其是在成人动漫中，有关性的描写和表现手法无序、无度，且有愈演愈烈之势。③

谭佳英在《动漫亚文化的文化体系》（2008）一文中，系统分析了动漫亚文化的文化体系，通过对日本动漫文化与20世纪50年代英国青年亚文化的比较，归纳出亚文化的共同特征。作者梳理了动漫文

---

① 赵敏：《关于日本漫画研究》，《文化艺术研究》2008年第35期，第229—230页。
② 石勇：《动漫文化：不可小觑的青少年亚文化》，《中国青年研究》2006年第11期，第51—56页。
③ 韩若冰：《浅谈日本动漫文化的草根性特点》，《民俗研究》2007年第1期。

化在日本和中国的流行过程和御宅族的生活方式，重点考察了御宅族的着装特点、审美特征和对虚拟身份的痴迷，最后提出整合引导动漫亚文化群体的观点。①

耿楠楠在《日本动漫的文化特征及对中国的启示》（2008）一文中，分析了日本动漫的成长历程，认为日本动漫的特征为：自然主义特征、动漫的传神性、固有文化和外来文化的有机融合，以及从艺术创造到工业生产。并列举了日本动漫对中国动漫发展的启示，分别是：第一，作品应是自然地流露、反映真实的生活。第二，利用好本国的神话传说。第三，吸收外来文化，发展本国文化。第四，加强动漫文化的创新。②

博冰在《有种生活比上班幸福——资深御宅族生存手册》（2010）一书中，从御宅族的立场出发，归纳了御宅族所向往的生活方式，包括御宅族对自由的追求，面临生活压力时能够采取的解决办法，社交、恋爱和理财方式等。③

李常庆在《日本动漫产业与动漫文化研究》（2011）一书中，从经济和文化两个不同的角度对日本动漫进行了详细的研究。首先，在经济方面分析了日本动漫产业的产业链、商业运作模式和日本动漫人才的培育方式以及日本中央和地方政府的支持政策。其次，在文化方面作者从"菊""刀"和"樱"三种最能代表日本文化特征的形态考察了日本动漫与日本民族精神和价值观的联系。认为许多优秀的日本动漫作品都充分融合了以上三种文化特质，使之具象化，从而深深打动并吸引日本乃至全世界的受众。日本动漫也吸收了中国历史事件和古典名著以及欧美文化元素，从而能够风靡世界各国。最后，作者从消费文化和文化认同等方面研究了日本动漫对中国大陆和中国台湾地

---

① 谭佳英：《动漫亚文化的文化体系》，《广西民族大学学报》（哲学社会科学版）2008年第1期。
② 耿楠楠：《日本动漫的文化特征及对中国的启示》，《日本问题研究》2008年第4期。
③ 博冰：《有种生活比上班幸福——资深御宅族生存手册》，中国青年出版社2010年版。

区青少年的影响。①

2. 关于御宅族（动漫迷）的研究

朱岳在《萌系御宅族的后现代性状》（2008）一文中，将御宅族视为日本动漫产业造就的亚文化群体，御宅族给社会以自闭、内向、交际能力和社会适应能力低下的印象，并且这种亚文化呈现日益发展的趋势。他以后现代主义理论为批判工具，通过分析萌系御宅族的考据癖、收藏癖和二次元情结等特点，揭示萌系御宅族群体的多种后现代性状，并指出御宅族群体向萌系发展是日本动漫文化发展到极致后走向颓废和扭曲的表现。②

张根强在《御宅族的三重身份》（2009）一文中将御宅族定义为对动漫、游戏产品及文化极度痴迷的青少年族群，并分析御宅族具备三重身份和特征：第一是积极、敏锐的虚拟信息的接收器。御宅族能够全面、深入掌握动漫、游戏产业、产品及文化的信息。日本的御宅族日复一日地流连于东京秋叶原等动漫产品集中地，努力搜寻各种最新动漫产品、玩偶、模型、海报。抑或在网上收集交流相关信息。他们花费在这些方面的时间甚至远远超过和家人朋友的交流。第二是"永不满足"的动漫产品消费群体。御宅族为了构建内心的虚幻世界，便不知餍足地去搜集和购买不同版本的动漫及其相关衍生产品以制造成就感和满足感。第三是特殊文化价值的传播载体。ACG所包含的价值、理念长期浸染御宅族，特别是对思想尚处于发展阶段的青少年的观念世界产生潜移默化的影响。御宅族游离于虚幻与现实世界的时间和空间，折射出了现代技术文明发展与传统社群组织及其个体身份表达方式之间的深刻矛盾。③

陈奇佳和宋晖在《日本动漫影响力调查报告——当代中国大学生文化消费偏好研究》（2009）一书中，收集整理了大量关于日本动漫在中国大陆地区传播影响状况的数据材料。调查围绕着中国大学生对

---

① 李常庆：《日本动漫产业与动漫文化研究》，北京大学出版社2011年版。
② 朱岳：《萌系御宅族的后现代性状》，《东南传播》2008年第12期。
③ 张根强：《御宅族的三重身份》，《中国青年研究》2009年第3期。

日本动漫及其衍生文化产品的消费，以及大学生对日本动漫的接受程度两个内容展开。调查以在校大学生为对象，涉及北京、上海、广州三个一线城市；杭州、武汉、海口、南昌和贵阳等二三线城市，投放6000份问卷，利用大样本数据分析日本动漫文化在中国传播的主要特点及其影响作用。该书较深入地论述了日本动漫作为一种文化消费产品的特征及其吸引中国大学生的原因。作者认为，在日本动漫中既存在宣扬正义、奋斗、友谊、忠诚和环保主义等正面精神，也包裹着暴力、同性恋、BL等非主流的元素，分析了正反两种因素对大学生受众价值观的影响。该书在研究御宅族时，从一定时间内阅读动漫的时间、所花费的金钱等方面估测样本中御宅族的数量、类型和结构，又从性别、年龄和阅读偏好等维度分析了御宅族的价值取向等心理层面问题。最后得出随着信息传播技术的进步和普及，日本动漫及其衍生产品在中国的传播呈现阶段性特征，中国大学生对日本动漫的接受程度逐步提高，程度日益加深。[1] 该书的问卷设计较细致全面、采用严谨的统计工具和定量分析方法，有助于提高调查的精度，提高定量研究的科学性，该书的数据采集和统计分析的方法对相关研究有较大的借鉴意义。

方亭在《从动漫流行语解读中国青年亚文化的心理症候——以"萝莉""伪娘""宅男/宅女"为例》（2011）一文中，梳理了主流文化和亚文化的关系，并指出了动漫文化在中国青少年亚文化中的地位。认为动漫流行语是探究中国青年亚文化心理症候的一种新视角。作者首先对"萝莉""伪娘""宅男"做出了较为严格的定义，分析了其行为方式和思维心理，认为三者都存在回避现实生活、拒绝成长、淡化人际交往的特征。青年亚文化的群体性认同的心理诉求和另类标榜的心理症候，需要通过主流文化、媒体文化和社会文化三方面的共同努力加以规避和引导。[2]

---

[1] 陈奇佳、宋晖：《日本动漫影响力调查报告——当代中国大学生文化消费偏好研究》，人民出版社2009年版。

[2] 方亭：《从动漫流行语解读中国青年亚文化的心理症候——以"罗莉""伪娘""宅男/宅女"为例》，《青年文化》2011年第1期，第78—83页。

易前良和王凌菲在《御宅——二次元世界的迷狂》（2012）一书中，从传媒学、社会学的角度对御宅族进行了深入的研究。梳理了御宅文化的发展源流，深入剖析其文化内涵，并借助于民族志的研究方法，对御宅族这样一个略显神秘的青年族群的生活场景进行了描摹。指出御宅族具有的三大特征：第一，狂热痴迷某一种或某几种动漫作品；第二，视动漫为志业，全身心投入其中；第三，御宅族是一种群体文化，有其独特的交流圈和互动方式。通过调查访谈的形式了解御宅族的社会形象和自我观感，并对同人志、角色扮演、模型电玩、动漫人偶等御宅族钟爱的活动形式和符号及其对御宅族的影响进行考察，研究御宅族特有的审美标准和价值追求。[1]

目前国内研究日本动漫和御宅族的学位论文数量不多。张磊的《中国漫迷群体研究》（2005），分析了中国御宅族产生的过程及物质、精神基础，突出日本动漫的特征及其影响力，运用文化学分析工具，从特定的符号、服装和声音等方面研究了御宅族特定的行为方式。[2]

孔金连的《长沙市漫迷群体的消费行为研究》（2007），对动漫、御宅族等概念进行了界定，并分析了韩国、美国、日本和中国御宅族的特征，考察了中国几个典型御宅族较多的城市的御宅族群体活动方式，运用问卷访谈和统计方法，重点分析了长沙市御宅族的消费行为。[3]

孙华在《中日动漫比较研究——中国动漫产业发展研究的一个视角》（2008）中，分析了日本动漫产业和中日御宅族的形成过程和现状，通过问卷调查的形式比较了中日御宅族的现状，研究了两国御宅族对不同动漫产品、音乐、绘画风格和角色的偏好等。[4]

---

[1] 易前良、王凌菲：《御宅——二次元世界的迷狂》，苏州大学出版社2012年版，第121页。
[2] 张磊：《中国漫迷群体研究》，硕士学位论文，华中师范大学，2005年。
[3] 孔金连：《长沙市漫迷群体的消费行为研究》，硕士学位论文，中南大学，2007年。
[4] 孙华：《中日动漫比较研究——中国动漫产业发展研究的一个视角》，硕士学位论文，华东师范大学，2008年。

何婧在《中国动漫迷对日本动漫的接受与再创造》（2008）中，研究了中国动漫迷对日本动漫的接受程度。分析了中国动漫迷的现状和形成原因，重点研究了他们对日本动漫的接受程度和再创造情况，包括他们对动漫美学、故事情节和语言的接受情况及其结合中国实际对相关符号进行的改造等。①

梁静在《动漫迷的媒介再现分析——以〈广州日报〉2000—2009年动漫新闻报道为例》（2010）中，研究了动漫社群文化的特征，以及动漫产业的发展和动漫迷的媒介再现。并通过《广州日报》2000—2009年动漫新闻报道的实证分析，论证了动漫文化发展、通信媒体和动漫迷之间的互动关系，指出国内动漫文化的发展需要充满活力的动漫制作组织和通信媒体，积极正确地引导动漫爱好者。②

戚艳伟的《日本动漫旅游发展模式研究——以秋叶原和鹫宫町为例》（2011）一文，从旅游学的角度，分析了日本动漫的发展历程、日本动漫产业的特点和日本动漫旅游的特点，对日本御宅族的集中地东京秋叶原和鹫宫町进行了实证研究，分析了长期以来日本动漫文化逐步发展并形成巨大影响力的原因，并考察了日本御宅族的"动漫圣地巡礼"这一特殊的现象。③

谷亮的《叛逆与快乐——解析动漫迷生活方式的意义》（2007），以中国动漫虚拟社区——枫雪动漫论坛为田野，从人类学的角度研究了虚拟网络空间中动漫文化发展特征，区分了动漫迷和非动漫迷，分析了动漫迷互动和追求自我价值的行为和思维方式。④

（四）小结

通过以上对国内外相关文献的梳理和研读可以看出，在对动漫及

---

① 何婧：《中国动漫迷对日本动漫的接受与再创造》，硕士学位论文，重庆师范大学，2008年。

② 梁静：《动漫迷的媒介再现分析——以〈广州日报〉2000—2009年动漫新闻报道为例》，硕士学位论文，复旦大学，2010年。

③ 戚艳伟：《日本动漫旅游发展模式研究——以秋叶原和鹫宫町为例》，硕士学位论文，兰州大学，2011年。

④ 谷亮：《叛逆与快乐——解析动漫迷生活方式的意义》，硕士学位论文，中央民族大学，2007年。

动漫相关领域的研究中,学者们主要围绕着受众、媒介、文化资本三个维度,进行了多视角、多学科的研究。在20世纪中期研究的重点是对"迷"、御宅族特征的探究和归纳;20世纪80年代末至90年代初,学者们着重探讨"迷群"怎样通过对各类文本的个性化解读,并积极地对文本进行再创造,从而抵抗、颠覆主流意识形态对他们的控制;20世纪90年代中期,学者们的研究重点更侧重于从历史、社会、文化和经济的角度解读"迷群"的思维和行为特征。近几年,学者们的研究角度和方法更趋多元化,突破了将"迷文化"仅视作流行文化、亚文化的认识,出现了对虚拟"迷社群"以及表现于"角色扮演"中的文化实践意义,以及对如中、日等跨文化"迷群"的比较研究。研究者也在深入地探究"迷研究"的意义所在。

具体到日本动漫及御宅族的研究,日本学者的研究有较长的历史,研究也较为严谨、深入,相关研究成果丰富。甚至有的日本学者提出了设立"御宅学"的设想。他们的研究为后续研究提供了大量可资借鉴的资料和启示。但遗憾的是,鲜见从人类学视角进行的研究成果。

国内学者对于御宅族的研究起步较晚,涉足这一领域不过六七年的时间,尚处于起步阶段,成果数量有限。其中,从人类学视角对御宅族的研究只有谷亮《叛逆与快乐——解析动漫迷生活方式的意义》一篇硕士学位论文,而且此篇论文是对中国动漫迷的研究。从笔者目前掌握的资料来看,还没有出现对日本御宅族的思维及行为模式和生活方式的深入全面的研究。

综上所述,国内外学者从不同学科视角对动漫和御宅族进行了广泛的研究,学者们的研究大多围绕着动漫的产生及发展历程、动漫的流行对青少年的影响、动漫产业的发展等问题展开,也有研究者就御宅族的消费方式、行为特征等进行研究,但成果数量少,且主要是从大众传媒学、经济学、心理学、文化产业等学科视角进行研究。先在的研究为御宅族研究奠定了一定的基础,但也存在进一步深入研究的空间。如前所述,御宅族现象发端于日本,日本动漫相关研究在该领域处于领跑者地位,通过借鉴日本学者的研究思路和方法,深入挖掘日本相关研究文献，并结合本人的实地调查和亲身体验而对当代日本御宅族的生活现状和行为特征进行研究，能够对国内的御宅族研究起到正本清源的作用。同时，综合运用人类学、社会学、传播学等相关学科的理论和方法对御宅族进行多面向的研究也是一种新的尝试。在研究方法方面，需要突破人类学田野调查的现场观察和面对面访谈的局限，在直接接触调查对象收集第一手资料之外，由于御宅族的主要活动场域是虚拟的网络空间，所以要将网络作为另一种田野，参与到与御宅族的互动和交流之中，以了解他们的生活和思想。在研究内容方面，侧重对国内动漫研究相对比较薄弱的御宅族的生活方式进行综合性文化分析，了解御宅族的生活现状，探析御宅族的生活方式和行为模式背后的意义系统，以及这一特定群体的生活方式与主流社会生活的关系。

三 研究方法与研究经历

从上述文献回顾可以看出，尚未出现专门探讨御宅族研究方法的研究成果，在陶东风、周宪主编的《文化研究》（第9辑）中，介绍了粉丝研究的方法。由于粉丝文化的独特性和粉丝社群的相对封闭性，源自人类学的民族志方法成为粉丝研究中的主要方法。1992年出版的两部粉丝文化研究的重要著作，詹金斯的《文本盗猎者》和贝肯·史密斯的《进取的女人们：电视粉丝和大众神话的创造》，不约而同地采用了在资深粉丝的引导下逐渐深入社群进行参与式观察的方法，但他们二人的研究路径并不完全一样。贝肯·史密斯作为粉丝群的"外来者"，近乎于一个神秘社群和读者之间的中介；詹金斯则是以学者、粉丝的双重身份来研究粉丝群的，他的定位是粉丝社群的一员，一个保持一定批判意识的圈内人，这种定位更能获得粉丝群体的信任和支持，并拥有局外人所没有的洞见。[①]

本书以人类学田野调查为基础，结合文献研究进行资料的收集、整理和分析阐释。由于人类学田野工作的主要目的是能够对所研究的文化事项进行"深描"（深度的描绘），进而在深描的基础上，做出

[①] 陶东风、周宪主编：《文化研究》（第9辑），社会科学文献出版社2010年版。

基于理解的解释。对于人类学研究者而言，在实地进行参与观察和深度访谈是获得第一手资料的主要研究方法。由于御宅族这一群体生活于现实与网络之间，因而，笔者在实地调查的基础上，把虚拟网络社区作为新的田野，利用互联网与研究对象进行互动与交流，在研究实践中，探索一种新的研究方法，力求全面、深入地考察御宅族生活方式及行为方式。从主位和客位的双重视角展开研究，即在理解研究对象对于他们的文化及行为的观点和解释的基础上，从研究者的视角，梳理其文化脉络，分析探讨研究对象行为模式及生活方式的意义，并对这一亚文化现象给予尽可能合理的诠释。在研究中，尝试将描述性叙事与理论探讨相结合，将个案研究与综合研究相结合，从研究内容的需要出发，把人类学、社会学以及媒体人类学等相关学科的理论与方法应用于研究。

笔者于2004年赴日本攻读本科和硕士学位，在长达7年的学习生活中，对日本的社会和文化有了比较深入的了解。尤其对日本社会浓厚的动漫文化氛围，日本青少年对动漫文化的喜爱、痴迷等现象感兴趣。同时，作为一名年轻人，日本动漫作品也深深地吸引了我。因而，我的本科和硕士学位论文均为有关日本动漫文化及御宅族的相关问题研究。在完成毕业论文期间，利用语言优势收集并研读了大量日语文献资料，并利用就读学校与多所小学、初中和高中建立起的教学合作关系，在教育实习过程中，对日本青少年中的御宅族群体进行了长期观察和研究，积累了较为丰富、翔实的第一手资料。我的博士论文将研究对象设定为日本御宅族这一特殊的亚文化群体。在博士开题报告之后，于2013年7—8月，赴日本进行了为期一个多月的实地调查。在日期间，我对动漫产品集散地秋叶原中央大街、女仆餐厅、乙女路执事餐厅、角色扮演摄影棚以及御宅族的朝圣地之一的鹫宫町神社等御宅族的主要集中地和活动场所进行了实地调查，对秋叶原动漫店店员、animate动漫书店店员、女仆餐厅的女仆服务生、鹫宫町圣地巡礼的御宅族、驾驶痛车的御宅族和战国动漫御宅族等进行了访谈，共访谈30多人次，撰写了10万余字的田野笔记。同时，参观考察了东京物流中心的同人志活动、东京巨蛋的动漫嘉年华活动等。我还考察了日本东映动画公司、吉卜力美术馆、《机动战士高达》博物馆等场所。因我能够使用日语和调查对象自如地交谈，使得调查研究得以较为顺利地进行。在日期间，我还收集了大量的日文相关文献，是本书的文献资料的主要来源。

文中收录了我在田野调查中收集的大量照片、图片以及部分手绘图画。如图片下方没有标明出处，则为我在田野调查过程中亲自拍摄的照片或手绘图画。

四　概念界定

(一) 日本动漫和日本御宅族

日本动漫是日本动画和漫画两个词的合称，包括动画片、漫画、游戏及其衍生产品（包括服装、玩具、生活用品等）。日本是世界第一动漫强国，也是世界上最大的动漫输出国，目前，世界60%的动漫作品来自日本，动漫产业的出口值远远高于钢铁出口值。动漫产业与汽车业、电子技术业是日本的三大支柱产业。

日本御宅族是20世纪80年代以来伴随动漫文化以及现代资讯手段的快速发展而出现的一个独特的社会群体。御宅族一词指称对动画、漫画、游戏产品及相关文化极度痴迷的特定社会群体。他们拥有共同的心理基础和特定的生活方式，长期极度痴迷动漫，善于使用各种现代通信媒介收集动漫信息，倾入大量时间、金钱收集各种喜好的漫画、动画、动漫角色的模型和电子产品，热衷于参加或组织与其喜好的动漫相关的活动。他们的生活方式及行为方式呈现出与普通人，包括一般动漫爱好者不同的特点。

(二) 亚文化和动漫亚文化

"亚文化"（Subculture）是指共享某种亚文化的人群或社群；也可指一种特殊的生活方式，即当社会中的某一群体形成了一种区别于占主导地位的文化特征，具有了其他一些群体所不具备的文化要素的生活方式时，这种群体文化便被称为"亚文化"。从社会学角度看，亚文化群是被主流社会贴上了某种标签的一群人，他们往往处在非主流的、从属的社会地位上，他们有着区别于其他群体（尤其是占主导地位的群体）的诸多明显特征（如偏离性、边缘性甚至挑战性）和特殊的生活方式。

动漫亚文化是一种生活方式的文化,是具有有别于主导和主流文化不同价值观和生活方式的一类人。亚文化能包括全部或一部分生活方式,并且能同主流文化相对立或作为主流文化的补充。亚文化有各种分类方法,罗伯逊将亚文化分为人种亚文化、年龄亚文化、生态学亚文化等。如年龄亚文化可分为青年文化、老年文化;生态学亚文化可分为城市文化、郊区文化和乡村文化等。动漫亚文化的文化体系是内化于亚文化群体的生活方式、审美标准,外在体现为他们所创造的漫画作品和在公开场合的身体表演。后者是一般人眼中的动漫亚文化。动漫亚文化与主流文化没有明显的对立性,可以认为是特定群体的一种生活方式的选择,也可以认为是对主流文化的一种补充。

(三) 生活方式

社会学中,一个人(或团体)生活的方式包括了社会关系模式、消费模式、娱乐模式和穿着模式。生活方式通常也反映了一个人的态度、价值观或世界观。一个人拥有某种"生活方式",这意味着他可能是有意识或无意识地从许多组行为当中选择出的其中之一。在文化人类学有关文化的界定中,"文化"可以用来指"使一种特定的生活方式显得与众不同"的符号的创造和使用,而文化分析就是阐明一种特殊的生活方式,以及这种生活方式隐含或外显的意义和价值[①]。在本书中,生活方式指的是御宅族的衣食住行、休闲娱乐方式、消费方式、人际互动方式,以及反映在生活方式中的态度、价值观或世界观等。在他们作为御宅族的生活方式中创造了各种符号、象征、文本、意义,并催生了动漫亚文化的产生。

(四) 文化资本和文化消费

文化资本(Lecapital Culturel)概念由皮埃尔·布尔迪厄在1986年《资本的形式》中完整提出。文化资本包括三种子类型:内含的、具体的和制度的。内含文化资本是指内含于个人的文化资本。具体文

---

① [英] 阿雷恩·鲍尔德温、布莱恩·朗赫斯特等:《文化研究导论》,高等教育出版社2004年版。

化资本是指如科学制置或艺术作品等物品。这些文化产品可以物理性地作为经济资本被转移（卖出），且"象征性"地作为文化资本。制度文化资本是指个人所持有的文化资本在制度上被认可，一般最常指的是学业证书或执照，主要是在劳动市场里被认可。它允许文化资本能较为简易地被转变成经济资本，按制度上的等级判定其金钱价值。

文化消费（Culture Consumption）是指在消费社会，消费者消费的并不是商品本身，而是商品所代表的符号和意义。消费者根据自己的主观意愿，选择文化产品或服务，来满足精神、心理需求的一种消费。具体指消费者用于文化活动、文化产品、娱乐产品和服务等相关方面的支出和消费活动。

（五）媒体人类学和网络人类学

媒体人类学（Anthropology of Media）亦称大众媒体人类学（Anthropology of Mass Media），是社会人类学或文化人类学的一门新兴分支学科，强调民族志作为一种理解大众媒体的生产者、阅听者及其他文化社会面向的研究方法。现在云南大学新闻系任教的郭建斌教授在复旦大学读博时撰写的毕业论文《电视下乡：社会转型期大众传媒与少数民族社区——独龙江个案的民族志阐释》被认为是国内开创传播学民族志研究先河的典型研究。较早的媒体人类学专著还有《电视与彝民生活》《办报人的心史——〈金华日报〉的媒体人类学考察》（蒋中意、徐榕、徐杰舜）等。

米茨拉（Steve Mizrach）在《网络人类学是什么？》一文中认为，网络人类学是研究虚拟社区与网络环境中的人的学科。首先，网络人类学认识到新的虚拟社区不再由地理甚或其他（种族的/宗教的/语言的）边界所界定。相反，网络空间的社区是基于共同的兴趣创立起来的，超越了社会等级、国家、种族、性别和语言的界限。这与全球场景中市民要求归还公共空间和私人空间的呼吁相应。刘华芹定义的网络人类学主要是强调了网络空间与人类学之间的互动。

（六）ACG、二次元、同人与角色扮演

ACG 是英文 Animation、Comic、Game 的缩写，是动画、漫画、游戏（通常为电玩游戏）的总称。

二次元的原义指二维的平面空间。现常用于指 ACG 领域所在的平面世界，包括动画（Animation）、漫画（Comic）、游戏（Game）等一系列平面的视界产物，与之相对的三次元则是指现实世界。二次元情结又称为"二次元禁断症候群"，它是指一种特殊的精神病，患者只对漫画、录像带或电视游戏中的虚构女性角色感兴趣，而对于现实生活中的女性则缺乏兴趣。"二次元禁断症候群"这个名词最早于 20 世纪 80 年代初期在日本被提出。由于当时日本的男中学生都沉迷于漫画，以至于有不少人过分沉迷于漫画里的虚拟世界，造成社交上的障碍。

"同人"一词来自日语的"どうじん"，原指有着相同志向的人们、同好，是动漫文化用词，指"自创、不受商业影响的自我创作"或"自主"的创作。它比商业创作有较大的创作自由度，有种"想创作什么，便创作什么"的味道。同人志则是这种创作的自制出版物。这个文化圈则被称为"同人界"。

"角色扮演"［日语：コスチューム・プレイ，和制英语：Costume Play，简称コスプレ（Cosplay）］起源于 1978 年 Comic Market[①]召集人米泽嘉博氏为场刊撰文时，以"Costume Play"来指出装扮为动漫角色人物的行为，并由日本动画家高桥伸之于 1984 年在美国洛杉矶举行的世界科幻年会时确立以和制英语词语"cosplay"来表示。中文一般亦称"角色扮演"[②]或"角演"，指一种自力演绎角色表演艺术行为。

而当代的角色扮演通常被视为一种次（亚）文化活动，扮演的对象角色一般来自动画、漫画、电子游戏、轻小说、电影、电视系列剧、特摄，或是其他自创的有形角色。参与角色扮演行为的装扮者日文称为"コスプレイヤー"（简称"レイヤー"），中文一般称为"角色扮演者"或"角色扮演员"，英文称为"cosplayer"或简称"co-

---

[①] Comic Market（日语：コミックマーケット），是由 Comic Market 准备会举办的日本乃至全球最大型的同人志即卖会，简称 Comike（コミケ）、Comiket（コミケット）或 CM。

[②] 中文的"角色扮演"有别于"Cosplay"，亦可指英语的"Role-playing"。本书中的角色扮演一词均指"Cosplay"，即一种自力演绎角色的表演艺术行为。

ser"。角色扮演的方法：角色扮演者利用类似的服饰，加上道具的配搭，化装造型、身体语言等来模仿动漫作品中的角色。角色扮演的过程大致可划分为前期（筹划准备）、中期（扮演）、后期（加工制作）三阶段。

具体环节为：选定扮演对象、收集与对象相关的资料、制作服装道具、确定场地、真人演绎（即时展示/拍摄记录）和后期加工。

（七）OVA

OVA 是原创动画录影带（Original Video Animation）的简称。一般指以通过 DVD、蓝光碟等影碟发行方式为主的剧集，也指一些相较原著篇幅较小且内容不一的动画剧集。相较于电视版动画、剧场版动画和电影版动画，OVA 是从发行渠道来划分的。OVA 的选材一般是应某个特定动漫作品的爱好者的要求而推出的，用于补充情节，以满足爱好者的收藏需要。部分 OVA 是实验期作品，根据观众的反应，有可能扩充成电视版动画或者终止制作。

（八）SF

SF 是 Science Fiction 的缩略称谓。SF 作品是以未来时空背景的设定来讲述故事的文体。SF 作品与纯幻想的 Fantasy 作品（奇幻文学）不同的是，SF 一般是以"切实可行"的未来性作为基石，无论是"硬科幻"还是"软科幻"，都并非只有空幻的未来世界描绘，更多是根据现今的人文背景而对未来的某种探索和追求。日本的 SF 动漫主要包括：①机器人动画（如高达全系列、EVA、《反叛的鲁路修》）；②战舰动画（《超时空要塞》）；③微型科学幻想（《攻壳机动队》）；④精神科学幻想。

第一章　日本动漫概述

日本动漫主要由漫画、动画和动漫衍生产品组成。日本动漫最早源于平安时期，近代漫画成形于日本明治时期，经历了一个多世纪的发展历程，目前日本动漫已成为全球最具商业和文化影响力的文化产品。本章主要探讨日本动漫的发展历程，日本动漫的文化、艺术和产业特征，分析其拥有巨大影响力和吸引力的原因。

第一节　日本动漫的形成与发展历程

日本动漫主要由漫画、动画及其衍生产品组成。日本漫画最早源于平安时期，经历了漫长的发展历程，在20世纪中叶初成体系，随着电影音像技术的发展，出现无声动画电影、有声动画电影、中短篇动画、长篇动画和3D动画等一系列动漫作品和形式，目前日本动漫已形成极具特色的流派和完善成熟的产业体系，其文化影响波及世界许多国家地区。本书在参考李捷、李常庆和津坚信之等人研究成果的基础上，对日本动漫的诞生和发展历史进行梳理，将其划分为6个阶段：萌芽时期、近代探索时期（20世纪初至20世纪30年代）、战时低谷时期（20世纪40年代）、战后转型时期（20世纪60年代）、成熟经典时期（20世纪70—80年代）和数码延伸时期（20世纪90年代至今）。

一　萌芽时期

日本漫画界把鸟羽僧正觉犹（1053—1140）推崇为鼻祖，他所画的《鸟兽人物戏画》（简称《鸟兽戏画》）共有四卷，被日本政府认定为四大国宝绘卷。鸟羽僧正觉犹在 12 世纪绘制的《鸟兽戏画》，因其中部分的手法与现代的日本漫画手法有相似之处，因而也常被称为是现存最早的日本漫画作品。画中运用白描手法，以鸟兽之国比喻当时的日本社会，抨击日本平安时期社会的黑暗面。之后，《信贵山缘起》《地狱草纸》《饿鬼草纸》《病草纸》《天狗草纸》《绘师草纸》等戏画绘卷的漫画作品大量出现，形成日本独特的绘画形式和风格。在日本室町时代（1333—1568 年），《福富草纸》《百鬼夜行图》等作品就是当时流行的绘作。其中《百鬼夜行图》是最著名的作品，描绘了日本民间神话传说中的各种妖怪故事。

　　在日本，"漫画"一词起源于江户时期。当时盛行的"浮世绘"被视为集日本传统绘画之大成。其中，用笔简练的作品开始被称为"漫画"。1769 年，风俗画家英一蝶出版《漫画图考群蝶画英》一书，开始使用"漫画"一词。① 活跃于江户时代后期的浮世绘大师葛饰北斋发行的画集《北斋漫画》收录了《漫画百女》《北云漫画》《光琳漫画》《漫画独稽古》等 15 卷滑稽画作品。戏画绘卷和浮世绘的简易画风奠定了日本漫画的美学基础。

　　二　近代探索时期

　　日本明治维新之后，漫画作品及其创作渐成一派，日趋发展。野村文夫于 1877 年创办了《团团珍闻》的漫画集，发行近 20 年出版了 1000 号。法国漫画家乔鲁吉·毕格执笔《团团珍闻》开日本讽刺画集之画风。1900 年，《滑稽新闻》《东京顽童》《时事漫画》和《大阪滑稽新闻》等漫画刊物如雨后春笋般大量出现，多以西洋漫画风格讥讽时弊。

　　1915 年，漫画家冈本一平号召日本各大报社的漫画家，共同创立了日本第一个漫画家团体——"东京漫画会"（后更名为"日本漫画会"）。日本漫画会举办各种展览和创作交流，创办 8 年间，举办漫画展览近 20 次，在很大程度上促进了日本漫画家和漫画读者的交流与互动。冈本一平提倡赋予漫画生动的情节，推崇故事漫画。他大胆吸

---

① 李捷：《日本动漫史话》，中国青年出版社 2012 年版，第 37 页。

收欧洲各国漫画风格，结合本国特色，强调漫画应力求笔法简洁、内容生动，进一步丰富了日本漫画的内涵。

20世纪初，外国动画电影进入日本，并受到日本民众的好评，日本电影公司于1916年开始制作动画电影。1917年，下川凹夫摄制的《芋川掠三玄关·一番之卷》作为日本的第一部动画电影登上荧幕，开日本国产动画制作先河。同年，北山清太郎创作了动漫片《猿蟹合战》。他从日本民间故事取材，擅用水墨画制作动画片，并在影片中用字幕加入角色的对话和旁白，先后创作了《猿蟹合战》《猫与鼠》和《恶作剧的邮筒》等多部动画片。幸内纯一于1917年创作了动画片《埚凹内名刁（新刀）之卷》，把阴影引入动漫片制作，并在画面中融入简单色彩，增强了画面的层次感。

20世纪20年代，日本政府实行新教育计划，扶持漫画和电影等新兴产业，促进了漫画、动画产业的发展。1924年，大藤信郎运用实景和剪纸相结合的方式，拍摄了日本最早的完整动画片《烟草物语》。之后，大藤信郎创作完成了《马具田城的盗贼》《孙悟空物语》《鲸鱼》和《珍说古田御殿》等作品。1932年，政冈宪三和其学生懒尾光世制作完成了《力与世间女子》，它是日本第一部有声动画片。

在动画电视事业逐步发展的同时，日本漫画向商业化、全民化方向迅速迈进。1923年，桦岛胜一的少儿漫画《阿正的冒险》在《朝日新闻》连载，以少儿为阅读对象的漫画开始迅速成长。1924年，麻生丰创作的幽默长篇漫画《满不在乎的爸爸》在《报知新闻》连载，幽默诙谐的故事情节得到广大读者的青睐。从1931年开始，田河水泡的《黑流浪汉》在《少年俱乐部》上连载10年。

1924年，《读卖新闻》增设漫画部和漫画栏目，延揽麻生丰、下川凹夫、堤寒三、柳濑正梦等一批漫画家，刊登发行各类漫画作品。这一时期，报社企业与日本漫画家的合作促进了日本漫画产业的迅速发展壮大。漫画读者覆盖不同年龄层，漫画家的分化也日渐明显，逐渐形成独特的创作风格和绘画特征。漫画作品内容丰富广泛，包括政治、经济、恋爱、体育、历史、宗教、科幻、幽默搞笑等，特别是少年漫画和成年漫画发展迅速：《阿吉历险记》的作者岛田启三和《黑流浪汉》的作者田河水泡擅长少年漫画；《小阿福》和《健少爷》的作者横山隆一是成年漫画的大家；风靡当时的"成人漫画"代表作者是小野佐世男和田中比左良。

这一时期，漫画集社团不断重组整合，1932年，《漫画人》的主持人近藤日出造和横山隆一等创立了"新漫画派集团""童心漫画团""日本漫画奉公会""三光漫画工作室""新秀漫画集团"等大量漫画家社团。漫画创作交流广泛、活动频繁，客观上有利于日本职业漫画群体的发展和业界竞争环境的形成。

三　战时低谷时期

20世纪30年代到40年代初的"二战"时期，日本漫画界已受到军国主义政府的强制管理，漫画创作服务于国家政治的需要，处于发展的低谷。日本军部严禁社会舆论批评战争，也禁止漫画家的各种幽默或者具有讽刺意味的作品。1931年，田河水泡的漫画《黑流浪汉》开始在《少年俱乐部》连载，该漫画描述了一只流浪的大黑狗，加入"猛犬团"，接受专业训练成为职业军犬的故事。由于该漫画具有报效政府、服从军部的军国主义色彩，得到当时意图发动侵略战争的军国主义集团的热捧。1941年，日本海军省出资制作了动漫片《桃太郎的海鹫》《桃太郎之天降神兵》和《桃太郎之海上神兵》等作品。日本军部出资，推出"桃太郎系列"动画片，目的是为了宣扬和美化侵略战争。但在一定程度上也促进了日本动画片制作工艺的发展。1944年，日本海军省和陆军省赞助前田一制作了动画片《上空博士》，该动画片改编自横山隆一的原著。战争期间和战后初期，由于纸张紧缺，漫画出版也受到限制。

四　战后转型时期

20世纪40年代末到20世纪60年代，是日本动漫发展的战后大转型时期。日本漫画创作已臻成熟，许多漫画大家出现。这一时期，电视机的发明和普及刺激了日本动画片制作的发展，漫画作家们开始在动画片制作上投入大量精力，动画电影制作公司纷纷成立，电视版动画的制作与电视版动画片原著的漫画杂志的出版形成了紧密的合作模式，二者均取得了发展，巩固和扩大了动漫的消费群体，日本青少年已将漫画和动画片作为娱乐和传播信息的重要媒介。

1946年，横井福次郎发表了漫画作品《不可思议国的普恰》。另一位漫画家长谷川町子的《海螺》在名古屋、福冈和札幌等地的报纸上连载，两部作品皆大受好评。1946年，被誉为日本漫画之神的手塚治虫制作了《新宝岛》《前世纪》《大都会》和《未来世界》等作品。他一方面继承了传统日本艺术，将各种绘画技巧灵活地运用于创作中；另一方面善于将广角、变焦和俯拍等电影拍摄技术融汇于动画拍摄，促进了日本动画片制作的飞跃进步，受到广大观众的欢迎。1947年，加藤谦一主持的漫画杂志《漫画少年》创刊，手塚治虫、藤子·F.不二雄、赤冢不二夫、石森章太郎和森田拳次等漫画家云集于此。

1950年，手塚治虫创作的长篇漫画《森林大帝》在《漫画少年》连载，这部作品虽然以动物为故事主角，却讲述了许多严肃的现实问题，内容丰富、思想深刻。1951年，手塚治虫的中篇漫画《阿童木大师》在《漫画少年》上连载。1952年，手塚治虫经过对《阿童木大师》的重新构思整理，制作出长篇漫画《铁臂阿童木》。这部作品在日本国内和国际社会得到广大读者的喜爱，并改编为同名动画片，从漫画出版连载到动画片播放，持续达13年之久。1953年，手塚治虫创作的《丝带骑士》漫画在《少女组》上连载。手塚提倡漫画作品应根据不同读者的需求做细致分类，形成不同的创作理念和绘画风格，《丝带骑士》就是针对少女等女性读者创作的作品。日本漫画界开始形成明确的少年漫画和少女漫画分类，并在此基础上衍生出更加细致的划分。

1956年，大川博成立了日本首家动漫制作公司——日本东映动画公司（東映アニメーション株式会社），并在2年后制作了日本第一部长篇彩色动画电影《白蛇传》（见图1-1），这部电影连续在柏林电影节和威尼斯国际儿童电影节上获得多项国际大奖。

图 1-1　日本东映动画公司及《白蛇传》剧本

以此为契机，日本的动漫产业规模不断扩大，专业动漫制作公司和从业人员数量持续增加，动漫制作技术不断改进。1959 年，大川博制作完成日本第一部超宽银幕动画片《少年猿飞佐助》，并改编制作了手塚治虫的漫画《西游记》，在艺术水平和制作工艺上都取得巨大进步。

1962 年，手塚治虫成立"株式会社虫制作公司"开始创作动画片作品。手塚提倡动画片应该具有多样性、包容性和深刻的思想，应具有自身独特坚定的本土性格，推出自成一派的造型设计和绘画特征，以健康积极的内容情节引人思考，关注人性和社会进步。手塚经过观察和研究，发现迪士尼动画作品致力于高投入，重视动画片画面效果，而在情节连贯性和丰满度上却显得单薄。他认为在当时日本动画制作的实际条件下，超越迪士尼动画的有效途径是更加关注故事情节的设计和丰富角色的内心世界，通过充实完善故事内涵和思想来吸引读者。故事情节是动画片等一切作品的精髓，他重视动画的选题和情节设计。为实现这一制作理念，手塚治虫吸收利用新技术，创造性地设计出一整套动画编制、拍摄和加工的流程，如在动画角色的动作设计上赋予其标志性的动作或语言，重复使用相同的背景；一改传统的漫画平铺直叙的情节推进方式，增强故事的复杂性和人物心理描述，充实故事内容；根据情节需要，灵活控制时间间隔，采取广角镜头、变焦镜头和俯视镜头等电影的拍摄技巧来创作漫画和动画片，细化角色表情和故事情节变化过程，大幅削减制作成本和时间，提高工作效率。手塚治虫完成其第一部动画片《街角的故事》，使其全新的动画片制作理念成为现实。

1963年，手塚治虫的长篇漫画《铁臂阿童木》被改编为多集黑白电视动画片在富士电视台播放。手塚治虫拥有大量优秀的漫画作品为动画片提供原著材料，并推出电视台一周播一集动画片的播出模式，既能够使长篇动画片在未全部拍摄完成的情况下分集播出，获得收入，又能够保证每集动画片获得合适的制作时间。日本动画业界整体上接受了"手塚治虫式"的动画制作理念，并将其发展成为一种行业标准。《铁臂阿童木》创下了49%的收视率纪录，开启了电视动漫发展的新时代。手塚治虫的动画片故事情节生动曲折、画风精美，角色个性鲜明，迅速得到大量群众的喜爱，日本动漫界也深受动漫创制方式的影响，形成漫画改编动画片的传统，大量优质的漫画为动画片制作提供了丰富的素材，绘画和拍摄手法也日趋成熟。1965年，手塚治虫制作完成了第一部彩色长篇动画片《森林大帝》，大获好评，并夺得威尼斯国际电影节的圣马克银狮奖。20世纪60年代中期至70年代，手塚治虫在经营"虫制作公司"的同时把主要精力集中在了创作上。1971年，他辞去了"虫制作公司"社长的职务，专心从事漫画创作。1966年，漫画杂志《Comic》(《滑稽》) 创刊，开始连载手塚治虫的漫画代表作《火鸟》，并于1970年获得讲谈社[1]颁发的出版文化奖。在这部以凤凰为主要线索的漫画作品中，讲述了发生在不同时空里的12个故事，虽然故事的构成要素各不相同，但却由"生命"这个共同的主线串联在一起。读者们随着"火鸟"一起纵横于过去未来，共同体味生命的含义。手塚治虫通过《火鸟》的创作，展示出漫画和动画片中深刻的思想精髓，动漫作品的表现形式丝毫不逊色于其他艺术作品。《火鸟》共历经20多年，发表了12个章节，1988年，《火鸟》以一个没有终结的结尾告别了读者。

---

[1] 讲谈社创立于1909年，是日本最大的综合性出版社，也是主要的漫画出版社之一。

20世纪70年代，日本社会进入高速成长期，人们的观念和生活方式也发生了很多变化。手塚治虫的作品也发生了明显的改变。1972年，他创作的漫画《佛陀》开始在《希望之友》杂志上连载。在这部作品中，手塚治虫改变了其擅长的童话风格，以严肃写实的笔法，讲述了佛祖释迦牟尼的传奇故事。《佛陀》于1975年获文艺春秋漫画奖。到了1973年，手塚治虫的另一部代表作《怪医秦博士》连载于《周刊少年Champlon》（《周刊少年冠军》）。这是一部彻底颠覆手塚漫画世界的作品，在他的漫画作品中，第一次将性格复杂的问题人物作为漫画的主角。怪医秦博士是一位医术高超、反传统的角色，这类非完美、叛逆的英雄主角一反欧美完人的英雄形象，很快得到读者的接受和喜爱，并对手塚治虫的创作能力给予了更高的评价。日本动漫业界开始热衷于这类角色的创作。1975年，《怪医秦博士》获日本漫画家协会奖特别奖。1977年，讲谈社开始刊行《手塚治虫漫画全集》，前后共出版了300卷，手塚治虫的两部作品《怪医秦博士》和《三眼神童》一起获得讲谈社漫画奖。1979年，手塚治虫因为在漫画领域的杰出贡献而获得严谷小波文艺奖。

手塚治虫的优秀作品将日本动漫成功推向国际舞台。1980年，火鸟系列的剧场版动画《火鸟2772》在东宝戏剧场公映。该片先后获得拉斯维加斯电影节动画部门奖和智利的漫画展览奖。同年，手塚治虫先生以国际交流基金漫画大使的身份赴纽约联合国总部，并发表了题为"现代日本漫画的文化"的演讲。《铁臂阿童木》在中国播放时，播出时间是每星期日的18点30分，这是中央电视台第一个固定的卡通节目档期。《铁臂阿童木》的原版漫画由中国少年儿童出版社引进出版，并在全国范围内发行。

1984年，手塚治虫以漫画《向阳的树》获小学馆漫画奖[①]。1985年，他的实验漫画《跳》获得广岛国际动画电影节冠军奖。1986年，

[①] 小学馆漫画奖（小学馆漫画赏）创立于昭和30年（1955年），经过半个世纪的发展，小学馆漫画奖目前发展为儿童向部门、少年向部门、少女向部门、一般向部门四个部门，是日本历史最悠久的漫画奖，也是日本漫画界的年度盛事。

手塚治虫的《控诉阿道夫》获讲谈社漫画奖。1988年，手塚治虫因其对战后日本动画及漫画事业发展的杰出贡献而获得朝日奖。同年，他的《森林传说》获每日电影观摩演出大藤信郎奖和国际动画电影节（IFE）少年电影院奖。

手塚治虫的努力实现了日本动漫在战后转型时期的飞速发展，在情节设计、制作工艺和宣传播放方面都形成了科学合理的"手塚方式"。手塚的许多创作和制作理念以及工艺流程目前仍然是日本动漫业界的指导思想和创作守则。随着这一时期日本动漫制作水平的大幅跃升，实现了日本漫画家把日本动漫推向国际市场，与欧美动漫一争高下的夙愿，因此，手塚治虫被誉为奠定现代日本动漫发展基石的"日本漫画之神"，日本漫画领域的最高奖项被命名为"手塚奖"。

在手塚治虫的漫画和动画片创作大放异彩的同一时期，另一批创作连环漫画的青年漫画家也在不断成长。如白土三平在1963年和1964年创作了《希顿动物记》和《卡姆伊》；水木茂在1964年创作了《鬼太郎》；斋藤隆夫在1968年创作了《骷髅13》等作品。在绘画风格上，连环漫画采用写实笔法，并且瞄准特定的读者群体，主要以大城市初入社会的青年人为对象，在理想追求和现实境遇方面与其贴近，使其在漫画阅读中获得共鸣和安抚。连环漫画迅速得到小学生、初高中生、大学生和上班族青年读者的喜爱和认同，成为日本动漫文化中角色扮演的起源。

1964年，"新漫画"派的近藤日出造号召组建了全国范围的漫画家团体——"日本漫画家协会"，全国漫画家云集旗下，成为日本漫画业界最具权威性的组织。推进了日本动漫的发展。日本漫画创作组织广泛招揽各领域人才，故事设计由专业的小说家完成，形象设计和原稿绘画由专业漫画家承担，再由专门的拍摄部门负责影片制作。经过战后几十年的转型，日本漫画和动画片也成为深具民族特色的艺术文化形式和颇具竞争力的支柱产业。

五 成熟经典时期

20世纪七八十年代，日本经济迅猛发展，日本动漫进入一个新的发展时期，由传统动漫彻底转型为当代动漫。超现实主义、表现主义和波普艺术①等现代艺术兴起，并向动漫领域延伸。电视电影和电脑科技逐步发展，助推动漫创作水平的提升。在这一时期，日本动漫业界百花争鸣，继手塚治虫之后，藤子·F. 不二雄、宫崎骏、松本零士和鸟山明等漫画大师辈出，各种经典的动漫名作大量出版，动漫类型的细致化和题材内容的多元化，可以满足不同年龄和职业观阅者的需求。漫画和动画片图、文、音并茂，成为诠释小说、戏剧和音乐等其他文艺作品的新视觉传播形式，受到日本社会的广泛欢迎，动漫观阅者的结构也发生了很大变化，年龄层进一步扩展，从低龄的青少年扩大到成年人，由学生扩大到社会各阶层，日本民众对动漫的爱好程度不断加深。

"二战"之后，日本少女漫画在日本漫画界一直处于非主流的地位，唯有少年漫画受到读者和漫画制作公司的重视。20世纪70年代，随着池田理代子、高桥留美子等创作的漫画作品的出版，开启了日本少女漫画迅速发展壮大的先河。1972年，池田理代子的漫画作品《凡尔赛的玫瑰》在《雏菊周刊》上连载。池田理代子擅长创作历史漫画作品，在宏大的历史画卷中，雕琢女性主人公的柔美和坚强。《凡尔赛的玫瑰》以法国大革命为背景，描写了女主角为追求自由和正义而进行的不屈努力和美好的爱情经历，得到广大读者的喜爱，并在日本掀起了学习法语和法国历史的热潮。1974年，《凡尔赛的玫瑰》改编为歌剧在宝冢歌剧院公演，轰动一时，少女漫画开始迅速流行起来。1975年，池田理代子创作了以俄国革命为题材的漫画《俄耳莆斯之窗》，这部作品在1980年获得日本漫画家协会优秀奖。

1976年，美内铃惠的少女漫画《玻璃假面》在《花与梦》连载，单行本已经出到第42集，销量也已经超过100万部。这部漫画已经连载超过了20年，累计发行部数也已经突破了5000万部，动画版本

---

① 波普艺术是流行艺术（Popular art）的简称，又称新写实主义，因为波普艺术（POP art）的POP通常被视为"流行的、时髦的"一词（Popular）的缩写。它代表着一种流行文化。在美国现代文明的影响下而产生的一种国际性艺术运动，多以上流社会的形象或戏剧中的偶然事件作为表现内容。它反映了战后成长起来的青年一代的社会与文化价值观，力求表现自我、追求标新立异的心理。

在2005年于东京TV、大阪TV、爱知TV和AT-X等各大电台播放。《玻璃假面》以"剧中剧"的表现形式使剧中的人物演绎另一个剧本中的角色，剧中表现的花样滑冰、舞蹈、音乐剧等内容反映出作者高超的艺术天赋，这部作品开启了少女类演艺题材的先河。

20世纪70年代，也是日本各式幽默搞笑漫画崛起的时期。1977年，漫画家田野喜孝创作《小双侠》，角色设计夸张怪异、对话情节搞笑幽默。这部作品作为《时光机器》系列第二部放送，共有108集，播放达两年之久，成为同系列动画播放时间最长的系列片，最高收视率达28.4%。《小双侠》迅速成为最受日本国民欢迎的TV动画片，并衍生出各种各样的玩具商品，受到不同年龄层次人群的喜爱。1978年，高桥留美子的处女作《任性的家伙们》获得第2届小学馆新人奖。同年，高桥留美子的第一部长篇漫画《福星小子》使她一举成名。这部作品为她赢得了大批忠实的漫画迷。这部作品原本只是计划在《少年Sunday》（《少年周日》）杂志上作短期连载的试用作品，一推出便受到了极大好评，《福星小子》追加了10回，最终追加成长篇连载漫画。故事以花心的高中生诸星当、拉姆为中心欢乐展开，故事中有人类、外星人和妖怪等角色，一起过着混乱而快乐的生活，绘画线条简洁流畅、情节轻松搞笑，创作达到了日本搞笑动漫的巅峰。1980年，高桥留美子的另一部经典漫画《相聚一刻》（又名《一刻公寓》）在小学馆青年漫画杂志《Big Comic Spirits》创刊号上连载。

20世纪70年代，大量经典动漫作品问世，1971年，横山光辉的长篇漫画《三国志》，描绘了中国三国时期的英雄纷争、诸侯割据的战争史诗，共出版60卷、6000多万本，连载长达15年。这部作品曾连续三年获得日本漫画家协会奖和优秀奖，许多日本读者通过这部作品了解中国三国时期的历史。之后横山陆续推出《史记》《楚汉群英》《殷周传说》等知名的中国历史漫画，并创作出日本历史漫画《德川家康》《织田信长》《伊达正宗》《武田信玄》《武田胜赖》《丰臣秀吉》《平家物语》等。横山光辉熟悉日本和中国等国的历史文化，绘画功底深厚，他的作品以漫画的形式再现了一段段波澜壮阔的历史画卷，成为日本历史漫画的权威。

安彦良和分别在 1971 年和 1980 年创作了《亚里安》和《维纳斯战记》。松本零士在 1972 年创作了《我们是男人》，并获得第三届讲谈社出版文华奖儿童漫画部门奖，1978 年创作的《银河铁道 999》获得小学馆漫画奖。藤子·F. 不二雄在 1976 年创作了《超能力魔美》。安达充分别在 1978 年、1979 年和 1980 年创作了《最后的冠军》《夕阳升起》《阳光普照》和《美雪·美雪》，他在 1981 年创作的《棒球英豪》轰动漫坛。安达充的创作以清新柔美的画风著称。1978 年，宫崎骏完成了《未来少年柯南》的创作，这部作品采用现实主义表现技巧，既注重整体画面风格的把握，线条简洁、色彩明快，对细节也处理得细致入微，同时深入刻画人物性格，情节流畅、内容生动。《未来少年柯南》在 NHK 播放，获得观众的欢迎。

从 20 世纪 70 年代初期开始，日本拍摄了大批科幻机械类动画（SF 类动画）。1974 年，科幻动漫画家松本零士创作了《宇宙战舰大和号》在日本电视台首映。这部动画片采用多种特效处理技术体现战争场景的宏大，同时人物形象色彩鲜明，道具和战舰等背景处理细致；人物性格鲜明，情节跌宕起伏，是日本武士道精神和英雄主义情结的结合，这部作品的推出标志着日式科幻动画影片风格的形成。此后，松本零士连续创作了《无敌宇宙战舰》《永远的大和号》和《宇宙战舰完结篇》3 部剧场版动画片。松本零士善于将爱情、正义和不屈的奋斗精神等价值观融入科幻战争动画片中，赋予科幻作品发人深思的哲学内涵。其作品催人奋进、经久不衰。

1979 年，富野喜幸创作的《机动战士高达》（《機動戦士ガンダム》）是日本宇宙机械战争动画片的巅峰之作。一经问世，便赢得日本甚至全世界范围内的众多"高达迷"的热捧，其热潮至今不衰。《机动战士高达》的推出改变了机器人动漫的理念，由传统的超级系机器人动漫逐渐向真实系机器人动漫转变。《机动战士高达》真正完善了日本动漫产业，极大地增强了日本动漫文化的影响力。《机动战士高达》的角色被制作成各式的模型玩具，推进了日本动漫产业的转型升级，动漫的内容逐渐由传统的漫画和动画片发展为漫画、动画片、模型玩具及其大量衍生产品的完整复合形态。同时，实体化的模型作品也强化了动漫的感染力和收藏性。

2009年为了纪念动画片《机动战士高达》上映30周年，在东京台场建起了期间限定分1∶1的高达 RX-78-2（RG1/1），成为当时最有话题性的人气景观。2009年底，这台高达被拆解并离开了台场，于2010年转移到了静冈。而2012年，这台RG1/1终于又重新回到了东京台场，重新屹立于台场的 Diver City Plaza 前，再次成为台场的地标性景点。

笔者于2013年7月来到 Diver City Plaza。商城前的空地上便屹立着高18米的高达实体模型（见图1-2），周围不时有和高达合影留念的人群。

图1-2 东京台场高达立像

高达身后的 Diver City Plaza 顶层有一家名叫 Gundam Front Tokyo

的高达主题博物馆。这是由万代、日升、创通三家高达的版权公司合作建立的高达博物馆。以"1:1"及"真实感"为主题，向高达迷们展现高达超过 30 年的历程。场馆主要分为四个主要部分，分别是模型展示厅、圆顶影像馆、体验区、资料陈列室。其中只有模型博物厅是免费区。厅内展出从 1980 年推出至今的高达模型，数目超过一千件，十分壮观。另外，这里更设有 Gundam Café（高达咖啡店），让你品尝本馆限定的高达烧、渣古烧等特色甜点（见图 1–3）。

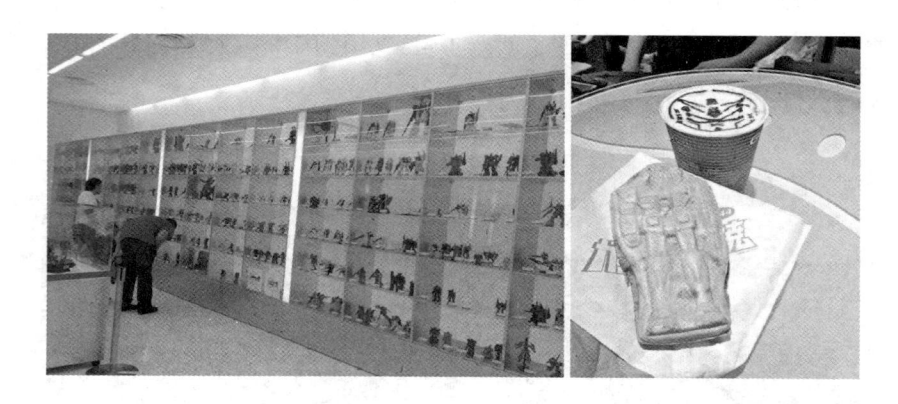

图 1–3　模型博物厅中展示的高达模型和高达烧、渣古烧甜点

　　收费区的注目焦点是可以跟 1:1 的 Strike Gundam 半身像合照，这是高达迷不能错过的地方。另外也可以领略直径达 16 米的天幕影院 Dome-G，在这里能够欣赏一段约 10 分钟长的影片，重温 30 多年来的高达动画的著名场景，还有新绘制的太空作战片段，让大家更加了解高达的成长历程。收费区的门票，可以提前在官网或日本便利店里的售票机预约。笔者这次出国考察前考虑到正值暑假档，为防止到现场没票的情况发生，便提前在官网预约好了当日的门票（1200 日元）。馆内随处可见身着动画片中联邦制服的讲解员（见图 1–4），她们能够随时解答大家的疑问，并向大家介绍。高达迷的年龄跨度非常大，从小学生到中年人都有。另外专程从国外来到这里参观的外国高达迷也在逐年增多。

图 1-4　笔者与 Gundam Front Tokyo 的工作人员的合影

1979 年，藤子·F. 不二雄（藤本弘和安孙子素雄联合创作时使用的笔名）创作了《机器猫》（又名《哆啦 A 梦》），在日本电视台首播时掀起了全国哆啦 A 梦的热潮，这部作品很快成为日本举足轻重的国民级动画片。《哆啦 A 梦》采用二维平面，线条简洁，造型简单，并未采用复杂的特效镜头和电脑制作技巧，却将科技幻想融汇在故事情节中。《哆啦 A 梦》的故事以 20 世纪 70 年代日本普通小学生的日常生活为背景，讲述了主角野比康夫和机器猫的生活趣事，将读者带进一个奇妙、充满想象力的世界，很快吸引了大批少年儿童读者。哆啦 A 梦系列分为漫画版、动画短片、中篇、剧场版和外传，是全球性还在连载中的最长的动画片。机器猫形象已成为日本动漫文化的符号，在世界范围内流行，各种动漫衍生产品经久不衰。2008 年，日本政府赋予机器猫日本文化大使的头衔，使其文化代表特征更加凸显。

谋图一雄是日本著名的恐怖漫画作家，在 20 世纪 60 年代，他相继创作了《妈妈好恐怖》《蛇少女》和《红蜘蛛》等一系列恐怖漫画，他擅长在漫画中加入大量细节刻画，使人物表情和形象变得令人毛骨悚然。1975年，谋图创作了恐怖漫画《漂流教室》，大获好评，并改编为电视剧，这部作品也获得第20届小学馆漫画奖。谋图一雄继承了日本传统恐怖漫画重视画面渲染的制作风格，加之以高度写实性的绘画技巧，使得漫画效果逼真恐怖。

六　数码延伸时期

从20世纪80年代开始，日本动漫走过了转型和过渡时期，漫画类型和读者群分化日益鲜明，不同类型风格的动漫大师辈出，形成一个稳定而庞大的动漫大师群体。漫画与动画日益融合，漫画家和动画导演等职业联系紧密，他们大多进行跨业创作，身兼两个领域，很多漫画作家编导拍摄自身创作的漫画作品。各类游戏、玩具制作公司和动漫制作企业的合作经营关系稳定，万代玩具制作公司、索尼、世嘉、任天堂，以及东映等影视和数码企业不断涉足动漫领域，促进了经典漫画、动画片及其衍生产品不断出现。特别是20世纪90年代末，CG（Computer Graphics的缩写，计算机图形学）技术迅速发展和推广，被运用于动漫作品的设计、绘画、拍摄和游戏衍生产品的制作，动漫作品中出现三维动画、数字电影、手机动画和网络游戏等数码作品，更增添其趣味性和感染力，日本动漫的类型、题材、风格出现了明显的多元化和细致化趋势，制作精巧和贴近生活的日本动漫显示出空前的大飞跃和大发展势头。

在日本，各项体育活动盛行，机制健全，不仅有各种体育项目的职业联盟和专业俱乐部，而且从小学到大学也都设有全国性的体育组织，每年定期举行各级别的联赛，因此，体育题材的作品一直在日本动漫中占有重要地位。在这一时期出版的体育动漫中，安达充的《棒球英豪》、高桥阳一的《足球小将》、井上雄彦的《灌篮高手》和许斐刚的《网球王子》是最受追捧的作品，不仅在日本颇受欢迎，同时也风靡海外。

20世纪80年代，是日本足球事业开始崛起、许多日本籍足球运动员迅速成长的时期。1981—1988年，高桥阳一创作的《足球小将》在《周刊少年Jump》杂志上连载，整部作品共114部、单行本37

卷。90年代，改编为电视版动画片的《足球小将》迅速风靡亚洲，以大空翼为代表的足球小将执着不屈追逐梦想的故事感动和激励着广大观众。

安达充是这一时期少女漫画和体育漫画的代表作家。80年代，他相继发表了《美雪·美雪》（1980）、《棒球英豪》（又名《TOUCH》，1981）、《Rough》（1987）、《H2》（1991）《Katsu!》（2001）和《幸运四叶草》（2005）等漫画作品。其中《棒球英豪》漫画从1981年到1986年在《少年Sunday》上连载，单行本发行量超过6000万册，成为日本体育漫画的代表作。这部作品在1985年被改编为电视版动画片，创造了40%的收视率，2005年被改编为真人版电影，在富士电视台播放。《棒球英豪》讲述了一对双胞胎兄弟为心爱的棒球和女孩不屈奋斗的成长过程。这部漫画以日本的国球棒球为主线，生动写实地描绘着日本高中生的生活和思想，能够引起观阅者的强烈共鸣，在平淡的日常生活中融入本土文化与似曾相识的记忆元素是安达充漫画的最大特点。

1990年，井上雄彦的作品《灌篮高手》出版，共31卷漫画，单行本发行量超过1亿本，获得1995年小学馆漫画奖。1993年，《灌篮高手》被改编为101集电视版动画片、4部剧场版和真人电影在朝日电视台播放。2007年，被评为日本人最喜欢的漫画。之后，这部动漫被翻译成中文、英文等语言在国外播出，更助推20世纪90年代篮球运动在日本、中国等国家迅速流行。这部动漫作品积极向上、激人奋进，动漫中人物角色个性鲜明、外形设计俊朗，许多角色都成为经典形象，同时也促进了动漫衍生产品的销售长盛不衰。

1999年，许斐刚创作的《网球王子》在《周刊少年Jump》杂志上连载。作者许斐刚绘画技术高超，又是网球爱好者，他能够把网球的规则和技巧等元素融入作品，漫画画面精良、情节紧凑流畅，一出版便得到大批读者的喜爱。2004年，《网球王子》被改编为178集的电视版动画片。这部作品讲述了日本东京青春学园初中网球部的队员以夺取日本全国初中网球冠军为目标，进行刻苦训练和比赛的故事，既有扣人心弦的比赛，也有初中生搞笑幽默的日常生活场景。追求胜利所需的坚毅不屈、集体荣誉和随机应变的品质在作品中得到生动具体的诠释，是一部催人奋进的佳作。2006年，应广大御宅族的呼吁，电视版动画推出《网球王子全国大赛篇》的OVA①，共26集。2009年，漫画《新网球王子》，即《网球王子》的后续作品在"JUMP S. Q"上开始连载。电视版动画《新网球王子》于2012年在东京电视台热播，如此不断更新的《网球王子》是日本这一时期最受瞩目的动漫作品之一。

　　1980—1984年，鸟山明的漫画《阿拉蕾》在周刊杂志《周刊少年Jump》上连载，并赢得1982年的小学馆漫画奖。这部作品在1981年被改编为电视动画片开始播放，创下36.97%高收视率。漫画《阿拉蕾》吸收了日本和世界各地的动漫角色，将无厘头搞笑与科幻元素巧妙地结合起来，成为包含日洋、大拼盘式的搞笑漫画经典之作。在《阿拉蕾》的电视动画版中，主角阿拉蕾操着奇特的日本方言，行为举止幽默可爱，她的言行很快在日本成为流行语。各种相关商品不断出现，阿拉蕾文化元素充斥着整个日本，日本人更将1981年称为"阿拉蕾年"。1984年，鸟山明开始着手创作漫画《七龙珠》。在漫画创作中鸟山明大胆改变其绘画风格，由《阿拉蕾》的儿童搞笑动漫风格逐步演变为英雄格斗风格，令读者耳目一新，也获得巨大成功。在这部漫画中再一次表现出日本动漫擅长吸收和改造的特征，鸟山明借鉴了中国神话故事《西游记》中的大量情节和元素，将主角命名为"孙悟空""天津饭"和"饺子"等。其中使用的"金箍棒"和"筋斗云"等均源自《西游记》。因此，"七龙珠"很快被中国读者接受和喜欢，提及"孙悟空"，中国年轻人甚至首先联想起《七龙珠》，而非"西游记"。② 这部漫画创作历时11年，共519章，42册单行本，改编为电视版动画片多达500集。刊载《七龙珠》的《周刊少年Jump》杂志销量不断攀升，截至2008年，《七龙珠》漫画的单行本在日本销售就超过了1.5亿册，"七龙珠"热潮席卷全球，在全球

---

① OVA是原创动画录影带（Original Video Animation）的简称。
② 李捷：《日本动漫史话》，中国青年出版社2012年版。

范围漫画销量达 35000 万册。索尼、任天堂、世嘉等游戏公司和万代等玩具公司纷纷与其合作，推出大量"七龙珠"的模型和游戏产品，更助推"七龙珠"动漫的影响力。

1983 年，北条司的侦探漫画《城市猎人》（又名《侠探寒羽良》）在《周刊少年 Jump》杂志上连载，故事围绕主角寒羽良的侦探生活展开，将冒险和搞笑融为一体。北条司的漫画擅长高度写实，人物形体、表情、衣着均尽量贴近实体，漫画中各城市背景也都是实际景观。北条司潜心练习枪法，以增强其对枪械绘画的逼真感。故事情节设计严谨精妙，跌宕起伏，男主角和女主角形象极富魅力，一出版就受到大批观阅者的支持。《城市猎人》在《周刊少年 Jump》杂志上连载 7 年，共发行 35 卷单行本，并被翻译成中文、英文、法文和德文等多国语言在世界多地出版，也被改编为电视版动画片和电影版动画片进行播放。

1988 年，原哲夫推出了《北斗神拳》这一著作，引起了巨大反响，成为《周刊少年 Jump》杂志能够发行 400 万份的原动力之一。《北斗神拳》的单行本全球销量过亿册，成为 20 世纪日本最有影响力的漫画之一。其后，他又推出了《花之庆次——在云的那边》《影武者德川家康》《猛龙星》《战国风云录》和《九头龙》等作品。原哲夫的漫画画风硬朗，男主角充满阳刚之气，女主角阴柔可人，格斗动作和场面描绘真实中带有夸张，人物厚重的线条和血腥的战斗场面给读者带来强烈的视觉冲击。原哲夫被称为日本格斗竞技漫画的一代宗师，对后辈的影响很大，日本的许多格斗游戏也以《北斗神拳》的人物绘画风格来设计。

1974 年，车田正美在《周刊少年 Jump》杂志上发表《女强风暴》，开始崭露头角。车田正美大量运用网点纸①绘制漫画。他在《拳王赌注》的创作中打破了漫画的风格和概念，大量运用扣人心弦的动作，形成独特的作品特征。此外，《风魔小次郎》《男坂》和

---

① 网点纸也叫网纸，是漫画作品中常用的材料，主要用于制作阴影效果和特殊效果。

《雷鸣泽基》的出版更加巩固了他在集英社①的地位。1986年，车田正美创作的《圣斗士星矢》使其成为20世纪80年代最著名的漫画大师之一。《圣斗士星矢》风靡全日本，还横扫中国大陆、中国台湾、中国香港、韩国、东南亚、欧洲和北美等地区，《圣斗士星矢》从1986年漫画出版至今，仍然在被改编为不同国家和不同版本的动画片，万代玩具公司和日本众多游戏制作公司投入大量资金不断开发其衍生产品。车田正美创建了《圣斗士星矢》的庞大系统，采用古希腊神话、中国传统民间故事、日本民俗和西欧风格等文化元素为背景和线索，为故事设计情节，再次体现日本动漫长于吸收借鉴和改造的特征。漫画中有姓名的动漫人物超过百人，选取了上百个星座为漫画的角色定位命名，设计不同人物的特定造型、性格和经历，包括身高、体重和血型等信息都仔细考虑，使得每个角色都栩栩如生，整部故事完整生动。车田正美描绘的战斗角色坚强、执着和无畏，故事情节围绕着"情义、努力和胜利"展开，凸显着日本武士道忠诚、勇敢的品质。

另一部著名的格斗竞技漫画是"漫画鬼才"富坚义博创作的《幽游白书》，1994年《幽游白书》在《周刊少年Jump》杂志上连载，共175章，19卷单行本，总销量超过4400万册。这部作品描绘了灵界侦探组打击妖怪的故事，掀起了空前的热潮，它的TV动画版以及关联商品成为当时最热门的话题。富坚义博凭借《幽游白书》获得39届小学馆漫画奖。这部作品先后被改编为112集的电视版动画、两部剧场版动画、六集OVA动画和四款格斗游戏，及大量《幽游白书》的同人作品。

1987年到1996年，高桥留美子的又一部漫画代表作《乱马1/2》在小学馆的《周刊少年Sunday》连载，单行本一共发行了38卷，并于1989年被改编为电视版动画片在日本播放。1996年，日本国内的

---

① 集英社是日本的一间综合出版社。除了发行《周刊少年Jump》《周刊花花公子》"Non–no"等杂志以外，还出版了文艺书、小说等书籍。与白泉社、小学馆同样属于一桥出版集团（一ツ桥グループ）。

单行本漫画销售量约5000万本，2002年又发售了新装版。《乱马1/2》是高桥留美子作品里最畅销的一部，截至2005年单行本漫画已确认被翻译为15种语言，在20多个国家和地区发行。1996—2008年，高桥留美子创作的魔幻漫画作品《犬夜叉》在《周刊少年Sunday》杂志上连载，故事背景设置在战国时代，讲述人和妖怪的混血——半妖犬夜叉与通过自家神社的食骨之井穿越时空来到500年前的初三女生日暮戈薇一起，寻找"四魂之玉"碎片的幻想冒险剧。这部作品总共连载了558次，发行56册单行本完结，截至2011年6月，漫画销量已达4500万册。2000年《犬夜叉》被改编为167集电视版动画片开始播放，2009年又拍摄26集的《犬夜叉完结篇》和四部剧场版及一部OVA作品。

武士题材的动漫一直是日本动漫界经久不衰的题材。和月伸宏创作的《浪客剑心》是其中的代表作。《浪客剑心》从1994年到1999年在《周刊少年Jump》杂志上连载，出版单行本28卷，1996年，改编为95集的电视版动画。这部漫画讲述了在明治维新时期，浪人剑客肩负拯救国家和民众的使命，与邪恶势力斗争的故事。故事再现了处在新旧交替的明治时期，日本国内局势动荡不安，百废待兴的社会面貌，刻画了这一时期的政府、武士阶层和反政府势力之间的博弈，也反映了普通民众的日常生活情景。

井上雄彦创作的《浪人剑客》（又名《浪客行》）是另一部经典武士题材的漫画。故事改编自吉川英治的小说《宫本武藏》，以日本战国末期到江户幕府初期的政治及社会生活为背景，讲述了日本大剑豪宫本武藏苦练剑术，与当时众多剑客进行生死搏杀的历程，在无数次的搏杀中，悟出武士之剑的价值并非在于杀戮，而在于拯救生灵万物。井上雄彦沿袭其独具特色的写实画风，人物造型坚毅俊朗，格斗动作逼真炫丽，吸引了大批读者。这部作品自1998年起在讲谈社《周刊Morning》（《周刊早晨》）杂志上连载。日本国内总发行量已突破6000万本。该作品曾获得2000年第24届讲谈社漫画奖一般部门奖、2000年第4届文化厅媒体艺术祭漫画部门奖，以及2002年第6届手塚治虫文化奖漫画大奖。

2000年，黑乃奈奈绘的少年漫画《新选组异闻》在《月刊少年ガンガン》杂志上连载。《新选组异闻》（又名"Peace Maker"）的故事构成以复杂的伏笔及多主线为其特征，对激烈战斗和感人的情义深入描写。画面线条明快熟练，颇具耽美[①]画风，颜色使用手绘画材和CG[②]并用，绘画效果上也极力渲染历史沧桑感。这部作品以日本幕府时期的新选组[③]为原型创作，与其他同样题材的作品相比更加贴近历史真实，有一种荡气回肠的历史感和沧桑感，让人真切地体会到动荡年代的各阶层民众的生活和思想状态，至今仍被称为新选组相关动漫中的最高杰作。2003年，电视版动画《新选组异闻录》在日本朝日电视台播放，广受好评。

2001年，渡边信一郎的动漫作品《琉球武士风云录》（又名《混沌武士》）是武士格斗动画片的精品。故事发生在日本江户时代末期，武士阶级开始逐渐没落，女主角"风"偶遇了两位浪人武士——"无幻"与"仁"。三人聚在一起，以寻找"身上有向日葵味道"的武士为目的展开旅程。故事的背景是日本江户时期，旅行自东京经由东海道、京都、大阪到长崎，作者细致地描绘了当地的风土人情和当时日本士农工商四大阶层的特征和行为方式，反映了时代变迁中民众的悲喜百态，并巧妙地混入了许多现代元素，如街头涂鸦、Rap（说唱乐）和染发化妆等，使整部漫画妙趣横生、幽默诙谐。《琉球武士风云录》获选为2004年日本文部省文化厅媒体艺术祭动画部门推荐作品。

1982—1994年，宫崎骏的漫画《风之谷》在《周刊Animage》杂志上连载。1984年，《风之谷》被改编为电视动画片，故事以人与自

---

① 耽美在日文中的发音为Tanbi，本义为唯美、浪漫。后来被日本的漫画界用于BL漫画中，结果引申为代指一切美形的男性，以及男性与男性之间不涉及繁殖的恋爱感情，最后发展为男同性恋漫画的代称之一。

② CG是计算机图形学（Computer Graphics）的英文缩写。本书中指使用电脑软件创作、合成的绘画作品，或过场动画。

③ 新选组（又名"新撰组"）是日本幕府末时期一个亲幕府的武士组织，也是幕府末期浪人的武装团体。主要在京都活动，负责维持当地治安，对付反幕府人士。他们在戊辰战争中协助幕府一方作战，1869年战败投降后解散。

然的关系为主线，讲述了女主人公娜乌茜卡为人类和平和保护自然和谐而进行的努力抗争，成功塑造了一个善良、勇敢和坚毅的英雄形象。1985 年，宫崎骏建立吉卜力动画工作室，从事动画电影的拍摄制作，相继编辑导演了《天空之城》（1986）《龙猫》（1988）《再见萤火虫》（1988）《魔女宅急便》（1989）《红猪侠》（1992）《侧耳倾听》（1995）《幽灵公主》（1997）《千与千寻》（2001）《哈尔的移动城堡》（2004）和《悬崖上的金鱼姬》（2009），每部作品都获得观众、商界和评论界的高度肯定，先后为宫崎骏赢得了奥斯卡金像奖、威尼斯电影节奖和日本金像奖等动漫和影视界奖项，作品远播全球。宫崎骏的作品情节设计趣味盎然、充满想象力，画面制作美轮美奂、细致清晰。2000 年之后的作品更是大量运用数码技术，极具观赏性和艺术性。作者善于把各国风貌融入作品中，既能惟妙惟肖描绘日本日常生活场景，也能够逼真地刻画欧洲等国家的人文风貌，更能展开想象在糅合各国文化风俗的基础上创造出全新的虚拟时空，隐藏着"寻找自我"的深刻思想，通过精心设计安排的故事情节和画面细节，宣扬人与自然和谐共生，反对战争、破坏和贪婪，引人深思、发人深省。

少女漫画在这一时期也呈现快速的发展势头。武内直子是日本著名的女性漫画家，其创作的《美少女战士》风靡全球，并获得第 17 届讲谈社漫画奖。从 1991 年开始，《美少女战士》在讲谈社的漫画杂志上连载 5 年，共发行 18 卷单行本。这部作品第一次将制服少女的形象系统引入漫画创作，各种不同的学生制服和太阳系行星相结合，具有不同的属性和战斗技能，分别设计了火星系、水星系、木星系、金星系和月球系的少女制服，在日本和东南亚，《美少女战士》被称为日本战斗系美少女漫画的开山之作。东映公司将《美少女战士》制作为电视版动画片，共 5 部 200 集，以及 5 部剧场版、3 部 OVA 动画和一部真人版电视剧。万代公司的《美少女战士》舞台剧版本从 1993 年到 2005 年共上演 848 场。

桂正和是日本创作少女漫画的著名漫画大师，以其独特的细腻画风而闻名，特别是对少女角色的细致绘画为人所称道。1980 年，其创作的《翼》荣获手塚奖。1989年，作品《电影少女》为其迎来了创作事业的第一个高峰。这部作品描写了少男少女之间的爱情，略带情色成分，能够准确把握年轻人的心理，广受年轻读者的欢迎，被改编为六集OVA动画、一部真人电影和真人电视连续剧。1993年，桂正和发表作品《DNA2》，共5个单行本，被改编为一部电视版动画和一部OVA动画。1997年，桂正和的经典作品《I"S》（《アイズ》）在《周刊少年Jump》杂志上连载，以写实的日本学生的日常生活为背景，细致地描绘了男女主角的心理，画工精湛，被称为桂正和作品中的另一部精品巨作。

日本少年漫画大师和时尚设计师矢泽爱在1991年发表其长篇少女漫画作品《圣学园天使》，广受好评，并被改编为小说。1995年到1998年，她的另一部作品《近所物语》在"Ribbon"上连载，1995年，东映公司将其改编为电视版动画开始播放。2001年，矢泽爱创作的少女漫画《NANA》在"Cookie"上连载，讲述了两个同名的女孩NANA在命运的安排下相遇，结为挚友的故事。这部作品在日本引起一阵热潮，漫画中融入大量时尚元素，主人公前卫的造型甚至一时引领了日本时尚潮流。矢泽爱凭借作品《NANA》荣获2002年小学馆漫画奖，漫画的单行本共21册，目前在日本的销量已超过4000万册。

2004年，樱场小春的少女漫画《南家三姊妹》（又名《女生怪奇事件123》）在讲谈社的《周刊Young Magazine》杂志上开始隔周连载。2007年，《南家三姊妹》第一季被改编为电视版动画开始播放，获得不俗的人气，2008年成为日本书化厅媒体艺术祭推荐作品。2008年到2013年，又相继推出了续篇电视版动画第二季《南家三姐妹——再来一碗》、第三季《南家三姐妹——欢迎回来》和第四季《南家三姐妹——我回来了》。故事描写了南家的三姐妹春香、夏奈和千秋及其朋友的日常生活故事。作品有别于其他漫画故事丰富和复杂的情节，反以平凡和轻松风趣的故事为主，而每位人物都带着一份单纯。清新的画风和轻松愉快的生活场景使读者充满愉悦。

2007年，日本漫画家Kakifly的少女漫画《轻音少女》（"K-ON!"）在芳文社四格漫画月刊《漫画闪光时间》上连载，并从2008

年开始在芳文社杂志《黄金漫画时间》上隔月连载，共出版了 4 卷单行本。2009 年，《轻音少女》由京都动画制作公司改编为两季共 41 集的电视版动画。《轻音少女》讲述的是一个四人女子组合在一个即将被废除的轻音乐部从零开始展开音乐活动的故事，四位女主角的姓氏取自 1979 年成立的日本音乐组合 P‐MODEL，剧中其他角色的姓氏则取自 1989 年创立的摇滚组合"The Pillows"。故事中推出许多优秀的音乐作品，单独发行 CD，据《朝日新闻》的统计，截至 2010 年《轻音少女》CD 累计销售量超过 100 万张，并举办数次"轻音少女"主题演唱会，吸引大批"轻音"爱好者聚集参加。《轻音少女》以清新健康的少女学生形象和音乐曲目吸引大批爱好者，应"轻音"爱好者的强烈要求，《轻音少女》四格漫画①作品在 2011 年二次复刊，推出高中版和大学版两季。

悬疑推理故事是日本动漫的重要题材之一。《金田一少年事件簿》《傀儡师左近》和《名侦探柯南》是日本动漫中侦探系列的三部巅峰作品。1992—2000 年，金成阳三郎、天树征丸和佐藤文也的侦探推理漫画《金田一少年事件簿（第一部）》在《少年 Magazine》周刊杂志上连载。2004 年，《金田一少年事件簿（第二部）》开始不定期连载。这部漫画主要分为上、下部和短篇集三个部分。第一部 19 个长篇故事，27 册单行本。2000 年出版的《新版金田一少年事件簿》包含 10 册单行本，7 个长篇故事。2004 年推出了《吸血鬼传说杀人事件》，2005 年推出了《歌剧院第三杀人事件》，2006 年推出了《狱门塾杀人事件》。故事的主角是名侦探金田，以及和金田青梅竹马的好友七濑美雪、剑持勇警部、明智健悟警视等伙伴，运用高超的推理能力，解决遭遇到的各种困难案件。《金田一少年事件簿》的漫画和动漫作品属高智商侦探推理故事，构思精巧紧密，堪称侦探悬疑故事的精品之作。

1995 年，小畑健的少年推理漫画《傀儡师左近》（原名《人形草

---

① 四格漫画是指以四个画面分格来完成一个小故事或一个创意点子的表现形式。四格漫画短短几格涵盖了一个事件的发生、情节转折及幽默的结局。

纸傀儡师左近》（《人形草纸あやつり左近》）在《周刊少年 Jump》杂志上连载，这部作品改编自写楽麿的小说，共发行单行本漫画 4 卷和电视版动画 17 集。《傀儡师左近》同其他侦探题材一样，主人公所行之处总是遇见血雨腥风的场面。这部作品讲述了傀儡戏艺人橘左近巡游日本各地协助警方破解迷案的故事，也介绍了日本国宝级文乐艺术之一傀儡戏和傀儡戏家族的基本情况。这部作品画面精美典雅，线条幽闭，擅用阴影明暗和灰色调高饱和的色彩，烘托故事的凄美和无奈。

1994 年，青木刚昌的推理漫画作品《名侦探柯南》在《周刊少年 Sunday》杂志上发表，连载至今，目前单行本数量已经超过 70 卷，改编自《名侦探柯南》的电视版动画片 1996 年开始在日本读卖电视台播放，已超过 600 集和 14 部剧场版动画片。《名侦探柯南》以动漫形式讲述侦探悬疑故事，吸收了全世界悬疑推理小说的精华。青木负责漫画中大部分推理故事的构思和绘画美术指导，动漫绘画精美，故事情节悬疑百出、引人入胜，在日本及国外拥有大批读者和观众，青木刚昌凭借这部动漫作品获得 2001 年小学馆漫画奖。

1993 年到 1995 年，一色诚的幽灵喜剧漫画作品《花田少年史》在讲谈社的《周刊 MM》杂志上连载。《花田少年史》全篇 25 卷，是一部关于鬼怪幽灵的作品，故事以 1970 年的日本为背景，讲述了一个名叫花田的少年身边发生的许多不可思议的幽灵故事，却充满温馨感人的故事情节。一色诚擅长描写幽灵对人世的依恋和人世间的情谊，加之其简约质朴的画风使得《花田少年史》成为一部温暖人心的作品。2002 年《花田少年史》被改编为电视版动画，好评如潮，2006 年《花田少年史——幽灵的秘密隧道》被改编为电影上映，1995 年获讲谈社第 19 届漫画奖，在 2003 年东京国际动画博览会获最优秀作品奖·亚洲长篇动画优秀作品奖。

1986 年，三浦美纪的漫画作品《樱桃小丸子》在讲谈社动漫杂志上连载，至 2011 年 12 月 31 日完结，连载 25 年。1990 年，《樱桃小丸子》改编的电视版动画在日本富士电视台播出，至今连续 20 余年高居日本动画收视率前三位，到 2013 年时已超过 1000 集，是日本男女老少心中的国民动画。《樱桃小丸子》用白描手法描绘日常生活，舞台是日本静冈县清水市（从 2005 年起成为静冈县静冈市清水区），以作者的童年（1974 年）生活为蓝本，一事一物均充满着 70 年代的怀旧气息。《樱桃小丸子》内涵丰富，真实反映了日本家庭生活，从而能够引起广大观众的共鸣，带给观众的是怀旧记忆。《樱桃小丸子》是全球知名度最高及最具影响力的动漫作品之一，被翻译为中文、英文等多国语言，在中国、韩国、泰国和欧美国家播出，并掀起收视和衍生产品收藏的热潮。

1988 年，由矢立肇、广井王子、井内秀治绘制，日本日升动画（Sunrise）公司制作的系列动画片《魔神英雄传》（《魔神英雄伝ワタル》）在日本电视台和东京电视台播放，共 45 集。第二部《魔神英雄传 2》和第三部《超魔神英雄传》先后于 1990 年和 1997 年在日本首播，两部共 97 集，另有三集 OVA 版动画、五部广播剧和六部小说，在中国台湾地区、中国大陆和韩国等东亚地区掀起"魔神"热潮。故事描写了主角战部渡作为"创界山"救世主拯救魔神世界的冒险故事。作品中出现大量设计精美、形象各异的机器人，是堪称与《机动战士高达》比肩的魔幻冒险动漫，万代等玩具模型制作公司投入大量资金设计制作《魔神英雄传》的衍生产品。

1997 年，尾田荣一郎创作的日本少年漫画作品《ONE PIECE》（又名《海贼王》或《航海王》），在《周刊少年 Jump》杂志上连载，《ONE PIECE》漫画单行本在日本以外已有 30 多个翻译版本，发行量在日本本土接近 3 亿部，是日本图书出版史上发行量最高的作品。1999 年，电视版动画《ONE PIECE》在日本富士电视台开始播放，至今仍在播放中，另外有同名的剧场版和游戏等动漫衍生产品。《ONE PIECE》漫画超过 700 集，构思设计宏大，以虚构的大航海时代为背景，将世界划分为若干势力和集团，相互间为争夺财富和权力展开斗争，也融入魔幻元素，设计出独特的战斗体系和招数，加之人物个性鲜明、形象各异，令读者耳目一新。

1999 年到 2003 年，堀田由美创作的以围棋为题材的少年漫画《棋魂》（日文原名《ヒカルの碁》）在《周刊少年 Jump》杂志上连载，故事讲述了男主角小学六年级的进藤光偶然得到一副旧棋盘。进藤光接触棋盘的一瞬间，附身于棋盘中的平安时代棋士——藤原佐为的灵魂进入了他的体内。佐为将围棋视为生命，在其熏陶下，进藤光也逐渐对围棋产生了兴趣，并开始一系列与各地高手的围棋竞赛。2001年到2003年，由东京电视台、电通及Studio Pierrot（又名Pierrot工作室）共同制作的电视版动画《棋魂》在东京电视台系列（TXN）播放，分为两季，总共75集。2004年，日本播出《棋魂》的特别篇《迈向北斗杯之路》。之后，这部动漫在美国Imagin Asian电视台和Toonami Jetstream（网络）上放映，在日本和欧美等国掀起喜好围棋的热潮。堀田由美凭借《棋魂》荣获2000年第45届小学馆漫画奖和2003年度新生奖。

1999年，岸本齐史的长篇少年漫画《火影忍者》在《周刊少年Jump》杂志上连载至今，共超过600章，单行本超过60卷，总销量超过1亿册。故事成功地将原本隐藏在黑暗中，用世界上最强大的毅力和最艰辛的努力去做最密不可宣和隐讳残酷的事情的忍者，描绘成了太阳下最值得骄傲、最光明无限的职业。在岸本齐史笔下的忍者世界中，每一位年轻的忍者都在开拓着属于自己的忍道。2002年，《火影忍者》被改编为电视版动画在东京电视台播出，另有6部剧场版动画、5部OVA动画和多款游戏和玩具，作品也被翻译成多种语言引进中国、欧美等国家和地区。

2001年，久保带人的长篇少年漫画《死神》（又名《Bleach》）在《周刊少年Jump》杂志上连载。这部作品以日本高中生黑崎一护为主角，讲述了人类、死神与恶灵之间的战斗，故事构思宏大精巧，人物和情节设计复杂系统，吸引了全世界大量御宅族的关注。2004年，《死神》被改编为长篇电视版动画在东京电视台系列的21个电视台播放，万代等玩具制作公司的《死神》衍生产品更是热卖不衰。

2006年，日本漫画家枢梁创作的《黑执事》（《Black Butler》）在《月刊G Fantasy》杂志上开始连载，2008年，《黑执事》被改编为电视版动画播出，TV版第一季共有24集；TV版第二季于2010年播出，共12集。这部作品讲述了恶魔执事塞巴斯蒂安·米卡利斯和少主人夏尔·凡多姆海恩订下了契约，永远忠于主人，订下契约代价是拥有契约者的灵魂，两人坚守契约并与扰乱世间的各种势力斗争的故事。

日本动漫自1963年播出《铁臂阿童木》以来，便不断扩大读者和观众的年龄层。目前，日本动画已细分为专门面向幼儿、儿童、少年、青年和成年等类别。2011年，动画制作公司WAO World和娱乐事业公司Sink等共同推出以日本60岁以上年长者为收看对象的全新动画《昭和物语》。这部由株式会社WAO World、TVK、琦玉县电视台、千叶县电视台、三重电视台、KBS京都电视台和Sun电视台等联合制作的电视版动画、剧场版动画《昭和物语》是动画业界首次以介绍日本风土人情、旅游文化为目的所制作的原创动画片，故事以日本的原风景、昭和39年（1964年）情景为主要景色的高品质动画，再现了日本发展时代的风土人情。故事的背景是昭和39年的东京，围绕在东京太田区蒲田经营工厂的山崎一家，讲述他们之间充满温情的故事。在动画中，日本年长者们的集体回忆将被集中勾起，包括东京奥运会、东海道新干线开通和羽田机场国际滑行线路的完成等，处于高度成长期的东京将再次呈现眼前。这部作品除了在画面和取材上力求恢复原貌，在音乐上也再现当时的流行歌曲，收录了《东京五轮音头》《恋爱假期》等多首怀旧金曲，激发观众的怀旧情绪。此外，在拍摄细节处理上，大量使用分镜和台词旁白，使影片更易理解，也更切合作品主题和内容。

在日本动漫不断发展成熟的同时，由于动漫业界过度竞争，一些动漫作品出现庸俗化、低俗化的迹象，主要表现在三个方面：一是一部分动漫作品日益脱离现实生活，陷入对"超能力"的漫无边际的杜撰，情节荒诞矛盾，剧情缺乏逻辑性，角色性格怪异，剧情失去了与现实生活的联系。二是色情内容大量充斥动漫作品，以动漫角色的形象、服饰设计的性感作为卖点吸引受众，从而掩饰作品内容本身的单调，有关性的描写和表现手法更加无度，且有愈演愈烈之势。如盐崎雄二的动漫作品《一骑当千》，故事主要讲述一群继承了三国名将命运的少年在以现代日本为舞台的背景下，奋勇拼搏与命运斗争的故事。这部作品人物角色性感丰满，作品中存在大量性感镜头，并大量套用《三国志》和日本战国时期人物的姓名，杜撰情节，一直备受争议。三是对暴力的描写和表现日益盛行，部分动漫的角色性格暴虐异常，动则出手杀戮，并且逼真刻画暴力血腥场面。如《记忆女神的女儿们》《学园默示录》和《进击的巨人》等作品逼真表现杀戮肢解或性爱虐待场面。以上三类现象的出现，一方面说明日本漫画作者、导演的社会责任感和艺术洞察力开始出现弱化趋势，另一方面也体现了日本动漫界在创新和创作上已显示出疲态，对未来动漫作品的发展方向感到茫然。

综上所述，日本动漫经历萌芽时期、近代探索时期、战时低谷时期、战后转型时期、成熟经典时期和数码延伸时期，逐步形成了日本动漫特有的发展模式。日本动漫的发展与变迁既反映了日本动漫作家和民众对动漫艺术的喜爱和追求，也反映了动漫的艺术形式和内涵随着时代变迁、科技进步而不断成长充实。20世纪初日本早期漫画在画风和内容上均受到欧美漫画形式的影响，以批评口吻的讽刺漫画和幽默调侃的滑稽漫画为主。经历"二战"时期的低潮后，在20世纪五六十年代，以手塚治虫为代表的优秀漫画家实现了日本动漫的转型，开始逐步形成日本动漫自身的风格。在日本经济高速成长的20世纪70年代，日本动漫大师辈出，动漫创作的内容和风格日趋成熟灵活，出现百家争鸣的形势。20世纪80年代之后，日本动漫业人才济济，动漫大师各成一派、各树一帜，动漫题材类型细化，动漫产业系统完整，各种衍生产品琳琅满目，动漫作品不仅在日本广受欢迎、深入民众生活，也远播世界许多国家和地区。

第二节　日本动漫的基本特征

目前，日本动漫产业链完整、规模庞大，动漫作品数量种类繁多，吸引了广大忠实读者和观众，是世界上最大的动漫产品出口国，动漫作品影响力波及世界许多国家和地区。这得益于日本动漫经过一个多世纪的发展整合所形成的优势特征。下文分别从文化、艺术和产业三个层面分析日本动漫的特征。

一 文化特征

动漫作品在日本具有相当广泛的社会基础，据日本三菱综合研究所 2008 年的调查，日本有 87% 的人喜欢漫画，有 84% 的人拥有与漫画人物形象相关的物品[①]。"二战"后，动漫是日本人在日常生活中获取信息、休闲娱乐的重要途径，出生于 20 世纪 50 年代末和 60 年代初的人，是看着漫画和动画片成长起来的一代，他们的下一代延续着对动漫的热爱。在日本有着下自孩童、上至中老年人的巨大动漫爱好群。动漫在日本已被视为一种国民性的存在，也是日本颇具特色和国际影响力的文化表达形式。可以说，动漫是日本人生存状态、思想观念的一种表现形式，动漫人物的立场、内容也对日本人的价值取向产生着潜移默化的影响。本部分主要讨论日本动漫中蕴含的尊"圣"、崇"武"和集体荣誉感三种重要的价值取向及其表现形式。

（一）日本动漫的尊"圣"情结

日本是个多宗教国家，主要有神道教、佛教、基督教三大宗教。大多数日本人信奉神道教，也兼信仰佛教，并未对二者进行严格区隔。日本人的日常生活、民族文化与宗教的关系密切。从本质上来说，三者之间相互渗透影响，日本的民族文化就是广义的神道[②]。在日本发展过程中，借助于神道教的意识形态，日本天皇确立了国家和民族象征的正统地位，成为整合日本民族精神的重要支柱。

即使在天皇失势的时期，如室町时期、战国时期和江户时期，权臣将军也无人敢于公然侵犯天皇尊严，甚或取而代之。"二战"时期，对战争负有重大责任的天皇也能够免于被究责。在日本社会中，天皇"万世一系"、血统纯正，被日本人引以为傲，对正统性、合法性的崇拜和依附是日本文化的重要特征。

[①] 日本三菱综合研究所现代服务业调查研究组：《动漫产业国际竞争力调查报告 2010》，东京，2011 年，第 14 页。

[②] 耿楠楠：《日本动漫的文化特征及其对中国的启示》，《日本问题研究》2008 年第 4 期，第 63 页。

在日本动漫中，描写历史题材的作品并不少见，有一部分作品流露出对政治的反思，但几乎没有质疑天皇合法性和权威的作品，而是存在大量礼赞和捍卫正统的作品。《聪明的一休》是根据民间传说改编的，故事的主角一休以室町幕府时期的后小松天皇的皇子一休宗纯为原型，讲述其少年时期在京都安国寺修行的经历。一休天资聪慧，极具正义感和勇气，是近乎完美的动漫形象之一。一休既是在寺庙修行的和尚，也是在潜藏于民间的皇子，当时权倾日本的征夷大将军足利义满也对其礼敬有加。在其身边有代表中下级武士的新佑卫门、代表宗教势力的安国寺方丈和代表庶民的小叶等的支持和帮助，塑造了皇族的美好形象和各阶层势力赞襄王室的传统。

《御伽草子》是描写日本平安时期，源光氏遵照朝廷号令，集结忠勇武士与"反动"势力对抗的故事。作品描写平安时代中期，由于连年战乱和灾荒，日本首都平安京已荒废破败。高阶级武士势力与阴阳师势力为夺取霸权，仍然不断掀起争斗。朝廷为挽救百姓于痛苦，命令擅长弓箭的武士源赖光，寻找传说中能够为首都带来和平的圣物——勾玉。但源赖光却因身染病重而难以完成使命。源家的幺女源光隐藏女性身份，女扮男装代替哥哥踏上了寻找勾玉的旅途。在朝廷诏命的感召下，源光召集了武士渡边纲等能人勇士，投身于拯救都城的战斗。

车田正美的少年漫画《圣斗士星矢》更是体现日本动漫"圣"文化的经典之作。作品中的女主角纱织是女神雅典娜转世，是统治希腊圣域的女神，与天皇"神之子"的身份相呼应。女神雅典娜的麾下培养训练了一批忠勇的战士——圣斗士。圣斗士分为黄金圣斗士、白银圣斗士和青铜圣斗士三个等级，在认同了纱织女神地位之后，都舍生忘死地为捍卫女神的尊严而不屈战斗。这部作品中设计了一系列与皇族相关联的词汇，如圣衣、圣剑、圣战、圣域、圣使等，并且得到至高无上的女神眷顾，激励圣斗士都能够发挥出超常的能力。圣斗士面临等级和战斗力远超自身的敌对势力时，都能够为女神的荣誉和尊严而拼死奋战。圣斗士先后投入与海皇的海斗士、北欧的神斗士和冥王的冥斗士等的战斗中，为维护女神安全而纷纷受伤战死。图1-5

是陈列于日本东映动画公司展示厅中的《圣斗士星矢》手办（模型）。

图 1-5 《圣斗士星矢》模型

《圣斗士星矢》描绘了在所谓"圣战"的大旗下以死效忠、捍卫正统、维护天皇权威的武士道精神。

李常庆认为，对日本人而言，天皇是一种信仰，对天皇的崇拜成为日本国民无意识的自觉行为，效忠天皇成为一种社会的普遍共识。[①] 推而广之，这一价值标准就演化为日本文化中的敬畏正统、权威，服从上级的思想，同时也在众多动漫作品中得到表现和宣传。

（二）日本动漫的崇"武"情结

在日本，"以武治国"的历史长达八百年之久，形成了日本尚武传统和武士道精神，"天下布武""武运长存"等口号是日本崇武尚斗的体现，至今仍然潜移默化地影响着日本。武士道精神由一系列价值观构成，包括勇气、荣誉、忠诚、正直和自律。作为日本大和精神的组成部分，武士道被泛化到日本社会生活的各个方面，培养了日本国民坚忍、拼搏、不畏竞争、渴求在激烈竞争中不断超越的性格。动漫作为日本文化和艺术的重要表现形式，崇"武"特征也十分明显。

---

① 李常庆：《日本动漫产业与动漫文化研究》，北京大学出版社 2011 年版，第 83 页。

1. 竞争战斗是崇"勇"的体现方式

战斗是矛盾激烈碰撞的集中体现,也是各种文艺作品突出主题、吸引受众的重要表现题材。日本动漫中存在大量以征服、战斗和争霸为题材的作品,包括直接描写战争格斗的作品,也包括许多富含斗争竞技元素的作品。如《圣斗士星矢》《浪客剑心》《薄樱鬼》《北斗神拳》《鬼眼狂刀》《甲贺忍法帖》《御伽草子》《学园默示录》《钢之炼金术师》《侍魂》《新世纪福音战士》《七龙珠》《奥特曼》《鬼泣》《无限住人》《剑豪生死斗》《死亡笔记》和《进击的巨人》等作品。这类格斗类型的动漫都细致设计各式武器,逼真地刻画打斗屠杀场景,"战斗吧!""打倒他!"和"恶即斩!"等激发斗争情绪的台词十分常见,极力渲染强者胜者的光辉形象,充满斗争崇武的氛围。战斗不仅限于人与人之间,在人与神、人与魔、人与自然之间的斗争题材经常在日本动漫中出现。战斗场景无所不在,大至宇宙、国家,如《宇宙骑士》《超时空要塞》《宇宙战舰大和号》《机动战士高达》《龙狼传》《十二国记》等,小到城市、校园,如《结界师》《麻辣教师GTO》《家庭教师》《地狱老师》等。在青少年体育竞技动漫中,也蕴含着勇猛不屈、拼搏不懈的战斗精神,如《灌篮高手》《棒球大联盟》《足球小将》和《第一神拳》等,这些动漫中的角色大多伤病缠身仍拼死奋进,体育竞技的激烈程度不逊于战斗。

2. 追求强大和超越极限是崇"勇"的终极追求

时刻怀有危机感,迫切地追求进步、渴望强大是日本民族文化的特性。日本少年科幻小说作家眉村卓说:"要在世界上安全地生存,最重要的就是在任何方面都做到出类拔萃,超越对手。"[1] 日本动漫中宣扬的对强大的渴求和进取精神很大程度上是武士道"勇"的现代流行版。[2] 这些追求强大的意念和精神在日本动漫中很大一部分是通过格斗形式来表现的。

---

[1] 眉村卓:《异次元流浪者》,北岳文艺出版社2005年版,第79页。
[2] 李常庆:《日本动漫产业与动漫文化研究》,北京大学出版社2011年版,第89页。

日本动画电影导演高畑勋说："日本素有享受暴力的传统，用施予肉体压力的方式来解脱精神上的压力。……在日本，动画片的暴力描写几乎从来没有成为过社会性话题，尽管世界各国时常批评日本动漫的暴力性。"[①] 在《七龙珠》中虚构出一个宇宙战斗民族——赛亚人，这个民族以战斗屠杀为生，不断追求自身格斗技能的提高和征服其他民族星球。作为赛亚人王子的贝吉塔是战斗天才，极端自负，不能容忍其他强者的存在，不断修炼提升，在生死搏斗中享受战斗的乐趣，甚至不惜牺牲生命和人格，谋求变得更加强大。《浪客剑心》的男主角绯村剑心在江户幕府时期为倒幕运动而杀人无数，被誉为"最强的男人"。德川幕府招募的暗杀组织新选组的第三队队长斋藤一在归附明治政府之后，依然奉行"恶即斩"的理念。反派角色志志雄真实更是大肆宣扬"弱肉强食"的思想。在体育竞技类动漫中，追求强大和超越对手的理念也被拥护到了极致。《足球小将》描绘了大空翼、日向小次郎和若林源三等年轻足球运动员的成长故事。大空翼为超越对手，取得全日本少年足球大赛的冠军，不断进行超负荷的特训。在决赛中，他已重伤缠身，仍不顾医生禁赛令拼死参赛，对方球队守门员若岛天健不顾右手负伤仍舍生忘死与其对决。《棒球大联盟》讲述日本少年本田吾郎从初中加入棒球队，一路打进美国职业棒球大联盟，最终夺取棒球世界冠军的故事。本田吾郎多次受到伤痛困扰和遭遇困境，但他超越了正常人无法超越的极限，作品反复强调为了达到信念和目标，需要不惜冒生命危险，推崇极端的身心磨炼，包括各种自虐式的训练，以追求超越自身和对手。

通过对几部经典日本动漫的分析能够看出，崇"武"善斗、想方设法地追求进步和超越是日本动漫的重要特征，是武士道精神在这一文学艺术形式上的重要表现。竞争类型动漫的核心内容是自我价值的实现：第一，在艰苦卓绝的竞争过程中，不断向强者挑战，通过训练，准备击败更高技艺和实力的对手，获得世人的认可。第二，不断

[①] 高畑勋：《暴力、动画片及其渊源》，《北京电影学院学报》2004年第3期，第59页。

实现自我超越，依靠自身强健的身体和坚强的意志，虽经历无数磨砺和挫折仍矢志不渝获得胜利。但在一部分战斗竞技题材的动漫作品中，往往模糊战斗的善恶正邪，过度崇尚以实力决胜败，为追求强大的实力，不惜伤害他人和忍受对自身身心的磨砺。这一类型的动漫作品情节跌宕起伏、精彩绝伦，能够刺激读者的观感，吸引大批读者，特别是青少年读者，对激励读者奋发自强有一定作用，但也可能造成读者崇尚暴力的倾向。

（三）集体荣誉感

樱花是日本的国花，盛开之日，漫山遍野、灿烂辉煌；凋零之时，洋洋洒洒、尽归尘埃。集体盛开、集体凋谢的樱花代表了日本对荣誉的理解。日本人强调团体规则，日本文化是一种耻感文化，耻的来源并非违背善恶是非，而是源自与众不同，刻意标新立异地脱离集体、违背团体的规则，则会受到众人的疏远打击而陷入孤立无助。个人是集体的一部分，强调服务、服从集体，离开集体的个人难以获得保障和成功，各种荣誉来源于集体奋斗的结果，推崇集体主义精神和团队协作。日本人成功地把以强烈的集体主义为基础的社会纪律和个人责任感、荣誉感联系在了一起，这是其他任何国家都无法比拟的。[①]大量日本动漫作品都礼赞集体协作奋斗，强调集体荣誉的团体主义精神。

在动漫作品《灌篮高手》中，拥有出色篮球技能的赤木刚宪率领的湘北高中篮球队由于缺乏优秀队友的协助一直默默无闻，直到招揽到樱木花道、流川枫、三井寿和宫城良田等队员的加入，才使得队伍初次打入全国大赛。五个主力队员性格鲜明，平时相互竞争，但在球队对外决胜的时候，都能够摒弃前嫌，相互配合协作，击败多支强队，争霸全国大赛。《网球王子》的男主角越前龙马随父亲从美国回日本，其自身具有出类拔萃的网球技术和运动技能，在日本初中网坛一鸣惊人。在加入青春学院网球部后，开始和队友参加集体赛事，在日常生活中培养团队精神和私人交情。在迈向日本初中网球全国大赛

[①] 马骥：《丑陋的日本人》，山东画报出版社2006年版，第160页。

的过程中，越前龙马一方面磨砺自身的球技和意志，更接受了青春学院网球部部长手塚国光的嘱托，肩负起带领球队夺取全国冠军的重任。青春学院网球部在手塚国光、越前龙马、不二周助和海棠熏等一批少年球员的不屈努力和亲密合作下，最终夺取全国初中生网球大赛的冠军。《海贼王》的主人公路飞立志要成为主宰大洋的海贼王，以其超凡的实力和磊落的胸襟吸引了一批身怀绝技的同伴共同冒险，闯荡大洋。这部动漫极力渲染了同伴之间的亲密友情和战斗时舍生忘死的团队配合精神。每个船员都情同手足，为同伴的安危赴汤蹈火。路飞集团的成员妮可·罗宾被政府绑架后，同伴们倾全力营救，不惜与强大的政府公开对抗。在路飞的哥哥艾斯被海军逮捕时，其同伴不顾各自安危，纷纷为营救他而冲锋陷阵。《火影忍者》这部动漫所宣扬的主题包括追求和平与同伴情谊。男主角漩涡鸣人的夙愿是成为火影（木叶忍者村落的首领），追回迷失的队友宇智波佐助，即使受到众人强烈质疑和阻碍，他始终坚持维护同伴昔日情谊，努力劝导误入迷途的同伴回归集体。最终漩涡鸣人以其出众的实力和真诚感人的情怀，获得身边一批忍者的支持，也感动了宇智波佐助重回集体，并且他们共同为捍卫忍者村落和忍者世界的荣誉与和平而并肩战斗。集体荣誉感是日本文化的核心价值观和行为准则。在大部分日本动漫作品中，无论是其乐融融的休闲幽默类型动漫作品，还是艰苦卓绝的战斗竞技类型动漫作品，一般都包含同伴相互协作、共同分享的景象，通过刻画同伴情谊、集体归属感的真挚感人和众人合作能够带来逢凶化吉、力挽狂澜的效果，来构建和强化集体归属感和荣誉感。

（四）热爱自然的情怀

日本自然环境优美，岛国海岸线绵延曲折，境内山川河流纵横交错，森林覆盖率高。优美的生活环境使日本人形成了亲近自然、热爱自然的性格。日本动漫作品时常出现大量描述优美自然环境的画面。日本动漫对自然背景的制作要求严格，许多日本动漫制作人经常到处游历取景，收集美丽的风景素材，以备创作之需。日本动漫中有一部分讲述日本人家庭生活或校园生活的作品，如《南家三姐妹》《樱桃小丸子》等，细腻描绘在一年四季流转中，城市与乡村春夏秋冬景色变化和人们日常生活景象，山水草木栩栩如生、温馨和谐。即使在如《混沌武士》《薄樱鬼》和《御伽草子》这类格斗题材的动漫中，作品也用大篇幅描绘日本古代城镇和乡村的景色，渲染凄迷的故事情节。

宫崎骏动画作品大多涉及人类与自然之间的关系，宣扬和平主义精神，追求人与自然和谐共存。他试图通过动漫作品来阐述其自然生态思想——拯救自然、救赎人类。在其作品中常常会出现由于人类无序发展所造成自然生态遭受破坏的景象，并构思出各种涤净污浊污染的场所，如《风之谷》的"腐海"表面上是自然被污染的场所，充满了腐朽、肮脏和污秽，事实上，"腐海"是自然界的"过滤器"，"腐海"里的孢子森林不断努力洗涤被人类污染恶化的土地和净化空气和水源。而在这片充满污秽的"腐海"之下是一个与其截然相反的纯洁透净、生物栖息繁衍的美丽天地。《幽灵公主》中重新得到头颅的麒麟兽还原了被人类破坏的森林，重塑的自然又焕发出生机和活力。《千与千寻》充满奇幻色彩，构思出故事的主要场景"油屋"是个大澡堂，每到夜晚就迎接来自四面八方的神鬼人物。"油屋"备有各种不同效果的洗澡药水和澡池，帮助来宾洗净身上附着的污垢，暗示清洗掉尘世间的污浊。故事的结尾，宫崎骏经常向观众展示出一望无际的大草原、郁郁葱葱的原始森林、大块大块的农田、绿色的山林和无际的蓝天白云等优美风光，表达了其人类与自然和谐共处、追求万物平等的思想。图1-6是位于日本东京都的三鹰市吉卜力动画美术馆（三鹰の森ジブリ美術館），该馆由宫崎骏亲自设计，于2001年10月开馆至今，是全日本最著名的动画工作室之一，也是宫崎骏的动画展览馆。馆舍掩映在一片绿荫之中。美术馆内楼台错落，路桥相连，曲径通幽，草木扶疏，整个环境充满童真梦幻，让人很容易联想到宫崎骏动画的田园风情和追求人与自然和谐共存的情怀。

图1-6 三鹰市吉卜力动画美术馆

资料来源：笔者摄于2013年7月。

二 艺术特征

日本动漫作为一种成功的现代艺术表达形式，具有一系列特征：第一，日本动漫善于汲取其他国家和民族的传统文化元素，作为动漫创作的素材，极大地丰富了动漫题材。第二，动漫在日本是一种大众文化产品，拥有不同年龄层的读者和观众，动漫类型划分细致，各具特色，有利于为作品创作积累经验、触发灵感。第三，日本是IT技术先进国家，计算机图形图像处理技术被广泛使用在广告宣传、电视电影拍摄和动漫制作等领域。先进的数字媒体技术对优良动漫作品的制作形成有力的推进，保证了日本动漫具有精致的画面和优美动听的音乐效果。

（一）动漫题材的多样性（"拿来主义"和"改良主义"的结合）

日本动漫的题材涉及科幻、政治、商业、历史、言情、体育竞技、神话传说和侦探推理等内容，几乎涵盖了社会生活的所有领域。日本文化具有很强的"拿来主义"和"改良主义"特性，能够为日本动漫创作汲取国内外素材资源，使日本动漫作品具有题材丰富多样的特征和优势。"拿来主义"表现为日本能够积极主动地吸收其他民族和国家的优秀文化与技术，取其精华为己用，日本动漫创作既从本国的民族文化里寻找素材，同时不断在世界各国和民族的历史文化中挖掘宝藏，对中国和欧美等异域题材进行筛选。"改良主义"体现为日本动漫发展始终坚持鲜明的民族特色，同时自然融合不同民族和国家的文化元素，并且大量注入日本特色的艺术、技术和文化元素，最终整合为印有鲜明"日本制造"特色的动漫新作。本部分主要通过讨论日本动漫作品创作对中国和欧美文化的吸收及改造，分析日本动漫题材的多样性特征。

1. 日本动漫对中国传统文化的吸收和改造

在日本动漫中，有一部分作品大量采用中国文化元素，表现为从中国传统文化历史故事中寻找创作灵感和题材。这类吸收和改造中国文化的动漫主要包括：第一类是直接将中国文学著作和历史典籍以动漫形式表现出来；第二类是立足于中国传统文化中的某一项或某几项，如中国功夫、饮食服饰文化、绘画风格、体育项目等，重新编排设计故事情节，绘制成动漫作品；第三类是选取某段中国历史事件或历史典故中的要素，如历史人物的姓名、名号、成长历程，或者地名、物品等，进行故事再编，除人物称谓与原先素材相同外，故事内容和情节等均重新创作。日本动漫大体通过这三种吸收和改造方式，使得日本原创动漫中富含中国文化的成分。

小野不由美在1992年创作的《十二国记》讲述了异世界十二个国家的治理和较量，在历史背景、政治理念和服饰设计等方面取材于中国战国时期。首先，十二国的划分基本与中国战国时期的齐、楚、燕、韩、赵、魏、秦、宋、卫和中山国相对应。其次，在政治经济制度方面，动漫采用中国战国时期的三公官位（太傅、太师和太保），十二国采用的井田制与战国时期相一致，治国理念推崇以德治国的儒家思想。最后，在建筑风格和人物服饰设计方面也与中国战国时期十分相似。

横山光辉的动漫作品《三国志》以中国东汉末期三国时代为背景，描绘了枭雄、武将和智将争霸的历史篇章。《三国志》动漫基本遵循了《三国演义》的原著，剧情发展也沿袭《三国演义》的"正统"思想，描写突出刘备、关羽和诸葛亮等蜀国势力的正统正义形象，以其发展成败作为故事主线。横山光辉的动漫《三国志》使许多日本人熟知中国三国时期的这段历史故事，他对刘备、关羽和诸葛亮等三国君主将领的细致刻画也使得这些中国历史人物的形象在日本备受尊崇。山原义人在 1993 年发表的动漫作品《龙狼传》是一部选取中国三国时期历史典故要素，进行故事再编的动漫作品，除人物称谓与原先素材相同外，故事内容和情节等均重新创作。故事讲述了日本两名普通的高中生地志狼和泉真澄莫名其妙地穿越时空，来到中国三国时期。地志狼和泉真澄以现代人的身份参与到博望坡、长坂坡、火烧新野和赤壁战役之中，与蜀汉的刘备、关羽、张飞、诸葛亮、赵云和庞统等将领结为战友，共同对抗曹魏势力。作者山原义人尊重历史原本的发展方向，使主人公地志狼竭力不影响历史的发展行事，又发挥想象力在各角色之间建立了微妙而紧密的联系，是一部以中国三国时期为主体背景的科幻类型动漫作品。泷口琳琳的少女漫画作品《北宋风云传》（见图 1-7）取材于《包公案》《七侠五义》等中国传统评书，讲述了包拯、展昭、宋仁宗、八贤王等人治国理政的故事。由于这部漫画主要面向女性读者，作品的角色都经过美型化处理，人物角色风流倜傥、玉树临风，加之丰富精彩的故事情节，使其在日本广受欢迎。

图 1-7 《北宋风云传》

资料来源：漫奇网络社区。

皇名月创作的漫画《黄土的旗帜》讲述了中国明朝末期朝政腐败，各地民众起义反抗的历史故事。漫画在故事情节、绘画风格等方面均沿袭了中国历史和文化传统，详细描写了明末民生凋敝、官僚腐败的社会景象，以及主人公李信为救民众于水火，跟随闯王李自成起义作战。皇名月细致刻画了当时的人情风貌、各阶层人物的所思所为，人物形象丰满立体，俨然一部"日版的中国连环画作品"。借鉴中国古典名著改编为动漫作品的主要有峰仓和也的《最游记》、白井三二郎的《Dear Monkey 西游记》和藤崎龙的《封神演义》等。峰仓和也创作的动漫《最游记》选取中国古典名著《西游记》的人物名号，对某些故事情节也进行了大幅度的改编和再创作。如动漫中的唐玄奘师徒四人衣着、行为举止均与现代人无异，彻底改变了中国古典名著给人的印象。藤崎龙在1996年创作的《封神演义》改编自日本小说家安能务译的长篇小说《封神演义》，但只是借用《封神演义》的人物名称和历史事件，加入了大量娱乐搞笑的情节，与原作偏差较大。冈野玲子的作品《妖媚变成夜话》利用中国传统鬼神故事，吸收《搜神记》《太平广记》《山海经》《白猿传》《柳毅传》和《聊斋志异》等神鬼元素，汇编整理成一部讲述中国神鬼人之间关系的动漫作品。

上田宏的《武神戏曲》和皇名月的《燕京伶人抄》《燕京伶人抄2——女儿情》等作品是讲述中国京剧艺术的作品。《武神戏曲》讲述了一个爱好京剧的日本少年泉辰名阴错阳差地穿越到1923年的北京，遇见京剧大师梅兰芳。以现代外国京剧爱好者的角度，介绍了20世纪初中国京剧的发展历程。漫画对京剧造型和武打场面刻画得精益求精，展示了中国国粹京剧的韵味和文化。《燕京伶人抄》讲述在20世纪初的北京，喜爱京剧的富家子弟如海在名角杨洛仙的帮助下，不顾家人反对，毅然决然学戏的故事。这部作品采用白描手法，画面线条类似于中国连环画，忠实取材展示中国京剧人物形象和舞台表演效果。

小川悦司在1997年创作的《中华一番》是介绍中华饮食文化的动漫作品。故事讲述了主人公厨师李昂星和阿玲为赢得广州特级厨师的资格，不断钻研厨艺，并与"黑暗料理界"斗争的成长历程。在走遍中国各地的修行和挑战过程中，通过厨师李昂星和阿玲的所见所闻，将中国传统菜系和烹饪厨艺展示给读者。

中国功夫在世界上享有盛誉，许多日本动漫都竞相从中国功夫中挖掘"宝藏"，借用中国功夫的元素来充实格斗招式和文化内涵。《圣斗士星矢》中的重要角色紫龙的人物设计完全采用中国元素，从姓名、出生、招数和信仰上都借鉴吸收中国传统武术功夫。《七龙珠》中也大量援引了中国功夫，如其中鹤仙人的手下天津饭、饺子和桃白白均使用中国功夫的招式和造型。《乱马1/2》中各角色使用的武功招式也与中国有颇深的渊源，珊璞、沐丝和可伦等角色均来自中国，使用纯粹的中国功夫招数和中国服饰。

综上可以看出，日本动漫大量吸收运用中国文化元素，这种吸收和改造可以说遍及中华文明的许多领域，从历史小说、古典名著、评书戏剧、饮食文化、服饰建筑到政治经济体制等，同时，时空跨度巨大，从先秦的春秋战国时期到20世纪初的民国时期，方方面面均被其吸收和改造成为日本制造的动漫作品。由于作者的思想境界和绘画风格不同，所创作的动漫作品也风格各异，有切实还原历史或意境高远的经典佳作，也有庸俗不堪的作品。

2. 日本动漫对欧美文化的吸收和改造

日本动漫和欧美动漫差异巨大，但许多日本动漫都大量采纳欧美文化元素。吸收利用欧美文化元素的方式多种多样：第一类是直接取材自欧美历史或者神话传说，对其进行改编，加入大量原创的角色人物；第二类是将欧美名著或畅销书动漫化，忠实于原著的风格场景和情节；第三类是利用欧美的地理风貌和建筑场景，在西方世界讲述日本的故事；第四类是采纳某些欧美特定的人物名称或物品等，用以充实故事情节。日本动漫在绘画手法上融合了大量西方美学元素，在背景音乐上也大量采用和改编使用欧美音乐。以下通过分析具体的动漫作品，说明日本动漫对欧美文化元素的借鉴和改造情况。

李常庆认为，由于日本国民对欧洲古代历史的疏离感较大，加之欧洲各国的动漫创作者也深度挖掘这一资源，日本动漫创作者复述这段历史也就缺乏新意和市场前景，因此日本动漫中直接取材欧洲文化的作品很少，主要是几部改编欧洲古典神话传说，把古代欧洲作为故事背景的作品，其中的经典作品是《圣斗士星矢》。这部作品大量采纳了古希腊神话的元素，大部分角色都是根据古希腊神话众神来设计的，如女神雅典娜、冥王哈迪斯、海皇波塞冬、睡神修普诺斯、死神达拿都斯等角色都直接来自古希腊神话，黄金十二宫及黄金圣斗士与古希腊神话相一致。冥界篇的角色和场景设计，作者参照了但丁的《神曲》，改创了颇具系统性的冥界8域及相应的守卫108位冥斗士，对角色的姓名、出身、血型、年龄、招式和身高体重等指标都进行细致的设定。《圣斗士星矢》的天界篇和北欧篇作者则吸收改造了北欧神话和亚特兰蒂斯的传说。整部作品中的人物大部分都采用欧美姓名和外表设计，建筑设计和生活场景也是现代欧洲的风格。在欧洲氛围浓郁的背景中，人物角色的价值观和行为方式却坚持日本标准，作品巧妙构思成功地将日本民族文化和行为方式放置在欧洲场景内进行表述。

许多日本动漫作品由欧洲小说故事改编而来，或将故事背景设置在欧洲，这些作品颇具欧洲的人文风貌。日本动画电影大师宫崎骏善于把欧洲文艺作品改编为动漫，或者在欧洲场景之内创编作品。2004年上映的宫崎骏著名作品《哈尔的移动城堡》是根据英国儿童小说家戴安娜·W.琼斯的《会魔法的哈尔和火之恶魔》改编制作的，这部作品以欧洲绘画风格和手法绘制了古朴的小镇、蒸汽机车和金发碧眼的人物造型，加上华尔兹圆舞曲等欧洲曲目，极力描绘工业革命时期欧洲的乡村田园风光和人文风貌。宫崎骏的另外两部作品《飞天红猪侠》和《魔女宅急便》也都充满浓郁的欧洲古典风情，在优美典雅的欧洲乡间景致中细致地表现作品追求平和淡雅的情操与崇尚和平、反对战争的理念。水野良的动漫作品《罗德岛战记》改编自同名小说，这部动漫中融合多种欧美奇幻小说的典型元素，包括各种源自欧洲奇幻文艺作品的种族和异类，如精灵族、矮人族、人类、地精族、兽族、巨人、火龙，以及巫师、圣殿骑士和盗贼等职业，动漫中的人物、道具和建筑等要素均沿袭欧美风格，与《指环王》等欧洲奇幻著作相似。庵野秀明创作的《新世纪福音战士》富含了基督教的文化元素，故事中使用"亚当"和"夏娃"为机器人命名，融入天使和十字架等作为角色的重要标志。故事中的"三波冲击"借用了《圣经》

中上帝用大洪水毁灭一切的传说来解释"使徒"对人类的袭击。星野桂的动漫作品《驱魔少年》以19世纪欧洲大陆为背景,讲述了梵蒂冈为阻止约7000年前发生的"诺亚大洪水"又称"黑暗三日"再度降临,组织了维护世界和平的"黑色教团"集结散布各地的"圣洁"(Innocence),以及寻找其使用的适合者——驱魔人对抗恶魔制造者千年伯爵的故事。这部动漫作品是清一色的欧洲风格,使用真实地理名称和事件,人物造型、衣着饮食等也都反映欧洲习俗。

许多日本动漫作品大幅度采用欧美文化元素反映了近现代以来日本对西方文明的崇尚心理。日本明治维新以来,众多政治家和学者都奉行"脱亚入欧"的思想,主张效仿欧美富国强兵,日本政府积极吸收西方经济政治体制和文化理念来发展国家,日本民众也以欧美为赶超和学习对象,这种思想和行为模式渗透到日本文化和社会生活的各个领域。同时,融入欧美文化元素的日本动漫更加容易为欧美观众所接受和认可,从而获得商业收益[1]。日本著名动漫作家手塚治虫一直喜爱和借鉴迪士尼动漫,宫崎骏偏爱在作品中描绘欧美城镇风光,许多日本动漫作家也继承和发扬了这一传统。

(二)受众层次的广泛性和动漫类型的细致分化

随着日本漫画、动画片及其衍生产品的大量生产,题材内容不断丰富多样,不同的读者或观众群体对某一种或某几种类型的动漫作品产生特别的爱好,在较长的时期内形成相对稳定的欣赏习惯和消费模式。动漫的创作者、制片人和玩具生产商通过研究不同动漫读者和观众的偏好趣味,针对不同阶层和年龄特征制作具有相同主题或绘画风格的作品,这样做有利于同一类型范式的动漫创作的经验积累,同时为了避免同一范式的作品重复出现对创新性的削弱,也十分注重在既定的构思和绘画模式中进行边际创新,不断推出既为受众所熟悉又具新鲜感的个性化作品,逐渐形成了现今日本动漫分类细致、题材多元的特征。本书在吴新兰研究成果的基础上,进一步将日本动漫分类如下:按照动漫读者的年龄和性别可以将动漫分为少年动漫、少女动

---

[1] 李常庆:《日本动漫产业与动漫文化研究》,北京大学出版社2011年版,第174页。

漫、BL（少年间的纯爱）动漫、青年动漫、成人动漫和儿童动漫等。

第一类少年动漫，是以6—18岁的少年为对象的动漫作品，少年动漫能够进一步分类为推理、后宫、搞笑、恐怖、热血体育、热血格斗、励志（日本励志动漫主要为体育和格斗动漫）等类型。一般以打斗、悬疑、冒险、科幻等题材为主，多数动漫主角具有奋发图强、不屈奋斗的品质。如《圣斗士星矢》《七龙珠》《犬夜叉》《海贼王》《死神》《幽游白书》《火影忍者》《驱魔少年》《棒球英豪》《浪客剑心》《龙狼传》《反叛的鲁路修》和《宇宙骑士》等。

第二类是少女动漫，是指以6—25岁的少女为主要对象的动漫作品，其作者和连载杂志增加后，大量出现针对6—12岁的女童和18—25岁青年少女的作品。少女动漫通常以少女主角为主，在故事铺展中多以少女的视角来观察生活，在内容和画风上追求浪漫唯美，比较偏向于美型化（注重人物的视觉美感），角色多是俊男美女，并且多数渲染浪漫理想的爱情故事。其中的代表作有《流星花园》《尼罗河的女儿》《双星记》《天是红河岸》《恋爱情结》《樱兰高校男公关部》《美少女战士》《好想告诉你》《君吻》《天国少女》《我爱你Baby》《罗密欧与朱丽叶》《下一站巨星》《快感指令》《恋爱情结》《爱情泡泡糖》《东京巴比伦》《花仙子》《少女革命》《纯爱物语》《钢索危情》《彼氏彼女之事情》和"NANA"等作品。

第三类是儿童动漫，以6—11岁的儿童为主要观阅对象的动漫作品，内容简单通俗，富含趣味性和教育意义，著名的儿童动漫有《哆啦A梦》《樱桃小丸子》《宠物小精灵》《四驱兄弟》和《蜡笔小新》等。

第四类是青年动漫，以18岁以上的青年男子为主要读者群体，在日本漫画杂志的名字中大多数标有有"Young"或"big"的字样。同少年动漫相比，青年动漫更加贴近现实，同时也加入更多的性和暴力画面。青年动漫的主题一般是以考试、体育或学校生活等社会生活为主，描写大学生、工薪族、失业者等生活工作状况，也有一部分科幻、神秘、幻想的成人动漫。《Young Jump》《AFTERNOON》《Super Jump》《YOUNG MAGAZINE》和《MORNING》是日本知名青年漫画杂志。著名的青年动漫有：《灌篮高手》《浪客行》《胸有大志》《樱花通信》《侠探寒羽良》《北斗神拳》《亚人》《吞噬人间》《孤独的美食家》《情书》《乔布斯》《心理医恭介》《爱人（AI-REN）》《调酒师 Bartender》《加治隆介之议》《真相夜线》《欺诈猎人》和《新外科大夫日记》等作品。

第五类是 BL 动漫即"Boy's Love"动漫，又称"耽美动漫"，主要描述青春期或前青春期少男之间的暧昧关系，这类动漫通常是反主流、富浪漫想象色彩或柏拉图式的。耽美在日文中的发音为"TAN-BI"，本义为"唯美、浪漫"之意，也指沉溺于美妙的想象和意境之中，包含一切美丽事物，让人难以企及的最无瑕之美。耽美一词被日本的动漫界用于 BL（Boy's Love 的缩写）动漫上，引申为一切美型的男性，以及描述男性之间的暧昧恋爱感情故事或男同性恋动漫作品。知名的 BL 动漫主要有《爱的挑战者（合格祈愿）》《爱与欲望之学园》《暗之末裔》《爱执》《爱情原料》《暧昧的绿色》《神幻拍档》《世界第一初恋》《纯情罗曼史》《无法逃离的背叛》《异国色恋浪漫谭》《漂亮爸爸》《西洋古董洋果子店》《东京巴比伦》《绝爱》《情人总敲三次门》《恋爱模式》《志水雪》《快感方程式》和《激爱》等作品。

第六类是成人动漫，日本的成人动漫即色情动漫，这些动漫作品以 18 岁以上的成年人为阅读对象，在封面上会注明阅赏年龄，通常在专门的商店和栏目售卖。

按照动漫内容题材可以将日本动漫划分为体育竞技类动漫、推理类动漫、冒险类动漫、耽美动漫、搞笑幽默动漫、百合类动漫、历史战争类动漫、格斗类动漫、恋爱类动漫、校园类动漫、悬疑类动漫、恐怖动漫、后宫养成类动漫、机战类动漫和魔幻类动漫等。笔者根据 2011 年日本杂志协会提供的数据制作了 2011 年度日本动漫杂志销售排行榜（见表 1-1）。

综上所述，日本动漫读者和观众数量不断增加，年龄层不断扩大，不同动漫读者群体的欣赏需求日趋多样化，加上动漫作者及其研究者根据不同动漫特点进行归纳总结，使日本动漫作品形成多样的类型区隔。但各动漫类型之间的界限已日益模糊，一部动漫可能具有多种类型特征。御宅族倾向于将动漫类型细化，便于从大量的动漫中搜寻自己喜爱的作品，并有利于与其他御宅族的交流沟通。

表1-1　　　　2011年度日本动漫杂志销售排行榜　　　　单位：部

杂志名	出版社	发行部数
周刊少年Jump（週刊少年ジャンプ）	集英社	2876459
周刊少年Magazine（週刊少年マガジン）	讲谈社	1571063
CORO-CORO（コロコロコミック）	小学馆	950834
月刊少年Magazine（月刊少年マガジン）	讲谈社	847250
Young Magazine（ヤングマガジン）	讲谈社	807871
周刊Young Jump（週刊少年ジャンプ）	集英社	768980
Ciao（ちゃお）	小学馆	745455
Big Comic Original（ビッグコミックオリジナル）	小学馆	729750
周刊少年Sunday（週刊少年サンデー）	小学馆	678917
Young Champion（ヤングマガジン）	秋田书店	500000
Big Comics（ビッグコミック）	小学馆	454000
JUMP SQUARE（ジャンプSQ）	集英社	360000
MORNING（モーニング）	讲谈社	340209
周刊漫画Sunday（週刊マンガサンデー）	实业之日本社	300000
Business Jump（ビジネスジャンプ）	集英社	285334
Super Jump（スーパージャンプ）	集英社	277500
Bessatsu Margaret（別冊マーガレット）	集英社	261667

资料来源：Magazinedate2011（日本杂志协会）。

（三）精致的画面效果

动漫是一种以图画为主要表现形式的艺术作品，其画面的效果是决定其成功与否的重要因素之一。读者或观众往往根据对画面的第一印象决定是否继续欣赏这部作品，画面是动漫作家与受众交流沟通的媒介，漫画家和动画导演通过一幅幅的画面表达思想。

日本动漫以画面效果精致而闻名。日本动漫创作者对画技的研究深入、运用娴熟，再加上动漫创作者注重对数码技术的应用，使得日本动漫作品的画质效果不断改善优化。日本动漫画面强调明暗对比、远近焦距的分别，突出画面效果的真实感和跃动感，善于使用电影蒙太奇手法。在漫画作品中，北条司的《城市猎人》（见图1-8）、井上雄彦的《灌篮高手》和《浪客行》都是写实画风的名作。北条司为了在作品中还原各种枪械的真实感，曾赴美国学习枪械知识和荷枪实弹练习射击；井上雄彦为加强画面中人物动作的逼真效果，潜心研究人体结构和解剖学，对人物、道具和建筑的线条、阴影处理也都力求真实细致，使画面栩栩如生，犹如照片拍摄一般逼真。在动画制作方面，宫崎骏导演的《风之谷》《天空之城》《萤火虫之墓》《龙猫》《幽灵公主》和《千与千寻》等作品都大量运用数码技术，体现出精湛的技术水平和独特的艺术价值。

图1-8 北条司的作品《城市猎人》

资料来源：大众动漫网。

（四）优美动听的动漫音乐

日本动漫创作者十分注重动漫音乐的制作，一部动漫作品的音乐主要包括片头曲、片尾曲、插曲、背景音乐、原声音带、角色歌[①]和印象集[②]等，而围绕这部动画所发行的音乐集一般包括 OST[③]、角色歌 CD、Drama[④]、印象集等。动漫音乐为动漫故事情节服务，动漫的主题曲可能根据动漫专门量身定做，也可从已有的歌曲中经过考量挑选出要使用的曲目。动漫制作的音乐负责人根据主题和情节的需要，创作出一系列音乐，视情况使用。大型动漫作品甚至投入大量资金聘请知名音乐制作人、歌手或乐团创作动漫音乐。长篇动漫作品甚至会视故事情节的发展制作多部片头或片尾曲。

目前，日本知名作曲家、动漫音乐制作人有久石让、菅野洋子、梶浦由记和川井宪次等人，他们拥有独立的音乐制作机构，参与许多大型动漫的音乐创作。如久石让和吉卜力合作创作的知名动漫电影有 1984 年的《风之谷》、1986 年的《天空之城》、1988 年的《龙猫》、1989 年的《魔女宅急便》和《萤火虫之墓》、1992 年的《红猪》、1997 年的《幽灵公主》、2001 年的《千与千寻》、2005 年的《哈尔的移动城堡》等。在《天空之城》中久石让采用大量爱尔兰民谣元素，音乐与画面结合的效果绝佳。1998 年他推出了由吉卜力动画电影《幽灵公主》配乐改编的交响组曲唱片，由捷克爱乐乐团演奏，受到广泛的欢迎。2005 年《哈尔的移动城堡》制作组邀请捷克爱乐乐团录制电影原声音乐。菅野洋子则为日本光荣公司的历史题材游戏《苍狼与白鹿——成吉思汗》"信长的野望"系列和"大航海时代"系列等游戏作曲，成为日本历史题材游戏最主要的音乐创作者之一。

动漫音乐本质上是动漫作品的附庸，为故事情节铺展服务。动漫

---

① 角色歌是在动漫或游戏中针对人物的形象以及个性特别创作的原创歌曲，由此人物的声优以角色的身份演唱。角色歌收录在角色歌 CD 中，一般是两首歌，一主一副，有时候还会有广播剧也会收在里边。

② 印象集不同于动漫原声音带，印象集的曲子并非是对原剧中的音乐忠实的再现，而是对原作原曲的改编演奏（通常适合音乐会演奏），制作成相对独立的构成曲目，带给听众印象中的原曲的感觉。

③ OST 是 Original Sound Track 的缩写，字面意思是原始声音轨道（影视原声大碟），也就是影视作品中所有音轨中储存背景音乐（或者歌曲）的轨道。

④ Drama，近似中文中的"广播剧"一词，是指以声音（包括各类音效、配乐、角色的台词、歌曲）来演绎剧情的作品。

音乐能够勾起观众对动漫的回忆，加深在其脑海中的印象，优美动听的动漫音乐使动漫作品本身更加深入人心，而动漫音乐也随着动漫作品的热卖而水涨船高。

三 产业特征

日本动漫源于民间，专业作家自发萌芽。在日本，动漫是一种大众文化作品，具有广泛的群众基础，日本最原始的漫画作家是一群绘画爱好者，潜心于漫画的编绘，心口相传形成自身的特色。日本动漫作家，特别是编剧和画家几乎同时也都是忠实的动漫爱好者，与读者水乳交融，能够敏锐地把握动漫爱好者的喜好，创造出大众喜闻乐见的作品。并且动漫产业得到政府和民间的大力支持和协同推进，能够获得企业的资金资助和政府政策扶持，为动漫企业和动漫创作者提供了良好的生存和发展环境。

（一）日本动漫产业的运作模式

日本动漫产业的聚集效应明显，根据2010年日本劳动政策研究研修机构的调查，全日本存在733家动漫制作相关企业（包括漫画工作室、漫画周刊杂志社、动画电视电影制作公司和相关的玩具模型制造公司），有695家集中在东京地区，占动漫制作相关企业数量的94.8%[1]。动漫相关企业以中小企业为主体，资本金在5000万日元以下的中小企业占企业总数的54.6%；动漫相关企业的从业人员平均数量为20人，从业人员未满30人的企业占总数的80%以上。动漫产业聚集度高，有利于形成规模效应和学习效应，有利于动漫创作生产的交流合作与竞争。

日本动漫产业实行漫画的创作、漫画杂志的连载、单行本的出版、漫画的动画化制作和衍生产品生产五个阶段生产营销分离的运作模式。健全的市场分析反馈机制和市场淘汰筛选机制能够降低和规避动漫产业的风险，有效降低成本。动漫的制作生产由漫画工作室承担，各工作室旗下临时招募许多自由创作人。自由创作人将自己的作

---

[1] 労働政策研究研修機構：《コンテンツ産業の雇用と人材育成—アニメーション産業実態調査》，筑摩新書2011年版，第61页。

品雏形和创意投稿给各个出版社。一旦漫画故事得到出版社认可,自由创作人和出版社先签署意向性的合同。创作者开始以"回"(卷)为单位创作漫画,同时,出版社也开始在杂志上试载漫画。并通过调查表、排行榜的形式不断收集读者对漫画的反馈,一方面能够掌握读者的需求偏向,指导选稿出版的方向,另一方面有效利用市场竞争机制淘汰反映不佳的作品,终止试载,降低出版的成本。在漫画连载1—2年之后,出版社选取读者反应良好的作品,向创作者提出发行漫画单行本的合作意愿。漫画单行本经过重新包装和印刷,批量出版。由于在杂志连载过程中经过了市场筛选,漫画形成了固定的读者群,这就降低了大批量成册出版发行漫画单行本的风险。如果漫画单行本销量良好,动画公司会同创作人进行版权合作,商议将漫画动画化。因为动画的制作成本更高,经过前期杂志连载和漫画单行本发行的市场试验,能够为漫画的动画化投资规避部分风险。同时,随着漫画单行本和动画的面世,这部动漫相关的模型玩具、游戏软件等各式衍生产品也会一起生产销售,启动铺天盖地的宣传推广。

(二) 日本政府大力推动动漫产业发展

日本政府将动漫产业列为重点支持产业,从宏观和微观层面制定和实施促进动漫产业发展的政策措施。日本政府力求通过"知识产权立国"来提振日本经济和增强国际影响力。2002年,日本政府颁布《知识产权基本法》,提出进一步振兴以电影、动漫等为主的"コンテンツ产业"[①],建设具有丰富文化和艺术的国家。这部法律明确了日本中央和地方政府、大学、企业和公益组织在保护知识产权上的不同责任,规定了研究开发、技术成果转让、人才培养、反侵权、加快授权等方面的基本原则和措施。2003年,日本政府成立了知识产权战略本部,由首相兼任本部长,由日本内阁成员以及知识产权方面的专家和企业家组成。知识产权战略本部每年统一制定知识产业发展战略,从财税政策、企业融资、人才培养等角度扶持和保障相关产业发展。

---

① "コンテンツ产业"是指日本政府指定的包括新闻出版、图像制作、影视音像作品、音乐、动漫和游戏设计发行等在内的相关产业。

2004年和2006年日本政府又分别制定和颁布了《コンテンツ产业促进法》和《数字コンテンツ振兴战略》，进一步细化对包括动漫产业在内的信息文化产业的扶持措施，为发展动漫产业提供了法律保障和政策顶层设计的支撑。日本中央政府各相关省厅如经济产业省、文部科学省和厚生劳动省，以及东京、广岛等动漫产业集中地区，地方政府部门也相应出台政策推进动漫产业的发展。日本动漫产业获益于日本政府的大力支持，政府具有明确的战略思想、整体规划和具体实施方案，采取各种措施促进动漫产业的不断发展壮大。

（三）日本动漫人才的培养

优良的动漫作品需要大批优秀的动漫人才不断探索创作。日本动漫人才培养的方式灵活多样，形成学校教育、社会熏陶和企业职业培训等较为完整的专业人才培育体系，再加上日本政府、财团等组织的大力赞助支持，为日本动漫发展提供了源源不断的创新动力。

第一类是学校专业培训教育。学校教育是日本动漫人才培养的重要途径。日本高等教育主要包括大学教育、短期大学教育[①]、中专教育和职业教育。20世纪90年代以前，日本动漫人才的培养主要采取师傅学徒制的培养模式，动漫创作技能的学习更多地依靠自学或社会培训机构，日本大学系统开设动漫人才专业起步相对较晚。20世纪80年代日本动漫产业形成完整产业体系，社会影响力不断增强，许多中等专科学校和职业高中学校才开设动漫专业，进行正规动漫专业学校教育。这部分中等专科学校和职业高中学校以培养实用型动漫人才为目标，科目划分明确细致，注重计算机动漫应用设计教学，并与动漫相关企业结成实习培训和毕业生推荐就职机制，增强学生学以致用的能力，为动漫企业提供大量动漫人才。2000年，日本京都精华大学开设漫画专业，开始招收4年制大学生，首次进行高等学校动漫人才教育。之后，日本许多大学相继开设漫画、动画或动漫专业，这些大学主要集中在大阪和京都等关西地区和东京地区，并且这些学校多为私立大学。开设动漫专业的大学聘请著名动漫大师、动漫导演和动漫

---

① 日本的短期大学教育相当于中国的大专教育。

原创作家指导教学，提高教学质量。日本国立大学东京艺术大学开设动漫专业研究生院，这是日本国立大学首次设立动漫专业硕士学位点。

第二类是社会教育熏陶。日本各式的动漫兴趣学校、培训班和动漫知识技能讲座是熏陶培养动漫人才的另一条重要渠道。这种培训模式形式灵活多样，主要利用周末或夜间开课，吸引社会上许多动漫爱好者和从事与动漫相关工作的人员参加，其中也不乏立志成为动漫大师的年轻人。日本专业补习学校、出版社和电影制片厂以及各种函授教育机构是设立私人动漫培训学校的主要法人，各种基金会、动漫展览会或学校也开设动漫讲习班。

第三类是动漫制作企业职业训练。日本动漫企业招聘动漫制作人员主要采取两种方式：一种是招聘大学应届毕业生，通过严格的笔试和面试来甄选优秀人才，聘任为公司正式员工；另一种是动漫企业根据需要临时招聘有动漫绘画制作经验的人充实各工作组。新进员工通常在进入动漫公司后会参加一次封闭式培训，了解公司业务情况和企业文化，动漫企业对员工的培训十分重视实践能力的提高，新招募的员工都分配到著名漫画家或动漫制作大师的工作室，由动漫大师或早期进入工作室的同事指导，采取类似师傅指导学徒式的培养模式。新进员工能够很快直接承担部分简单工作，参与工作室内的分工协作，在实践中学习积累经验，也增强了工作室的团队凝聚力。公司根据员工工作能力的提升发展情况，转换岗位，或升迁使用，在公司内部形成竞争机制，激励员工提升业务能力。

此外，日本政府、财团和相关组织大力赞助动漫人才的培养，政府和民间设立多种动漫奖项和交流展出活动，促进动漫人才、读者之间的交流沟通。

日本政府设立的动漫奖项主要有：日本文部科学省设立的文部科学大臣奖、神户市政府设立的神户动画奖、新泻县政府设立的新泻漫画大奖。民间主要动漫大奖主要有：大藤信郎信托基金设立的大藤信郎奖，小学馆设立的小学馆漫画奖、小学馆新人和IKKI漫画奖，朝日新闻社设立的手塚治虫文化奖，日本漫画家协会设立的日本漫画家协会奖，文艺春秋社设立的文艺春秋文化奖，讲谈社设立的讲谈社漫画奖、千叶彻弥奖和仲良新人漫画奖，日本 SF 大会设立的星云奖，集英社设立的赤冢奖、金 TIARA 大奖、手塚治虫奖，以及白泉社设立的白泉社雅典娜新人奖。动漫大奖的奖金由几十万日元到两三百万日元不等，激励动漫制作者为争取业界荣誉而努力创作。

东京国际动漫展和广岛国际动漫展每年分别在东京和广岛举行，是日本动漫界年度盛大交流活动，由当地政府、日本动画协会和相关业者团体组办。借助这两大交流平台，各动漫企业、动漫制作工作室、影视公司、玩具制造企业、出版社、知名动漫作家以及大批动漫爱好者和御宅族参加各项活动，包括放映动漫电影、展出新作品和新上市的动漫衍生产品，作家与读者观众互动，自由交流心得，揭晓年度动漫大奖获奖者等。

各种形式的动漫教育培训机构组织为日本动漫界培养输送了大批动漫人才，名利双收的动漫大奖激励动漫作家努力创作，动漫展出活动为动漫作家、动漫迷和企业创造了互动交流的平台，动漫制作公司和出版上映机构、文化宣传机构展开宣传攻势，政府、企业和基金团体的赞助为动漫人才培养、动漫交流和发展提供政策和资金支持。

本章小结

综上所述，日本动漫经历萌芽时期、近代探索时期、战时低谷时期、战后转型时期、成熟经典时期和数码延伸时期的发展，逐步形成了日本动漫特有的发展模式。日本动漫的发展与变迁既反映了日本动漫作家和民众对动漫艺术的喜爱和追求，也反映了动漫的艺术形式和内涵随着时代变迁、科技进步而不断成长充实。20 世纪初日本早期漫画在画风和内容上均受到欧美漫画形式的影响，以批评口吻的讽刺漫画和幽默调侃的滑稽漫画为主。经历"二战"时期的低潮后，在 20 世纪五六十年代，以手塚治虫为代表的优秀漫画家实现了日本动漫的转型，开始逐步形成日本动漫自身的风格。在日本经济高速成长的 20

世纪 70 年代，日本动漫大师辈出，动漫创作的内容和风格已日趋成熟灵活，出现百家争鸣的形势。20 世纪 80 年代之后，日本动漫业已人才济济，动漫大师各成一派、各树一帜，动漫题材类型细化、动漫产业系统完整，各种衍生产品琳琅满目，动漫作品不仅在日本广受欢迎、深入民众生活，也远播世界许多国家和地区。

　　日本动漫在文化层面具有尊"圣"情结，具有崇敬、维护正统和权威的特征。同时，日本武士道精神影响深远，部分动漫作品的崇"武"特征十分明显，显示出日本国民坚忍、拼搏、不畏竞争、渴求在激烈竞争中不断超越的性格。日本文化还强调团体规则，重视集体团结，许多日本动漫作品表现出崇尚集体协作奋斗、强调集体荣誉的团体主义精神。日本动漫作品时常出现大量描述优美自然环境的画面，许多动漫作品号召保护自然，实现人类与自然和谐共生，反对战争和破坏，体现了日本文化中亲近自然、热爱自然的特征。日本动漫在艺术表现层面具有一系列特征：第一，日本动漫善于汲取其他国家和民族的传统和文化因素，作为动漫创作的素材。第二，动漫类型划分细致，各具特色，拥有不同年龄层的读者和观众。第三，日本动漫善于运用先进的数字媒体技术制作优良动漫作品，保证了日本动漫具有精致的画面和优美动听的音乐效果。在产业发展模式层面，日本动漫得到政府、企业、学校和相关机构等多方共同支持和扶助。各级政府在立法、规划和具体政策措施方面将动漫列为国家支柱产业重点支持，动漫相关企业与学校、社会教育机构组成了完整的动漫人才教育培训体系，保障动漫人才的培养和成长。各目繁多的动漫大奖和动漫展出交流活动为动漫相关企业、机构及动漫创作者和受众的交流和互动创造了有利的平台。日本动漫以上三大特征保证了其作品具有很强的趣味性和感染力，从而能够吸引众多动漫读者和观众，甚至深入影响御宅族的心理和行为。

第二章 御宅族的形成与演变

日本御宅族是伴随动漫文化以及新媒体技术的发展而出现的一个独特的社会群体。他们熟练使用互联网，是运用现代资讯手段的高手。在各种文化消费市场上，尤其是在动漫市场上往往扮演着市场引导者的角色。动漫御宅族的生活方式、行为方式和消费理念对社会生活产生了重要的影响。本章分别讨论御宅族的定义、特征、形成及发展历程，并比较御宅族与普通动漫爱好者的区别。

第一节 御宅族的定义与演变

一 御宅族的定义和内涵

御宅族（日文假名：オタク，罗马音：otaku）一词最早产生于日本，根据《广辞苑》和《デジタル大辞泉》《数码大辞源》中对御宅族的注释，"オタク"原先是日语的第二人称，主要是对漫画、动漫和SF（科学幻想动漫）的痴迷者的总称。

实际上在20世纪五六十年代御宅族的雏形就已经出现了，但他们的名称正式被确定是在20世纪80年代。1982年，在日本动漫《超时空要塞》中，女主角林明美以"オタク"作为第二人称敬语称呼男主角一条辉。随着这部动漫作品的播出，"オタク"一词开始在动漫读者中流行。日本作家中森明夫（1983）描述御宅族的形象为："班级中那些最不显眼的角色，形象邋遢、营养不良、缺乏朋友，醉心于自己的漫画世界。平时毫无存在感地躲在教室的某个角落里，但在秋叶原里却表现出反常的兴奋，身着怪异的服装，做出各种奇怪的表情……"并指出御宅族是动画和漫画迷或 SF 爱好者的自我称呼,不仅限于此,也是对一些拥有特殊兴趣爱好、缺乏社交能力的群体的称谓。中森对御宅族持强烈的否定态度,指出御宅族一词具有很强的贬义倾向,他强烈批评当时痴迷于《机动战士高达》等动漫的御宅族的幼稚性。① 东京大学教授冈田斗司夫(1996)总结了御宅族具有的三个素质:①纯粹的能够发现美的眼光,能够从独特的视角发掘并欣赏动漫作品中的美,见证作者的成长;②了解动漫作品的制作过程和手法,清楚并能够预测动漫界各种类型动漫发展历程;③对各种类型的动漫作品,能够发现并领会其表达的思想,具有引导初学者进入动漫世界的能力。② 社会评论家中岛梓指出,御宅族具有严重的"交际能力不全症",并从心理学角度分析了御宅族在人际交往方面的特征,在极端的情况下表现为:①御宅族不会为他人考虑;②但一旦成为志同道合的"同类",情况就完全改变,只把自己认可的人视为人类;③他们的交际方式几乎不被主流社会认同。③ 国内学者朱岳(2008)将御宅族视为日本动漫产业造就的亚文化群体,御宅族给社会以自闭、内向、交际能力和社会适应能力低下的印象,并且这种亚文化呈现日益发展的趋势。④ 赵思(2009)运用心理学理论分析了御宅族现象,将御宅族的特征归纳为:第一,厌恶外出,但未必足不出户。为了维持自己对业余爱好的狂热程度,无奈地出门工作。他们当中有很多人收入丰厚,对昂贵的动漫游戏衍生产品有强大的购买力,并有收藏癖好。第二,不屑且不善交际。一部分人与陌生人交流会产生不同程度的恐惧。第三,现实的时间观念淡薄,而虚拟的时间观念却截然相反。第四,一部分御宅族心理处于亚健康状态,但往往不以为然,仍乐在其中。⑤ 韩若冰和韩英认为,御宅族是先锋文化一族的褒称,有自己的行为方式和交往原则,有自己的追求和文化涵养,他们往往

---

① 中森明夫:《おたくの研究》,漫画ブリッコ1983年版。
② 冈田斗司夫:《オタク学入門》,太田出版社1996年版。
③ 中岛梓:《コミュニケーション不全候》,筑摩书房1999年版。
④ 朱岳:《萌系御宅族的后现代性状》,《东南传播》2008年第12期。
⑤ 赵思:《浅谈"御宅"现象及其心理分析》,《科教文汇》2009年第4期。

醉心于动漫作品或者痴迷于某一电子产品并与各种钟爱的动漫角色、模型或玩偶有着千丝万缕的联系。①

本书在中日学者研究的基础上,把御宅族界定为:长期热衷、痴迷于动漫或某一类型动漫的特定群体。御宅族善于利用各种现代通信媒介收集动漫信息,倾注大量时间、精力、金钱,收集自己喜好的漫画、动画、动漫模型与玩偶、电玩游戏以及其他动漫衍生品。御宅族生活方式的最大特点是生活融入动漫、动漫融入生活。在他们作为御宅族的生活方式中创造了各种符号、象征、文本、意义,并催生了动漫亚文化。本书对御宅族生活方式的描述与分析主要围绕衣食住行、语言、人际互动、娱乐与消费方式以及反映在生活方式中的态度、价值观和自我认同等展开。

二 御宅族的形成、演变和现状

御宅族的成长与日本经济社会环境的变化、动漫产业的发展等因素密切相关。由于时间空间等因素的不同,当今御宅族所表现出的很多特性与早期御宅族存在一定区别,但也具有共同的特征。下文重点研究御宅族的出现、演变和现状,从御宅族发展历程和御宅族世代划分的角度,分阶段剖析不同时期御宅族的成长环境和特征倾向。

(一) 御宅族的发展历程

日本书艺评论家榎本秋对日本御宅族的出现和发展过程进行了深入的研究,本书在其研究的基础上把御宅族的发展历史划分为20世纪50年代中期御宅族母体的出现、20世纪70年代末到80年代中期御宅族的诞生、20世纪80年代末到90年代泡沫经济时期御宅族群体的膨胀和2000年后御宅族文化泛滥四个阶段。

1. 御宅族母体的出现(20世纪50年代中期)

榎本秋(2009)认为,从20世纪50年代中期开始,日本就出现了御宅族的萌芽。当时日本动漫已经走出了"二战"时期的低谷,漫画创作已臻成熟,涌现出许多漫画大家;动画电影制作公司成立,电

---

① 韩若冰、韩英:《日本"御宅族"的行为方式及其消费特征》,《山东社会科学》2012年第6期,第157—160页。

影电视动画也进入起步阶段。这一时期流行的动漫作品，诸如《新宝岛》《铁臂阿童木》《丝带骑士》和《森林大帝》等主要面向儿童，但一小部分青少年或成年人也开始狂热购买收集漫画，此外，带有御宅族特征的漫画社团交流、二次创作等活动也开始盛行起来。榎本认为，虽然这一时期并未出现御宅族这一词语来指称这类狂热的动漫受众，但实际上御宅族的母体已经逐渐形成。

2. 御宅族的诞生（20世纪70年代末到80年代中期）

20世纪七八十年代是日本经济迅猛成长的十年。日本动漫也进入了快速发展的新时期，由传统动漫逐渐转型为当代动漫。日本动漫业界百家争鸣，继手塚治虫之后，藤子·F.不二雄、宫崎骏、松本零士和鸟山明等漫画大师辈出，各种经典的动漫名作大量出版，主要体现在动漫类型的细致化和题材内容的多元化上，满足了不同年龄和职业观阅者的需求。漫画和动画片受到日本社会的广泛欢迎，动漫观阅者的结构也发生了很大变化，年龄层进一步扩展，从低龄的青少年扩大到成年人，由学生扩大到社会其他人群。这一时期的动漫作品创作重点由面向儿童向青少年转型，当时最流行的《宇宙战舰大和号》《银河铁道999》《鲁邦三世》和《机动战士高达》等动漫作品在绘画风格和故事情节上都出现了变化，以吸引更广泛的受众。日本商业界已经意识到一个巨大的动漫市场正在迅速成长，市场上出现了专门售卖各种动漫产品的专营店，动漫杂志社也大量出现。在动漫作品、动漫市场等不断发展的条件下，御宅族开始迅速增加，东京秋叶原成为动漫文化和御宅族交流活动的中心。日本评论家和学术界也开始关注御宅族现象。1983年，中森明夫第一次援引在动漫市场中聚集的年轻人的相互称呼"御宅族"（"オタク"）来指代这一类人。中森对御宅族持强烈的否定态度，指出御宅族一词具有很强的贬义倾向，强烈批评当时痴迷于《机动战士高达》等动漫形象的御宅族。

3. 御宅族群体的膨胀（20世纪80年代末到90年代泡沫经济时期）

泡沫经济时期，日本国内生产总值、各产业产量和国外出口额全面走高，日本动漫市场也出现了前所未有的飞跃发展，漫画类型和观阅群体分化日益鲜明，不同风格的动漫大师辈出，形成一个稳定而庞大的动漫大师群体。CG（Computer Graphics）技术迅速发展和推广，被运用于动漫作品的设计、绘画、拍摄和游戏等衍生产品的制作上，动漫作品中出现三维动画、数字电影、手机动画和网络游戏等数码产品，更增添其趣味性、感染力和便捷性。各游戏、玩具制作公司和动漫制作企业的合作经营关系稳定，万代玩具制作公司、索尼、世嘉、任天堂，以及东映等影视和数码企业不断涉足动漫领域，促进了经典漫画、动画片及其衍生产品不断出现。与此同时，日本民众收入水平大幅提升，可支配收入和休闲时间增加，具有了购买收集各种动漫产品的条件，在家欣赏精彩的漫画和动漫作品，玩赏精美的模型玩具，在动漫产品售卖店收集最新的动漫资讯成为许多青少年的爱好。这一时期，青少年学生、无业者或在职工作者因沉迷于游戏而荒废学业、影响工作的现象开始不断增加，因狂热喜好动漫而在日常生活交际活动方面出现问题的御宅族数量开始大量增加，引发日本社会的关注。1988年到1989年发生的连续杀人事件[1]的凶杀犯宫崎勤具有明显的御宅族特征，引起日本社会哗然，各地出现一连串批评动漫和御宅族的示威、声讨行动，将御宅族与色情、抑郁症和凶杀挂钩，极大地贬低了御宅族的社会形象。

4. 御宅族文化泛滥（2000年至今）

从20世纪末日本经济泡沫破裂后到21世纪初，日本经济发展缓慢，出现停滞倒退。政府为摆脱经济困局，制定以发展高科技新兴产业和文化产业为抓手的经济振兴计划，公共财政和民间资本注入包括动漫产业在内的重点扶植行业，推动动漫产业又一波的发展。

随着电脑网络技术的发展和VCD、DVD等数码影像产品的普及，动漫产品的价格不断下降，销量却不断增加，各种动漫产品在日本的便利店、超市等场所售卖。一方面，动漫作品和动漫文化迅速传播，

---

[1] 宫崎勤事件：1988年到1989年发生于日本东京的埼玉县，罪犯宫崎勤先后绑架、伤害及杀害四名年纪介于4—7岁的女童。宫崎勤在1989年因伤害他人身体与谋杀罪被捕。在他家中搜出6000多部动漫作品和色情录像。律师以心智失常为由想为他脱罪，但未被法官接受。主审法官藤田宙靖宣判死刑时表示："被告为满足变态的性欲而杀害4名女孩和致一名女孩受伤，罪不可赦。"

动漫或与动漫相关的事物，已深入日本民众的生活，出现了所谓御宅族文化一般化现象。另一方面，随着网络技术和物流业的发展，信息交流和生活日趋便利，御宅族文化的影响力不断扩大，加之这一时期日本经济低迷、就业萎缩，许多失业者和大学考试落榜的青年人喜好窝在家里，减少与外界接触。电脑、网络和漫画、动画片和游戏就成为这类人专注玩赏的对象。

根据安田诚编写的《図説オタクのリアル——統計からみる毒男の人生設計》的统计数据，截至2010年，日本终日闭锁在家中不外出的人数（日语专有词语为"引きこもり"）超过360万人。这部分人群不愿工作和外出，不愿与人进行正常交流，而靠父母供养。严重者长期不出房间，每天吃父母放在房间门口的饭食，如厕也只在夜间家人睡下后。这部分人的平均年龄为32岁，10—20岁的青少年占其中的15%，20—29岁的占60%，30—35岁的占25%。野村综合研究所在2005年发布了其关于日本御宅族的统计，根据研究所问卷调查显示，截至2004年日本御宅族数量达到172万人，市场规模为4110亿日元。御宅族对动漫狂热喜爱，对动漫欣赏、评论和再创作具有很高的造诣和想象力，进行着各种动漫信息的收集交流和再创作活动。[1]此外，日本是自杀案件高发国，2009年日本自杀人数为32845人，每10万人中有25.8人自杀，自杀率排名全世界第四位。根据日本警视厅发表的数据，在2008年自杀者中，有27.6%是抑郁症患者，其中有相当一部分自杀者都具有闭门不出、长期无法与人正常交流的表现。

（二）御宅族的世代交替

日本学者東浩纪对御宅族的世代变迁进行了深入的研究，[2]他按照出生时期，把御宅族分为五个世代，包括20世纪50年代出生的前御宅族世代、20世纪60年代出生的第一代御宅族、20世纪70年代

---

[1] 安田诚：《図説オタクのリアル——統計からみる毒男の人生設計》，东京：幻冬舍コミックス2011年版，第84页。
[2] 東浩紀：《リアルのゆくえ—おたくオタクはどう生きるか》，东京：講談社现代新書1998年版。

出生的第二代御宅族、20世纪80年代出生的第三代御宅族和20世纪90年代出生的第四代御宅族，分析了不同世代御宅族的成长环境和特征等。本书在其分类的基础上结合其他学者的研究成果，进行进一步分析。

1. 20世纪50年代出生的前御宅族世代

东浩纪将20世纪50年代出生的"日本御宅族"称为前御宅族。这代人出生在"二战"后的恢复时期，目前已年过六旬，成为"白发世代"。"白发世代"在少儿时期，比起当时稀少的动画片作品，他们更多观阅的是各种以少年儿童为对象的漫画，他们在学生时代就已成为举办早期动漫交流大会、传播动漫文化的先驱，成年之后，有些人仍出于兴趣爱好观阅漫画作品或绘画漫画至今，在日本的地铁、JR线等公共交通工具上，经常可以看到一些白发老者在津津有味地看着漫画。

2. 20世纪60年代出生的第一代御宅族

以《宇宙战舰大和号》①的播出为契机，日本掀起动画片热潮，各种动漫交流会展也不断兴起。东浩纪将20世纪60年代出生的御宅族划为第一代御宅族。第一代御宅族在幼儿时期，观看《奥特曼》《假面骑士》和《钢铁万能侠》等一系列怪兽、变身系的动漫作品成长。在少年时期，他们恰逢日本开始举行国际动漫展，能够接触到《星球大战》《指环王》等国外科幻作品，御宅族血液中开始融入多元化元素。部分第一代御宅族在中学和大学时代，都投身参加日本学生运动，由于深受各种捍卫正义的格斗动漫作品的影响（《奥特曼》《假面骑士》和《钢铁万能侠》等一系列怪兽、变身系的动漫均以为保卫正义和平而战斗为主题），具有很强的斗争精神。在第一代御宅族中大多数人具有高中或大学学历，具有较强的文化素养和创新能

---

① 《宇宙战舰大和号》(《宇宙戦艦ヤマト》)是日本动画制作公司1970年起制作的动画系列作品，日本电视台、读卖电视台、富士电视台相继播出《宇宙战舰大和号》及系列相关作品。70年代的《宇宙战舰大和号》具有划时代意义，该动画片与80年代的《机动战士高达》及90年代的《新世纪福音战士》，一起被誉为日本动画御宅族三大神作。《宇宙战舰大和号》在2010年被改编为同名真人版电影。

力。在学生运动平息之后，他们热衷于举办动漫会展和交流心得，创造出大量动漫文化的专用词汇和规则，许多传统一直延续至今。

3. 20 世纪 70 年代出生的第二代御宅族

20 世纪 70 年代出生的第二代御宅族成长在动画片风行的年代。他们在幼儿时期就看着《机动战士高达》等科幻科技动漫作品成长。他们学生时代在日本经济高度繁荣的时期度过，喜好电视游戏和电脑游戏，也是《周刊少年 Jump》的忠实读者，由于迷恋科幻虚幻的动漫作品，却对正规的学校知识不感兴趣，被称为"末期新人类"。他们是在机器人动画的鼎盛时期成长起来的一代人，也被称为"高达御宅族"。这一时期，日本的机器人玩具模型市场迅速发展，第二代御宅族是这类模型玩具的主要消费者，各式精美的动漫模型成为御宅族重要的收集对象和崇拜符号。

4. 20 世纪 80 年代出生的第三代御宅族

1990 年后，第三代御宅族热衷于《新世纪福音战士》等运用高科技制作的动漫作品。这一时期的动漫业界具有两大特征：第一是动漫作品形式和题材日趋多元丰富，动漫受众大幅增加；第二是电脑网络技术的发展加速了动漫文化的传播，出现了所谓的御宅族一般化倾向，原先御宅族很多不为人所理解的行为逐渐被社会接受，动漫亚文化迅速发展，既表现出与大众主流文化日益区隔的个性，又逐渐被主流文化接受。各种动漫作品丰富多彩，再加上经济低迷、就业困难，御宅族数量大幅增加。他们的兴趣爱好也日趋多样化和细致化，钻进自己的世界中，沉迷于各自喜欢的动漫，收集喜欢的漫画、动画片或模型玩具等动漫产品。

5. 20 世纪 90 年代以后出生的第四代御宅族

20 世纪 90 年代出生的第四代御宅族成长在网络发达的环境中，认为电脑游戏和网络交流的快感等同于其他非御宅族世代在公园和操场上玩耍交流，他们习惯于通过网络获取知识、进行交流。前文讨论过 20 世纪 90 年代末期，日本动漫作品出现庸俗化、低俗化的迹象，暴力、色情等不良成分增加。第四代御宅族由于年纪尚小就接触网络和动漫，各种不同的观念和文化均对其身心成长带来影响。因此，第四代御宅族是受动漫影响最深的一代人,能够熟练操作电脑和网络,迅速获取大量信息,长期关注、钻研动漫,也表现出较强的"专业性"和创新性。同时他们也是最不稳定的一代御宅族,许多人终日沉迷于网络和游戏,出现社交能力差、亚健康、心理不健全等问题。

综上可见,御宅族与动漫密切相关,随着日本动漫产业的发展,日本御宅族群体也在不断变化,新生代御宅族的生活方式、行为方式及思想观念对日本社会的影响力在不断扩大和深化。第四代御宅族所表现的种种特征有别于前三代御宅族。目前,动漫和御宅族文化的发展在促进经济增长的同时,各种负面社会问题也不断显现。

第二节 御宅族与普通动漫爱好者的比较

御宅族和普通动漫爱好者都是动漫产品的消费和观阅人群,但御宅族在收集观阅动漫的动机、行为等方面与普通动漫爱好者存在很大不同。为科学界定御宅族的范围,有必要严格区分御宅族与普通动漫爱好者,本节分别从定性和定量的角度讨论御宅族与普通动漫爱好者的比较和区别方法。

一 御宅族与普通动漫爱好者的定性比较

御宅族是动漫受众中的极度痴迷者,根据对动漫喜好程度和观阅深度的不同,能够把御宅族(动漫迷)与普通动漫爱好者(非动漫迷)进行区别。冈田斗司夫认为,正如一个民族之所以能够称为民族,在于其能否创造出独特的文化,御宅族与动漫爱好者在此也存在巨大差别。日语中有"オタクっぽい服や口調",中文译为"御宅族一般的服装和说话方式",御宅族已创造出一套独有的文化,包括内心思维模式和行为方式,并为多数御宅族遵循,而普通动漫爱好者难以效仿。日本社会学家樫村爱子强调,御宅族一个重要的特征是他们缺乏与现实主流社会沟通交流的能力。这主要是由他们所遵循的亚文化与社会主流文化存在差异所造成的结果,越沉迷于动漫,越难以与现实人群交流。普通动漫爱好者则能够较好地区分虚拟与现实。但是随着动漫文化的蔓延，其蕴含的各种思维方式和文化范式也在潜移默化地向主流文化的边缘渗透，御宅族的一些行为方式也在一定程度上被普通民众所接受。中国台湾学者简妙如提出了"迷"的特征和具体指标，她强调迷的最重要表现就是"过度性"，强烈痴迷的"过度性"表征是迷区别于其他普通爱好者的关键，并且为判断是否成"迷"提供了定性和定量的研究方法：第一，特定的阅听者；第二，特定的文本形式（阅听对象）；第三，特定的互动方式；第四，特定的时间历程；第五，特定的文化现象。她认为"迷"是"在某段时间内，特别为媒体内容的某些特质所吸引，并有相当程度认同与涉入的阅听人"。本节在其研究的基础上，结合笔者的田野调查及前文对御宅族的内涵和特征的归纳，从七个方面分析御宅族与普通动漫爱好者的异同。

第一，在消费动漫产品的金钱投入方面，御宅族具有很强的"二次元情结"，在动漫消费上积极主动，投入大量金钱购买收集动漫作品，甚至为收集喜好的动漫作品不惜血本，伴随着一种考据癖和收藏癖倾向。御宅族会花费大量金钱收集全套成册的漫画或动漫片作品，各种带有相关动漫符号的衍生产品都是其收集的对象。在御宅族家中，各类漫画、动画片影碟和动漫模型堆积如山是一种标志性景象。每年在东京或广岛等城市举行的动漫国际展会，许多御宅族会专程赶来参加，不计路途远近、交通和住宿成本，御宅族视各种大型动漫展会为年度重要盛会，是获取动漫最新资讯和把握潮流的绝佳机会。在动漫展出会或动漫产品专卖店中，售卖的一些价格奇高的绝版或稀少的珍贵动漫作品，也是资深御宅族争相抢购的对象，御宅族称之为"镇店之宝"或"镇宅之宝"。普通动漫爱好者只是把购买借阅动漫视为一种普通的休闲方式，与其他的休闲方式相同，花费的金钱会尽量节省。图2-1是笔者在东京秋叶原街道边拍摄的照片，在秋叶原除了正式的动漫手办商店之外，还有大量的动漫跳蚤市场，御宅族会充分利用此类市场购买或交易中意的动漫产品。

第二，在动漫观阅的时间方面，御宅族表现出高度的持续性、常态性和专一性。御宅族购阅某一部、某几部或某一系列的动漫作品的

图 2-1 男性御宅族在动漫跳蚤市场购买相关产品

时间通常持续五六年甚至 10 年以上不等。不同类型的动漫通常拥有不同的御宅族群体，他们会在相当长的时间内喜爱关注同一类型的动漫作品。当某一部动漫作品完结时，御宅族会积极寻找与之相关的其他作品来填补，如同一作者、同一声优（配音演员）或同类型的动漫作品，继续满足其需求，他们对某种类型的动漫表现出极大的执着和迷恋。御宅族会持续多次欣赏喜爱的动漫，长达数百集的动画片或漫画，御宅族能够从头到尾反复多次观阅，刨根问底地考究。普通动漫爱好者则具有较大的偶发性特征，阅读的随意性、随机性也较大。普通动漫爱好者在动漫作品的观阅数量上明显少于御宅族，通常不会长期追踪关注某部漫画或某位特定作家的作品，动漫的观阅时间较短，只在闲暇时间观阅，与御宅族长时间高强度的关注有很大的差距。

第三，御宅族对动漫作品积极关注，不仅观阅动漫作品的时间长、频率高，而且对于动漫符号、专业术语和市场形势的熟悉度高于普通动漫爱好者。御宅族对动漫作品进行精益求精的考据钻研，流连于东京秋叶原等动漫产品集中地，努力寻找各种新款玩偶模型、海报书画，或在家中观看、分析动漫作品，上网收集信息和讨论。由于长期深入考据，御宅族精通某部或某一类动漫作品，全面、细致和深入掌握动漫、游戏产业和各种动漫活动的信息。御宅族能够准确地辨认出不同动漫作者的风格与剧情特色，细心考究动漫作品的各种细节和相关知识，试图做出系统深入的评论。某些资深御宅族在御宅族群体中扮演意见领袖的地位，如东京大学的御宅族之王——冈田斗司夫，他以御宅族自居，高度礼赞御宅族和御宅族文化，在御宅族群体中和御宅族研究领域颇负盛名。御宅族将动漫作品视为"科研课题"的高度关注程度和严谨钻研精神，是仅将动漫视为休闲娱乐读物或玩具的普通动漫爱好者所无法理解和效仿的。

第四，在御宅族之间形成稳定的动漫交易市场和交流平台。在日本，不同地区、层面和形式的动漫交流交易体系已十分完善，以东京秋叶原为核心，加上散见于日本各地的动漫产品专门实体店是御宅族购买动漫产品的重要场所。随着互联网技术的发展，雅虎、亚马逊和价格网①等动漫交易网站日益成为御宅族收集信息、购买动漫产品的交易平台。全国性、地区性和分类别、主题的网络社区、博客等是御宅族互通有无、展示成果的空间和平台。御宅族能够轻松收集到市面上售卖的各种漫画、动画片和玩具模型等衍生产品，也有专门出售某些特定、稀奇的动漫作品，名家签名、绝版动漫产品的商店和个人，虽然这些动漫产品价格奇高，但仍有御宅族争相抢购收藏。御宅族熟知全国有哪些动漫产品集中售卖区、哪些商店经营哪些作品、能在哪里通过哪些途径购买到喜爱的动漫产品，在他们之间已经形成对某些动漫作品的稳定的定价机制，并进行展示和交易行为。御宅族渴望置

---

① 价格网（网址：good.cc），是一个帮消费者在京东、淘宝、亚马逊、易讯、苏宁等网上商城购物时，选择优质商品、提供优惠促销信息的网站。

身于洋溢着动漫文化气息的环境中，女仆餐厅、执事餐厅和各种动漫主题餐厅是御宅族流连忘返的场所。由于某些餐厅价格不菲，有些御宅族专门打工攒钱，节衣缩食，只为能定期享受其服务。普通动漫爱好者则通常只是因为好奇而在这类商店消费，无法理解御宅族渴望置身于动漫世界的心情和行为。

第五，对动漫展出活动的参与度上，御宅族积极参与或组织动漫嘉年华、动漫模型、衍生产品展示等不同规模的活动，寻求同样兴趣的御宅族同人和赞助商，并努力使之多元化、固定化和规范化。平时默默无闻的御宅族在这类场合表现活跃，才华横溢。他们专门选购服饰和化妆风格，精心挑选道具；或者按展示会规则要求练习配音；或者整理印制自己的同人志作品集；通过角色扮演、声优配音表演或售卖宣传自己的同人作品等形式尽情展示自我。普通动漫爱好者一般只以参与者的身份出现，在展示会上观摩欣赏，购买一些动漫作品以供把玩，不会表现出如此高的积极性和参与度。

第六，强烈的"二次元情结"和偶像崇拜。大泽真幸分析御宅族迷恋动漫的心理为：御宅族对动漫的收集和钻研是受到其内心强烈的"二次元情结"所驱动的，他们不仅是在欣赏漫画、动画片，更是在实现自身的动漫化，是一种借助动漫的自我催眠和安慰。御宅族将自身设置在动漫故事情节中，享受自己喜爱的故事情节和动漫角色，能够忘却现实世界的压力。那些迷恋性感动漫角色的御宅族，收集各种色情同人漫画、动画片和女性模型，在幻想中获得身心慰藉。御宅族在虚拟世界中设定完美的偶像，顶礼膜拜，渴望从其中获得生存的动力和意义。[①] 教育社会学家田川隆博认为，动漫人物的特殊语言和装束、人偶或威武或性感的造型设计，甚至于成人游戏的制作都对特定御宅族具有特定的吸引之处。开放式、丰富的二次元动漫情节和形象的创造能够满足御宅族们不同的喜好。二次制作是指御宅族将动漫原作中的角色加入自身想象，令其在不同故事情节中出现，或者将动漫角色制作成模型或卡片等动漫产品。在虚拟时空中，御宅族通过自发

---

① 大泽真幸：《虚構の時代の果て》，东京：ちくま新書1996年版，第125页。

的创造出各种与其爱好的动漫相关的作品和活动（二次创作）满足自己对心目中钟爱的动漫偶像（符号）的膜拜。根据大泽和田川的分析，御宅族与普通动漫爱好者把观阅动漫作为休闲娱乐不同，御宅族对动漫的追捧达到一种偶像崇拜的强烈程度，"二次元情结"和动漫痴迷根深蒂固。

第七，从动漫对御宅族日常生活交往的影响程度上看，御宅族把动漫产品看作获取知识信息和精神寄托的载体，他们把大量时间、精力倾注到对动漫产品等虚拟事物的收集考据上，或者通过网络等平台在虚拟的空间内与各种虚拟身份角色的人进行交流，久而久之，动漫式的或虚拟世界的交际方式习惯成为他们待人接物、思考判断的标准和习惯。中森明夫把御宅族描述为衣着奇特、呆滞、迟钝、出言莫名其妙或沉默不语的一群人。日本社会流行着"タクリーマン"（御宅上班族）一词，是日语"オタク"（御宅族）和"サラリーマン"（上班族）的合成语，专门指代职场上的带有御宅族倾向的员工。这类人不善交际，不重视衣着装束，工作之余便沉迷于动漫世界，是御宅族在现实生活中的典型。而动漫对普通动漫爱好者的正常生活影响程度较低，不具备以上特征。

二 御宅族界定的定量分析方法

前文的定义和特征分析能够从定性的层面来理解御宅族与普通动漫爱好者的异同，定量分析的方法能够更加准确地界定二者的区别。王申（2009）列举了日本《Game Labo》杂志 9 月副刊上登载的御宅族辨识公式：

$$Z = \frac{(A+B)}{N}$$

其中，A（御宅族现实值）= 每周观看动画片的集数 + 收集的动画片 DVD 总数 + 15 厘米以上的模型手办总数 + 游戏机主机的数量；B（御宅族经验值）= 漫画、轻小说[①]和同人志等动漫书籍的总数 ÷

---

① 轻小说是一类源自日本、以年轻读者为主要读者群的新兴娱乐性文学作品，具有写作手法灵活多变、阅读起来大多较为轻松的特点。

10；N 表示接受测验者的年龄；Z 为御宅族程度，如果 Z 值大于 1，则表示接受测验者为御宅族。

御宅族辨识公式的出现引起了御宅族的兴趣，并指出该公式严谨性不足的缺陷，提出了补充观点，进一步完善御宅族辨识公式：

在 A 值（御宅族现实值）方面，增加了动漫刊物的游戏杂志、声优杂志和轻小说等书籍，所拥有的游戏机数量也被列入其中。

在 B 值（御宅族经验值）方面，分别计算漫画、动画片、轻小说、游戏、CD 和 DVD 更为精确的数量。其中，漫画数量采用连载的刊物数量，因为各种漫画刊发的册数差别很大，长篇大型漫画出版多达百本，而仅拥有一套长篇漫画虽然册数很多，但并不能判定为收集阅读大量漫画的御宅族。此外，定期阅读《周刊少年 Jump》杂志这类面向大众的动漫刊物的人，即使拥有动漫杂志的数量较多，也不能界定为御宅族。轻小说阅读量选用类别，以册数衡量也容易出现类似漫画一样的问题。游戏方面，以游戏机台数来计算。CD 与 DVD 以不同动漫的数量来衡量，同一系列的游戏计数为 1。由此推导出的御宅族辨识公式为：

$$Z = \frac{(A+B+C)}{N}$$

Z 为御宅族程度，$Z > 3$ 表示接受测验者为御宅族，10 以上为资深御宅族；A =（每周观看的动画片集数 - 5）+（每周阅读的漫画杂志数量 - 4）+（现在能使用的游戏机种类 - 2），规定了最小值；B =（连载漫画的杂志数量 + 轻小说类别数量 ×3 + 游戏机台数 ×5）÷10；为了平衡不同方面的因素，增加了权重系数；C = 本月购买的 DVD 的标题数 ×2 + 本月买入的 CD 的标题数；N = 年龄 ÷6，表示年龄计算以六岁为一个周期。

由上述介绍及分析可见，御宅族和普通动漫爱好者在观阅和喜爱动漫产品的程度上存在巨大差异，御宅族痴迷于动漫，具有强烈的"二次元情结"，崇拜依恋某些动漫角色，把其中的观念标准作为自己在现实世界思维和行为的准则。御宅族花费大量时间和金钱用于收集购买动漫产品，长时间、深入钻研自己喜好的动漫，使其在思维行为方面都表现出动漫式和虚拟世界的特征。他们通常是日常生活工作中的边缘人物，表现平平，但却熟识动漫交流和交易的各种信息和规则，参加各式动漫相关活动。总之，御宅族高度痴迷于动漫，聚精会神地融入动漫的世界，而出现不同程度的经济、精神、工作和生活方面的障碍，而普通动漫爱好者仅把动漫当作休闲娱乐的工具，偶尔观阅把玩，并未受到动漫文化的严重影响。

第三节 御宅族形成的主、客观因素

日本御宅族是20世纪80年代伴随互联网技术、新媒体技术和动漫产业发展而出现的一个独特的社会群体。他们是互联网文明时代的弄潮儿，能够熟练使用互联网，是运用现代资讯手段的高手，也是个性时尚产品消费的先锋，在各种文化消费市场上，尤其是在动漫市场上往往扮演着市场引导者的角色。同时，御宅族也是动漫亚文化展示和传播的主体，其生活方式、行为方式和消费理念对日本人的社会生活产生了重要的影响。御宅族的形成是互联网技术、政府产业政策、日本社会特征，以及日本青少年主观心理等多方面因素共同作用的结果。本节将具体分析御宅族个体和群体形成的客观因素和主观心理因素。

一 客观因素

御宅族形成的客观因素可归纳为如下几种因素：

第一，互联网技术的高速发展和动漫网站的大量建立。随着互联网技术的高速发展，现代人的生活与网络的联系日益密切。在信息通信业发达的日本，越来越多的青年沉迷在网络中，其中御宅族是重要的群体。网络这一新兴传播媒介迅速成为动漫文化传播的新阵地。在互联网上有

NICONICO 动画①、2ch②、Mixi③ 等大大小小的大量动漫网址和论坛。各网站设有动漫新闻、动漫资源、原创画稿、精美动漫图片、动漫音乐和动画欣赏、动漫专题论坛等栏目。不同动漫、作者和声优以及销售衍生产品的网址大量存在。另外也有许多御宅族自创的个人主页和个人网站，个性鲜明，资讯丰富。御宅族通过网络能够广泛收集各方面信息，利用各式论坛、博客交流，观阅动漫作品和游戏消遣，还可以在网上购物、交易。大量动漫相关信息和实体产品在网络上流通，动漫亚文化可以在网络上畅通传播，网络的便利性让御宅族感受到现实生活中无法体验的兴奋和成就感。因此，借助于网络的互动方式能够满足形成御宅族群体的两个基本条件：一是能够帮助御宅族以虚拟身份形成自我；二是搭建起具有御宅族共同价值观和行为规范的平台。互联网技术的高速发展和动漫产业、文化的成长对塑造御宅族的群体形象、加强他们的认同起着双重推动作用。

第二，日本政府的大力推动。动漫作为一种艺术形式，是一种国际通用的图文语言，国际化程度高、出口能力强，动漫产品不仅可以为不同地域、职业、年龄和文化层次的人所接受，并且具有纵向和横向的产业影响力，能够拉动国民经济发展，因此，动漫事业得到日本政府的大力支持。日本政府将动漫产业列为重点支持产业，从宏观和微观层面制定和实施促进动漫产业发展的政策和措施。日本政府力求通过"知识产权立国"来提振日本经济和增强国际影响力。从2002年起，日本政府先后颁布《知识产权基本法》《コンテンツ産業促進

---

① NICONICO 动画（ニコニコ动画）是 NIWANGO 公司所提供的线上影片分享网站，常被简称为 Niconico 或 Nico 等。与 YouTube 等影片共享网站相似，但 NICONICO 动画提供观赏者可在影片上留言的功能，而留言会以弹幕的形式出现在影片上。目前已有超过 845 万人注册，付费会员超过 50 万人。

② 2ch（2ちゃんねる）可译为 2channel、二频道、第二台等，一般称 2ch，是日本的一个巨大 web 论坛，目前每日有超过一千万用户。

③ Mixi 是日本最大的社交网站，已经成为日本的一种时尚文化。对于很多日本人特别是青少年来说，Mixi 已经成为日常生活中的一部分，过度沉迷于 Mixi 的社群活动，使他们患上了 Mixi 依赖症。这些 Mixi 迷很在意自己在其中的表现，无论是照片还是日记，会担心写得好不好、有没有人看，担心访问人数下滑之类的问题。这也从另一方面反映了 Mixi 在日本当地用户中的地位。

法》(《内容服务产业促进法》)和《数字コンテンツ振兴战略》(《数字资源振兴战略》)等法律法规,明确了日本中央政府和地方政府、大学、企业和公益组织在保护知识产权上的不同责任,规定了研究开发、技术成果转让、人才培养、反侵权、加快授权等方面的基本规则和措施。细化对包括动漫产业在内的信息文化产业的扶持措施,为发展动漫产业提供了法律保障和政策顶层设计的支撑。日本中央政府各相关省厅如经济产业省、文部科学省和厚生劳动省,以及广岛市等动漫产业集中地区的地方政府也相应出台了推进动漫产业发展的部门和地方法规。日本动漫产业获益于日本政府大力支持,政府具有明确的战略思想、整体规划和具体实施方案,采取各种措施促进动漫产业的发展壮大。目前,在日本社会,动漫早已成为满足日本民众精神文化生活的产品,阅读漫画、观看动画片在日本是一种全民性的文化娱乐活动。

第三,漫画杂志丰富多样。漫画杂志在日本是发行量最高的杂志类型。目前日本知名的漫画杂志包括《周刊少年 Jump》《周刊少年 Sunday》《周刊少年 Magazine》《周刊少年 Champion》《周刊 Young Magazine》《月刊少年 Magazine》《月刊少年 GANGAN》《月刊少年 Ace》《月刊 Dragon Age》《月刊 Comic 电击大王》《电击萌王》《月刊 Afternoon》《少女 Comic》《飞鸟》《花与梦》《Nakayoshi(なかよし)》《コロコロコミック》等。每本漫画杂志都拥有固定的读者群,漫画杂志会针对特定的读者群进行编辑,例如有专门针对少男、少女、上班族等的各类漫画杂志,这些读者长期购买和阅读喜欢的杂志。漫画杂志按出版频度分为周刊、双周刊、月刊和双月刊等。漫画杂志连载不同作家的漫画作品,有的作品进行固定的长篇连载,有的是试刊发行,有的则是停刊多年后的增补。成功的漫画通常能够连载几十年。如小学馆的《周刊少年 Sunday》从 1959 年创刊至今,连载 55 年,与 1968 年创立的集英社《周刊少年 Jump》、1959 年创立的讲谈社《周刊少年 Magazine》,并列为日本三大少年漫画周刊,都拥有广泛的读者群体。丰富的漫画杂志承载着动漫作品经典连载和推陈出新的作用,以满足读者的不同需求。丰富多样的漫画期刊是吸引大量读者、促进御宅族群体生成发展的重要因素。

第四，动漫同人活动如火如荼。日本动漫同人活动频繁，主题多样、规模不一，有几十万人参加的定期性国际动漫展出活动，也有御宅族临时发起的小规模地方性同人交流聚会。这些动漫同人活动通常设置同人作品交流交易、最新动漫游戏展示、角色扮演大赛、声优大赛等专题活动项目，吸引御宅族或学生等动漫爱好者参与。

其中最知名的同人活动是日本动漫同人大会（Comic Market, Comiket）。日本动漫同人大会从1975年开始举办，每年夏季和冬季各举办一届，展会在日本东京规模最大的国际展览中心举办，每次活动举办期为2—3天。日本动漫同人大会的活动规模逐年扩大，近年来，每日参加者人数均超过10万人次，开幕式参加人数均超过40万人次。日本动漫同人大会有动漫社团进行同人志贩卖，也有出版社、唱片公司、游戏厂商参展，并举办大型角色扮演集会，日本各地职业和业余漫画家在展会上自由发表或销售漫画作品。动漫同人活动以动画片、漫画、游戏、小说、手办等自费动漫作品的贩卖和展示为目的，参加者包括活动举办商家、御宅族和普通动漫爱好者等，对动漫文化的推广传播、御宅族交流沟通和吸引动漫爱好者起到了积极推动作用。

第五，动漫衍生产品店的兴起。动漫衍生产品店是专门提供各种动漫衍生产品，如漫画、动画影碟、模型手办、动漫饰品、角色扮演服装等的销售场所。动漫衍生产品店是动漫不可或缺的时尚组成部分。对御宅族和动漫爱好者来说，动漫衍生产品店是动漫虚拟世界在现实社会的延伸。日本秋叶原是全球最大的动漫衍生产品店集中区域，被誉为御宅族"圣地"。在秋叶原商业街区，随处可见各种动漫少女和最新游戏的海报，其中也有不少衣着暴露的角色扮演。对于局外人而言，这是难以理解的现象，唯独在秋叶原商业街被视为正常的景观。在日本许多城市分布着规模不一的动漫衍生产品店，很多店主本身就是御宅族。这些动漫衍生产品店贴近民众的日常生活，便于动漫文化在社会的广泛传播。在动漫衍生产品店，御宅族能够挑选喜爱的动漫作品或者衍生产品，充实其收藏考据的资料。对其他动漫爱好者而言，动漫衍生产品店是他们从平面的动漫世界脱离出来，实际感受动漫手办、饰品或角色扮演等动漫产品魅力的场所，有利于动漫爱好者接触、了解和喜爱动漫，不断强化动漫文化影响力和壮大御宅族群体。

第六，家庭和学校教育在青少年心理教育方面的忽视。在日本，御宅族是一个广为人知的现象，也是一个重大的社会问题，很重要的原因在于家庭和学校对青少年心理教育培养方面的忽视。御宅族或者有御宅倾向的日本青少年在青少年时期很少有表达自己内心想法的机会，缺乏与人的沟通能力。往往由于家庭和学校对青少年心理发育的重视不足，导致他们在不知不觉中与成人或同龄人的交流日益困难，隔阂不断加深，缺失正常的生活经验和能力。御宅族所在的家庭，即使出现御宅族家族成员，其他家庭成员也缺乏化解这一问题的能力和经验，任由有"问题"的家庭成员的生活长期偏离社会主流模式。因此，家庭和学校教育方面的不足和失效是导致御宅族的出现及这一群体不断壮大的主要外在原因之一。

二 主观因素

首先，对图画符号的喜爱是御宅族群体形成的心理基础。对亚文化群体而言，共同的心理基础一般是指在某一方面有共同的兴趣爱好，正是这种共同的兴趣爱好把御宅族群体成员联系在一起[①]。对御宅族而言，对动漫的强烈痴迷是他们之所以成为御宅族，并且在群体内部能够交流沟通、组建社团、进行共同活动、逐渐形成御宅族群体的首要主观原因。许多御宅族自小对图画色彩等艺术元素具有较强的敏感性，具有较强的绘画能力，或者自幼喜欢阅读画册、小说等文艺作品。而日本动漫是集合了精美图画、丰富多元的故事情节的文学作品。日本漫画家石森章太郎在其1989年提出的万画宣言中说道："漫画就是万画，包含全部事物万象的表现，万画是万人嗜好之媒体，是从一到无限大的狂想演出，万画是无限可能的媒介。日本动漫的这一

[①] 何婧：《中国动漫迷对日本动漫的接受与再创造》，硕士学位论文，重庆师范大学，2016年。

特征正好能够满足御宅族后备军的兴趣爱好和心理需求。"

其次，逃避社会压力的心理。当代日本青年人面临升学、就业、婚姻、购房、人际交往等一系列难题，在激烈的竞争中往往会感到巨大的挫折感。面对逆境，有的年轻人迎难而上，而有的年轻人却选择了逃避。在动漫产业非常发达的日本，五光十色的动漫世界就成为日本青年人逃避现实的避难所。过度沉迷于网络、动漫和游戏之中的年轻人慢慢就加入御宅族的群体。在互联网和动漫织就的虚拟世界里，御宅族包括准御宅族能够暂时忘记现实世界的压力，得到喜好的二次元文化和丰富多样的动漫产品的慰藉，与动漫同人交流轻松愉快的话题。但从虚拟世界回到现实生活中，御宅族仍需面对生活、学业或工作上的挑战。因此，一方面，现实压力把青年人推进御宅族动漫世界的"世外桃源"；另一方面，御宅族对动漫欲罢不能，将大部分精力投入其中，在现实生活工作学习中就感受到越来越大的落差和压力。这一循环反复的过程造就了日本社会颇具规模的御宅族群体。

再次，填补人际交往方面的缺陷。日本青少年在生活中由于家庭和学校教育等原因忽视了培养交际能力，导致性格内向和交往障碍，甚至在工作中也难以有效改善解决交际能力弱的问题。他们渴望与他人交流，抒发内心感受，结交朋友，而交往能力的不足使他们在交友过程中屡遭挫折，导致他们在生活、学习和工作中经常处于主流群体的边缘。其中一部分人开始从网络和动漫世界里获得交流沟通的满足，他们在虚拟世界中围绕喜爱的动漫作品，通过电子邮件、个人空间和网络游戏等方式交流相关信息思想，日益沉迷其中的一部分人开始逐渐演变成为御宅族。在这一过程中他们能够重塑自身身份和标签，以自己所希望的援引自近乎完美的动漫角色的身份和形象与人沟通，从而修补现实生活中面对面交往的缺陷，寄托感情，满足社会交往的需求。

最后，情感抒发的渠道。随着年龄的增长，青少年的思想逐渐成熟，观察社会问题的角度也日趋多样化，情感生活也不断丰富。由动漫与互联网织就的虚拟动漫世界提供了种类多样、内容丰富的漫画、动画片、游戏以及各种动漫衍生产品，其中不乏大量关于情感生活的作品和文化，并且虚拟世界具有隐蔽性、互动性和便捷性等特点，因此成为青少年倾诉和宣泄被压抑情绪的途径。在虚拟世界中他们能够畅所欲言，共同讨论和发表自己对动漫作品等共同关心事物的见解，或者进行二次元恋爱，爱慕追捧心爱的动漫虚拟角色，这种御宅族生活方式能够让青少年的情感得到某种形式的宣泄，实现心理和精神方面的放松。

在"信息高速公路"时代，互联网技术的高速发展和动漫网站的大量建立为御宅族个体的形成和群体的壮大创造了有效的平台和沟通途径。日本政府的推动更是加速了动漫产业的发展和动漫文化在日本社会的渗透，各地各种动漫衍生产品店、动漫杂志和动漫同人活动方兴未艾，都成为增强动漫对日本广大青少年吸引力的客观条件。同时，升学、就业、情感等方面社会压力的增强使得青少年产生逃避的心理，面对丰富多彩的动漫产品的吸引，他们逐渐沉浸于动漫虚拟世界，在精美的图片和虚拟网络交叉的时空中抒发情感，这是他们填补人际交往缺失感的途径。总之，御宅族个体的形成及其群体的壮大发展是日本社会科技发达、动漫产业发展和社会压力下民众心理异动的结果。

本章小结

综上可见，御宅族与动漫密切相关，随着日本动漫产业的发展，日本御宅族群体也在不断变化，新生代御宅族的生活方式、行为方式及思想观念对日本社会的影响力在不断扩大和深化。本书把御宅族的发展历史划分为20世纪50年代中期御宅族母体的出现、20世纪70年代末到80年代中期御宅族的诞生、20世纪80年代末到90年代泡沫经济时期御宅族群体的膨胀和2000年后御宅族文化泛滥四个阶段，并把御宅族分为五个世代，包括20世纪50年代出生的前御宅族世代、20世纪60年代出生的第一代御宅族、20世纪70年代出生的第二代御宅族、20世纪80年代以后出生的第三代御宅族和20世纪90

年代出生的第四代御宅族，分析了不同世代御宅族的成长环境和特征。

本书分析了御宅族形成的主、客观原因。其中，客观因素可归纳为如下几种：一是互联网技术的高速发展和动漫网站的大量建立，有利于动漫信息和文化在日本社会的传播，吸引和影响日本民众加入御宅族的群体。二是日本政府的大力推动。日本政府将动漫产业作为拉动经济增长和传播日本文化的重要载体，从立法建章、财政金融、产业、文化政策等方面支持动漫产业发展，营造了动漫产业和文化快速发展的环境。三是动漫衍生产品店兴起和丰富多样的漫画杂志也为日本民众接触动漫提供了便利的媒介。此外，家庭和学校教育在青少年心理教育方面的忽视也是御宅族群体不断壮大的原因。主观因素则包括喜爱图画符号的心理、逃避社会压力、填补人际交往缺陷和寻求情感抒发渠道等。

御宅族和普通动漫爱好者在观阅和喜爱动漫产品的程度上存在巨大差异，御宅族痴迷于动漫，具有强烈的"二次元情结"，崇拜依恋某些动漫角色，把其中的观念标准作为自己在现实世界的思维和行为准则。御宅族花费大量时间和金钱用于收集购买动漫产品，长时间、深入钻研自己喜好的动漫，使其在思维行为方面都表现出动漫式和虚拟世界的特征。他们通常是日常生活工作中的边缘人物，表现平平，但却熟知动漫交流和交易的各种信息和规则，积极参加各式动漫相关活动。总之，御宅族高度痴迷于动漫，聚精会神地融入动漫的世界，出现不同程度的经济、精神、工作和生活方面的障碍；而普通动漫爱好者仅把动漫当作休闲娱乐工具，偶尔观阅把玩，并未受到动漫文化的严重影响。

第三章 御宅族的语言、着装与人际互动

日本御宅族已经逐渐成为一个群体，并在发展过程中逐渐形成了独特的生活方式。随着御宅族文化影响力的不断增强，御宅族的生活方式和思想状态等开始成为社会公众和相关学术界关注的议题。本章首先分析御宅族群体内外对其形象的认识和评价；其次讨论御宅族群体独特的语言、审美观、恋爱观、着装等特别的行为模式；再次研究御宅族在虚拟空间和现实生活中人—机—人、人—人等特殊的交流方式；最后通过大量的田野调查，重点考察东京秋叶原、池袋乙女路和鹭宫町三个主要的御宅族"圣地"，揭示御宅族对"圣地"的依赖和"圣地"因御宅族而繁盛的过程与原因。

第一节 御宅族的形象

20世纪80年代，伴随着动漫文化以及新媒体技术的发展，日本御宅族逐渐成为一个独特的社会群体。御宅族能够熟练使用互联网和数码电子产品等现代资讯收集分析手段，在各种消费市场上，尤其是在动漫市场上往往扮演着市场引导者的角色，御宅族的生活方式、行为特征和消费理念已对日本社会生活产生了重要的影响。御宅族的社会形象和社会影响一直备受关注。本节着重分析御宅族自身和社会对御宅族个体以及御宅族群体形象的各种认识和评价。

一 御宅族眼中的自我形象

御宅族对自身生活方式持肯定和认同的态度，认为御宅族是一种非常正常和自然的生活方式，二次元世界的生活比群体外的世界更为

精彩和自由。

针对"御宅族的自我认识"这一问题，笔者访谈了一位御宅族木村务。木村约30岁，在东京一所私立大学负责勤务工作，是一位资深的日本战国动漫御宅族。木村说，无论是社会给他们御宅族的头衔，或者御宅族群体内部的自我认同，他都乐于接受，御宅族并非与社会格格不入。

第一，木村认为喜欢动漫这种兴趣爱好是自然而然的事情，在日本痴迷动漫和游戏的年轻人很多，从学生到社会人士，这是他们一种重要的兴趣爱好。从他的情况来看，其初中时期就喜欢日本战国时期的动漫和游戏，这些动漫产品伴随他几十年成长和工作，目前的工作轻松顺利，工作之余他就投入自己的战国世界。动漫是自己生活的一部分，感兴趣的一部分，需要投入很多时间和精力，就像其他人把精力投入自己喜欢的工作一样。

第二，木村说，即使在御宅族的范围内，他们也有自己的好友，大家志同道合，可以一起做一些共同喜欢的事情，不存在缺乏交流沟通的问题。

第三，木村说，御宅族内部的确有一部分痴迷游戏过度、荒废学习和生活的人，但主要是由于年龄问题、家庭教育这些因素出了问题造成的，不认同把御宅族和消极、自闭这些词联系在一起。他自己在20世纪90年代初接触光荣公司的日本战国系列游戏时，便喜欢上这款游戏和动漫，收集阅读了许多与日本战国时期相关的漫画、动画片，也研读了相关的历史文献和小说，花费的金额超过数百万日元。这些资金来自打工和工作的收入，而且工作和生活都很正常。

第四，关于御宅族整天沉迷于网络游戏，不外出不锻炼的现象，木村认为这还是个人因素造成的，有一部分御宅族的确存在这些问题，但父母家庭也没有真正努力改变什么。他的确有时也会长时间待在家里看动画片、打游戏，但他改变了出行方式，每天骑自行车上下班，弥补运动不足的缺陷。

第五，木村说，动漫对御宅族的引导作用很大，御宅族内部兴趣不同，往往个性和行为方式会有一些区别。例如他精熟日本战国时期的许多历史人物，既熟悉各历史人物的出身、官职、性格、主要历史事件等信息，也对当时各割据势力的家徽、旗帜、领地等颇有研究。他还收集了大量的日本战国时期的各种动漫角色的人偶、盔甲和刀剑武器模型，走访了许多历史遗迹，能够从不同角度系统评论这一时期的许多历史事件和人物，这使自己在拥有共同爱好的御宅族群体中颇受尊重，他觉得很有成就感。

笔者曾与一位御宅族朋友一同去参加一个大型动漫展出，她在走进展会现场时，情不自禁地说道："希望，这才是青年人希望的所在地！"御宅族群体认为按照日常生活的价值和标准来判断，他们比一般人生活得更富有、感觉更细腻、思维更加自由开放。御宅族喜欢收集、欣赏、研究和分享他们喜欢的动漫，对动漫的迷恋所形成的生活方式，实际上创造了一个开放性和参与性很强的文化，但是这一文化的边界与主流文化较为分明。御宅族是沉迷于动漫二次元时空的快乐追寻者，享受动漫给他们带来的乐趣，热衷和满足于御宅族特定的生活方式和行为模式，他们正在塑造自己独特的形象和文化，努力寻找兴趣与生活工作学习的平衡点，并通过互联网、电子信息技术将动漫文化向主流社会传递。

二　御宅族的社会形象

由于御宅族对动漫作品和动漫文化过度热衷和沉迷，出现一些与主流社会行为价值相左的情况，御宅族自20世纪80年代起就备受社会关注，各方面评价不一。最饱受争议的是日本动漫中日益增加的色情和暴力题材作品，御宅族痴迷于此类动漫，收集相关的动漫作品，以及管制刀具、枪支或色情衍生品等，在行为上可能对其进行模仿，往往被视为存在犯罪隐患。例如1988年在日本发生的连续幼女诱拐杀人事件，因为从犯罪嫌疑人宫崎勤家中搜出大量的色情动画录像影碟，使当时社会上很多人将御宅族与色情、谋杀等刑事犯罪相挂钩，御宅族群体的声誉落到了谷底。加上由于御宅族过分沉迷于特定领域，几乎与世隔绝，使得其中一部分人缺乏正常的人际关系与社交能力。2004年基于现实事例改编的电视剧《电车男》在日本播出，故事讲述了一个典型的御宅族的形象特征和生活方式，从一个侧面反映了御宅族这一群体在现实生活、恋爱中遇到的种种问题，以及他们试图改变长期养成的习惯和提高融入现实社会的能力。

目前在日本，对御宅族的种种观点和看法也在发生变化。随着动漫产业经济价值的提高，日本产业界、媒体和政府对动漫的宣传和利用力度不断加大。日本野村综合研究所（野村総合研究所）于2004年开始发布《御宅族市场报告书》（《オタク市場報告書》），分析日本动漫产业和文化的发展态势。政府也将动漫产业列入重点扶持产业名单，日本一些政要公开宣称其对动漫的喜爱和支持动漫事业发展。动漫独特的文化形式和艺术魅力也逐渐被大众接受，运用在日常生产经营和生活创作活动中。很多御宅族进入工作岗位，也把某些带有御宅族色彩的思维和行为方式带入主流社会。这些都为动漫文化融入主流社会创造了条件和渠道。

关于御宅族社会形象的评价，日本学者也存在褒贬不一的观点。笔者整理了对御宅族负面和正面的两种观点：

对御宅族形象负面的观点认为：首先，"御宅族"一词指代喜欢在动漫市场中聚集的年轻人，并描述御宅族为班级中不显眼的角色，形象邋遢、营养不良、缺乏朋友，醉心于自己的漫画世界。平时毫无存在感地躲在教室的某个角落里，但在秋叶原却表现出反常的兴奋，身着怪异的服装，做出各种奇怪的表情。中森对御宅族持强烈的否定态度，指摘当时痴迷于"高达"等动漫形象的御宅族十分幼稚，是一帮缺乏社交能力和社会性的人。其次，御宅族的最大特征在于他们对动漫的狂热。从主流社会的视角来看，漫画、动漫、电玩游戏、动漫偶像等近乎是一种奇技淫巧、毫无价值可言的事物，但在御宅族眼中则是他们倾力追求的，并将这方面的知识视为自豪和人生重要价值的体现。价值观的冲突造成御宅族群体与文化始终与主流社会存在鸿沟。最后，御宅族具有严重的"交际能力不全症"，在极端的情况下表现为：①御宅族不会为他人考虑；②但一旦成为志同道合的"同类"，情况就完全改变，只把自己认可的人视为人类；③他们的交际方式几乎不被主流社会认同。中森认为御宅族是不满现实社会的境遇，又具有很强私欲的一群人，在由想象力构造出的动漫世界中，追求虚幻的占有和满足。人在年轻时通常都具有御宅族式的思维，随着个体的成熟逐渐改变。如果人无法随着生理的成熟而摆脱这种思维形式，就会出现性格和心理问题。

对御宅族支持和肯定的观点包括：首先，御宅族具有的三个优秀的素质：①纯粹的能够发现美的眼光，能够从独特的视角发掘并欣赏动漫作品中的美，见证作者的成长；②了解动漫作品的制作过程和手法，清楚并能够预测动漫界各种类型动漫发展历程；③对各种类型的动漫作品，能够领会其表达的思想，具有能引导初学者进入动漫世界的能力。冈田所定义的御宅族是对动漫具有深入研究和领悟的一群人，而非普通的动漫爱好者。冈田对御宅族持肯定和高度赞扬的态度，极力扭转当时日本社会对御宅族的负面观感，而主张从积极正面的角度观察御宅族。其次，御宅族的消费行为推动了多元文化的进步和产业发展。"御宅族在对动漫产品的消费中，获取了强烈的自我满足的乐趣，是一种自我实现和创作的过程。"他们的消费具有先导性，是一种信息的传播方式，推动着动漫产业和文化的发展。

御宅族自诞生之初，就招致主流社会对其生活方式和思维模式的不解和质疑，日本社会的大环境和主流文化，与御宅族群体存在某种程度的对立。这种对立源于对御宅族群体文化和生活的认识不深以及御宅族群体内部存在的各种问题。日本社会和学界对御宅族群体的观点和看法仍然存在很大争议，但目前来看趋于负面的观感依然占优势。

在动漫文化发达的日本，御宅族群体的生活方式曾经遭到质疑和抵制。动漫文化是一种亚文化，御宅族群体是一种亚文化群体。亚文化在发展过程中，都会遭到主流文化以其固有的价值判断标准的检视，都会经历与主流文化冲突、磨合的过程。按照主流文化的价值观判断，亚文化通常都具有某种程度的反叛性，动漫文化或御宅族文化所引致的御宅族的价值观和生活方式，与主流社会存在一定区别，御宅族群体内部的自我认知和群体外部的观感也必然存在冲突。御宅族对自身生活方式和思维模式持高度肯定和认同的态度，认为御宅族是一种非常正常和自然的生活方式，坚信二次元世界的生活比群体外的世界更为精彩和自由。社会主流文化对御宅族的观感也在不断发生变化，由最早期的忽视质疑，到宫崎勤事件后的提防警惕，再到现在的逐渐磨合接受。

第二节 御宅族的别样人生

本节描绘御宅族与众不同的生活方式和人生价值。首先，研究御宅族群体独特的语言习惯和词汇，具体分析目前在御宅族群体中广为流传的"干物女""控""正太"等词语的产生和含义。其次，研究御宅族在审美、恋声、恋爱、喜好的交通方式和日常生活中的着装等行为特征，以期描绘出御宅族日常生活状态，并探析其价值追求。

一 语言

文化的产生和延续取决于人类创造和运用符号的能力。任何符号都蕴含着特定的象征意义，通过各种符号，人类能够传承历史、分析现实，并进行交流和沟通。语言是人类使用的最重要的符号系统之一。语言是一种文化表达工具，通过语言能够完整地表达和传播各种观点、价值观和文化标准。语言也是生活方式的重要组成。语言对文化群体的形成具有重要的作用，并且反映该群体的生活方式和思维特征。特定的群体一般都会创造出自己的语言体系，御宅族群体也不例外，御宅族独特的语言是其与众不同、构建其独特生活方式的重要符号系统。

随着媒体、网络技术的快速普及，日本动漫以各种形式充斥在电视、电影、网络及出版物中，日本动漫在传播过程中，催生了大量新的语言现象，一些动漫语言被日本动漫爱好者借用，并广泛应用于日常生活和人际交流中。本书列举"干物女""控"等具有代表性的动漫词汇进行具体分析。

（一）"干物女"

1. "干物女"的定义

"干物女"（ひものおんな日语）在御宅族语言中专指在都市生

活的上班御宅族女性。日语中的"干物"指晒干的鱼、贝类。所谓"干物女"就是比喻像香菇、干贝等一样，生活枯燥干瘪的都市年轻女性。"干物女"是日本都市女性御宅族的代名词，她们不爱竞争、不擅交际、不爱运动、甚至懒得谈恋爱。她们每天下班后直接回家，一个人上网、看动漫、喝酒、吃零食，假日也躲在家中，通过网络与人交流，过着"无欲无求"的轻松生活，并且认为这样生活就很幸福。

2. "干物女"的起源

讲谈社的连载漫画《KISS》（2004）及其改编的连续剧《萤之光》（2007）讲述了都市白领女性的工作生活和恋爱经历，展示了下班后谢绝应酬，不愿整理家务，宁可躺在脏乱差的家里喝酒、上网、看电视的年轻女性，使日本"干物女"的典型形象深入人心。

"干物女"是现代日本社会巨大生活压力和工作压力的产物。在东京、大阪等大都市就职的年轻女性面对生活和工作的双重压力，她们既要注意妆容打扮，赢得男性青睐，又要不断提高自身的职场履历与资格，需要终日奔走于各公司、社交场所、美容院和学习班之间。一部分都市女性选择远离竞争，她们在职场完成基本工作任务之后，寻求轻松自在的生活方式，她们宣称"男から卒业した"（放弃寻找异性伴侣），下班之后完全进入懒散闲适的生活状态。

3. "干物女"的行为特征

"干物女"作为御宅族群体的重要组成部分，在生活方式上也具有御宅族的基本特征，她们平时上班工作，下班后窝在家中过着御宅族的生活，她们的行为特征主要表现为：第一，"干物女"非常依赖互联网，下班后和闲暇时间几乎都挂在网上，无所事事地在互联网世界里打发时间。第二，"干物女"痴迷于如漫画、动画片、电子游戏等动漫产品，也会迷恋歌星、网络名人，或者烹调、手工艺术等与工作无关的休闲事物，此种痴迷也许是突发性的，突然间迷恋上后便不能自拔。第三，"干物女"对上班产生倦怠感，渴望逃避繁重的工作，但无法实现，只能快速结束每天的工作，而把在家上网作为休息调节的重要方式。第四，"干物女"除了上班出门之外，极少出门，喜欢在家里，除了睡觉就是上网。"干物女"不喜交际，不喜欢接触陌生人，频繁接触陌生人会使其产生不自在感。即使普通朋友的邀请，也会让"干物女"苦恼不已。第五，"干物女"有喜欢虚拟角色的倾向，例如动漫角色。通常有收藏癖，最少收藏一种或者多种物品，并乐此不疲。第六，"干物女"认为在家看漫画或电视剧比谈恋爱有趣和轻松，选择逃避婚姻，成为所谓的单身贵族。

4. 对"干物女"的分析

从根本上讲，"干物女"是日本大都市生活工作压力和动漫文化双重作用的产物。日本是对学历和资历要求很高的竞争社会，许多都市女性白领进入公司后成为为精英集团服务的角色，晋升机会渺茫。工作只为她们提供在大都市生存的基本的物质条件。因此，她们都非常清楚自己的定位和职责，她们在工作时必须全身心投入紧张的工作，周旋于各级上司、同事和客户之间，辛劳工作确保不在激烈的竞争中被淘汰。下班后和假日里松散邋遢地生活是紧张工作后彻底放松和自我调适的重要途径。这种"干物式"的休息是"干物女"在为工作储备能量和做准备。只有确保工作顺利，才能支撑"干物化"的物质生活，维持大都市高昂的消费。高强度的工作和精神压力使得她们无心社交和恋爱，每天只是重复辛勤工作之后忘我"休息"的循环，而日本多元丰富的动漫作品为"干物女"提供了休闲解闷的便利条件，成为她们幻想和放松身心的途径，这些都市白领女性不知不觉也成为动漫作品的追捧者，被动和不自觉地成为御宅族的一员。

（二）"控"

"控"（"コン"）是日语外来词"コンプレックス"的略称，其源自现代心理学术语"Complex"。日语"コン"常附加在名词之后，用于指代对该名词涉及的事物有特殊喜好的人。"控"这一词组结构源自日本动漫文化的固定词语，20世纪90年代之后，日本动漫开始兴起"萝莉"和"正太"的流行风，许多御宅族迷恋追捧自己喜欢的动漫角色，他们用"控"来表示自己对动漫作品和角色的喜好，产生大量"萝莉控""正太控"和"御姐控"御宅族。此后，"控"一词的搭配开始拓展和细化，出现"制服控""猫耳控""眼镜控""丝袜控""女仆控"等词汇,表示御宅族对动漫角色的喜好细化到特定的事物或元素。

"控"是典型的御宅族词语,"××控"这一词组结构的出现有利于御宅族在交流沟通中十分便利地宣示自己的偏好取向,表明了御宅族对动漫作品钻研的"专业性"。目前"控"在日本动漫界、互联网和日常生活中广泛流传和使用,是动漫文化对现实社会渗透的重要表现之一。

(三)"正太"

"正太"("しょうた")一词最早由横山光辉的动漫作品《铁人28号》(1958)的主角"金田正太郎"的形象和名字提炼而来,金田正太郎是一个穿着西装和短裤的男孩,可爱清秀的气质和聪明伶俐的性格给人留下深刻的印象。经动漫界和御宅族的提炼,"正太"成为对10—14岁的可爱、帅气、体质瘦弱的男孩的专称。动漫角色中的正太代表有《全职猎人》中的奇犽、《黑执事》的中夏尔、《名侦探柯南》中的江户川柯南、《网球王子》中的越前龙马和《信蜂》中的拉格西恩等。

"正太控"("しょうたコン")又称"正太情结"或"正太癖",多为成年或年长的女性,对年龄低于自身的主要是8—14岁未成年男孩怀有强烈情感和爱欲的心理状态。"正太控"的对象既包括动漫、游戏或小说中虚拟的"正太"角色,也包括现实生活中的男孩。

根据语言学理论,特定的语言系统对该言语使用者认识和观察世界的方法和习惯具有重要影响,特定的语言和词汇能够反映出言语使用者所处的文化环境和思维模式,是观察和研究语言使用者的有利途径。这一观点同样适用于通过语言对御宅族群体的研究和认识。动漫影响着御宅族群体,同时动漫语言也在不断介入御宅族的生活。通过对"腐女""干物女""正太"和"控"等御宅族语言的研究,能够逐步深入了解御宅族内部不同群体的形成过程、原因及其行为模式和互动交流模式。

二 恋声

所谓"恋声",即迷恋某一动漫角色的声音或配音演员的声音。

"恋声"是御宅族生活中的重要组成部分，是御宅族对日本动画片专业配音员——声优的追捧和崇拜。张磊在硕士学位论文《中国漫迷群体研究》中认为，御宅族的"恋声"是复杂、全方位的，包含对声优的声音、声优本人和声优所配的动漫角色的迷恋[①]。

日本的动漫声优（配音演员）这一职业出现于20世纪30年代，它在当今的日本动漫业界中扮演着重要的角色。在日本，声优是一个专门职业，通常归属于不同的事务所。较出名的声优事务所有：青二PRODUCTION（创立于1969年，是日本第一个专门声优事务所），旗下有林原惠美、绿川光、置鲇龙太郎、神谷浩史等知名声优；81PRODUCE事务所（日本的艺能事务所之一，因成立于1981年而得名），拥有关俊彦等声优；东京俳优生活协同组合（简称俳协，是日本的演艺事务所，成立于1960年，分剧团和声优两个部门），拥有关智一、清川元梦、浅野香织、麻生美代子等声优。声优在进入事务所从事配音工作前，必须在声优养成所中接受专门学习。声优学校的课程系统复杂，包括剧本朗读练习、肺活量锻炼、变声练习、表情控制练习等，还包括各种训练声音瞬间爆发力和控制力的体育锻炼课程。在声优学成毕业后，通常都签约挂靠在声优养成所和事务所，承担各种动漫的配音工作。

日本声优具有较高的配音专业水平，对声音具有很强的控制力和表现力。每个声优都拥有各自擅长的领域，按照自己声音的特点选择适合的角色。许多声优都能够为不同类型的动漫角色配音，能够根据动漫角色性别、年龄和性格特征调整配音的语气、发音和语态，演绎男女老少多种不同的声音。声优的活动领域不只局限于动漫的幕后制作，而是逐渐走向台前，成为一些专门声优节目的主角。声优不仅为日本动漫配音，为外文影片配音，也发行音乐专辑，组建乐团和开演唱会，充当电台电视台主持人等，由动漫制作幕后走向台前的声优是御宅族密切关注的对象。

配音是一门语言艺术，是声优（配音演员）用自己的声音在幕后

[①] 张磊：《中国漫迷群体研究》，硕士学位论文，华中师范大学，2005年，第46页。

进行人物塑造、完善人物形象、强化人物性格特点的一项创造性工作，是在用嗓子演戏。动听而富有张力的配音有利于动漫角色的表现。声音与动漫角色密切融合，使动漫角色的声音成为动漫作品的重要标志，也是御宅族痴迷动漫作品和角色的重要原因。

声优是御宅族选择动漫作品的一个重要标准，部分恋声的御宅族只选择自己喜欢的声优配音的动漫。恋声的御宅族对声音具有很高的敏感度，欣赏作品时能够通过声音判断声优，并仔细琢磨声优在不同动漫作品中使用声音的差别，并在专门的论坛交流讨论声优及其配音的角色等。声优和动漫角色的声音也成为御宅族精心考据和热情追捧的重要对象。

三 审美取向

御宅族的审美取向在很大程度上受到动漫作品的影响。动漫作品是一种以图文形式刻画人物形象和故事情节的文化形式，重视追求画面的视觉效果和艺术创作个性是其重要特征。这一特征更是集中表现在对动漫角色的形象设计上，动漫角色的鲜明形象设计往往是这部作品的标志性符号。对图画十分敏感的御宅族长期观阅大量动漫，接受吸收各种动漫的绘画创作风格，并通过御宅族之间各种形式的交流讨论、总结归纳，逐步形成和积累起御宅族间独特的审美标准。具体而言，御宅族会把动漫角色划分为不同类型，主要包括视觉系、"萝莉""伪娘"和"萌"等，各种类型都表现出独特的风格。通过分析御宅族的审美标准和经验，能够探析御宅族与众不同的心理世界。

（一）视觉系

视觉系（ヴィジュアル系）是20世纪80年代在日本兴起的音乐类别，其特征是浓艳妖娆的化妆、超乎寻常的服装打扮和充满挑逗的音乐表演形式。视觉系由于其强烈的外形差异性和艺术冲击力，很快被日本动漫创作吸收沿用，具有视觉系特征的动漫也很快受到视觉系御宅族的强烈追捧。如图3-1所示，视觉系动漫角色通常具有引人注目的化妆、夸张的发型以及精心制作的服装。视觉系的服装与化妆具有很强的女性化特征，浓黑的眼影和艳丽的唇妆是其突出标志。部分动漫角色佩戴唇环或耳环，着装多为深色修身衣裤。部分性别倒置的女性动漫角色也采用视觉系的扮相，造成雌雄莫辨的效果。男女御宅族都喜欢在动漫展出上进行视觉系的角色扮演。

图3-1 视觉系动漫角色和同一角色的角色扮演

资料来源：百度Co吧动漫社区。

（二）"萝莉塔"

"萝莉塔"（日语：ロリータ，英语：lolita）或称为萝莉，原指俄裔美国作家弗拉基米尔·纳博科夫的小说《萝莉塔》（1955）中的女主角萝莉塔，最早被日本引入动漫创作中，延伸发展成一种御宅族文化符号，专指"低于15岁的小女孩"，也称为"半青少女"，或者"穿着萝莉塔装的年轻女性"。第一个被世人公认的"萝莉塔"动漫角色是动漫《甜甜仙子》（1982）中的主角Momo公主。《新世纪福音战士》（1995）中的绫波丽和《魔卡少女樱》（1998）中的主角木之本樱是"萝莉塔"的始祖角色。此后，"萝莉塔"类型的动漫角色层出不穷，目前"萝莉塔"形象在日本已深入人心。"萝莉塔"动漫拥有大量御宅族追捧者，并成为许多女性御宅族行为举止所模仿的对象。

"萝莉塔"在动漫中定义的对象都是虚拟的未成年女性角色，动漫界和御宅族通常把其划分为6种类型：

第一类是公主型"萝莉"。公主型"萝莉"具有天生高贵的气质和优雅的礼仪，以及聪明活泼可爱的性格。在动漫作品中这类角色一般憧憬幸福美满的爱情，喜欢幻想骑士和王子的故事，并且坚信世界上存在自己的骑士，会时刻守护着她的快乐。公主型"萝莉"的代表人物有"Fate/Stay Night"中的依莉雅、《妹妹公主》中的雏子和《蔷薇少女》中的雏莓等。

第二类是邻家小妹型"萝莉"。邻家小妹型"萝莉"的突出特点是乖巧可爱、善解人意，通常善于操持家务，对人温柔体贴，给予身边的人默默支持。邻家小妹型"萝莉"代表人物有《染红的街道》中的长濑凑和《凉宫春日的忧郁》中的朝比奈实玖瑠等。

第三类是女王型"萝莉"。女王型"萝莉"通常出生于名门望族，家资殷富，具有高贵的气质和优雅的仪容，但同时喜欢对人颐指气使，让人对其心怀敬畏。女王型"萝莉"表面上显得成熟优雅，但有时会不自觉地显露出不成熟幼稚的一面。女王型"萝莉"代表人物有《蔷薇少女》中的真红、《守护甜心》中的真城璃茉、"GOSICK"中的维多利加和《丹特丽安的书架》中的达利安等。

第四类是娇羞型"萝莉"。娇羞型"萝莉"一般身材娇小、性格怯懦温和。她们对周围的人物和事情都极其敏感，不善于表达自己的内心感受，在人面前娇羞胆小。娇羞型"萝莉"代表人物有《妹妹公主》中的亚里亚、《草莓棉花糖》中的樱木茉莉、《家庭教师》中的库洛姆·髑髅和《纯情房东俏房客》中的前原忍等。

第五类是天真烂漫型"萝莉"。天真烂漫型"萝莉"的特征是精力充沛，个性活泼开朗、乐观无忧。她们光明乐观的性格具有很强的感染力，是让人感觉到温馨舒服的治愈系少女。天真烂漫型"萝莉"也有任性固执的一面，而且通常对感情比较迟钝。天真烂漫型"萝莉"的代表人物有《未闻花名》中的本间芽衣子、《守护甜心》中的结木弥耶和《夏色奇迹》中的花木优香等。

第六类是成熟型"萝莉"。成熟型"萝莉"是与天真烂漫型"萝莉"相反的类型，她们身上散发出超过生理年龄的成熟气质。成熟型"萝莉"通常具有高智商和很深的城府，性格独立自主，为人行事目标明确。成熟型"萝莉"的典型特征是天真的外表加上成熟冷静的内心，能够博得男性御宅族的倾心喜爱。成熟型"萝莉"代表人物有《魔法少女》中的奈叶菲特·泰斯特罗莎·哈拉温、《反叛的鲁路修R2》中的阿尼亚和《夏色奇迹》中的水越纱季等。

各种天真的"萝莉塔"角色成为御宅族，特别是男性御宅族竞相追求膜拜的对象。这种行为和心理被称为"萝莉塔情结"，或称"萝莉塔控"（日语：ロリータコンプレックス，英语：Lolita complex）。"萝莉塔情结"是指成年男性对9—14岁少女的特殊爱恋，延伸发展成一种动漫文化。"萝莉塔情结"也包括热切追求动漫作品中年幼少女角色的御宅族文化。怀有"萝莉塔情结"的一般是男性御宅族，比起成年女性，他们对于未成年的少女或动漫少女角色更感兴趣。发展心理学家艾力逊在分析"萝莉塔情结"时指出，青年人正处于"自我认识迷乱"的阶段，他们往往拥有童真与梦想，有摆脱现实规限的渴求，需要寻找自我，因此以不羁和野性挑战传统，期望得到别人关注、了解、认同和真正接纳。一般来说，天真可爱的"萝莉塔"给人一种保护欲，追捧和呵护"萝莉塔"角色成为部分御宅族表达情感的重要方式，或是弥补自信的自我保护方式之一。

（三）"伪娘"

"伪娘"（日语："男の娘"）是动漫界的名词，指有女性外观举止特质的男性动漫角色或人物。"伪娘"在生理上为男性，但容貌形体娇艳动人，言谈举止温柔娇弱，具有阴柔的女性特征。"伪娘"寻求中性，取向多元，在心理上也趋于女性化，有意模仿女性，喜好中性着装打扮，甚至穿着女装。由于日本动漫中对"伪娘"动漫人物的设定十分唯美，引起御宅族对兼具男性刚毅和女性阴柔魅力的"伪娘"的崇拜。"伪娘"动漫角色的代表人物有《闪灵二人组》中的凤鸟院花月、《少女爱上姐姐》中的宫小路瑞穗、《旋风管家》中的绫崎飒、《逮捕令》中的葵双叶、《新选组异闻录》中的冲田总司和《黑执事》中的夏尔·凡多姆海伍等。

随着"伪娘"动漫角色的增多，越来越多的男性御宅族开始喜欢"伪娘"，也有部分男性御宅族开始模仿动漫角色，出现"伪娘"的倾向。女性御宅族则喜欢观看BL漫画（男性同性恋题材的漫画）和在现实生活中喜欢"伪娘式"的男性。日本心理学家松原达哉（2007）认为，"伪娘"是一种异性癖。"伪娘"人群在心理上是女性，而在生理上是男性，在心理与生理性别认同上存在冲突。女性装扮使他们感觉舒适自信，而恢复男性装扮和角色则感到不自在。"伪娘"的最大特征是对自身生理性别的不认同，以异性装束和言行来谋求性别的改变。松原指出异性癖的出现率在 1/130000 万—1/100000 万。[①] 日本动漫亚文化迅速发展，为"伪娘"由动漫作品走向现实生活做了铺垫，为"伪娘"和"伪娘"崇拜者打开了排解性别认同焦虑的释放点。

（四）"萌"与"萌文化"

1. "萌"与"萌文化"的基本定义

"萌"（"萌え"），本意是植物开始长出幼芽，也用来比喻事物刚发生或指新生的事物。后来日本御宅族用"萌"来形容看到可爱的动漫女性角色时，产生的一种热血沸腾、心花怒放的精神状态，以及想要去保护"她"的"保护欲"等。其内涵非常复杂，并且具有流动性，往往需要了解当时的"语境"和上下"文脉"才可以准确了解。周星认为御宅族普遍认同的"萌"包含两层含义：一是御宅族们的主观感受，被用来表达他们对"二次元"的某角色（通常是动漫中的女性角色）或事物的极端喜爱，以及表达自身对可爱角色的爱慕之情。二是御宅族将那些极端喜爱的动漫角色或拟人化的卡通形象（包括动植物）所具有的能够唤起"萌感"的特征称为"萌属性"，就是"萌点"。如特定的动漫角色、制服、眼镜、关西口音等。正是这些"客观"的属性和特点引发了御宅族强烈而又复杂、微妙的"主观"感受。[②] "萌"逐步发展为一种动漫亚文化，指代御宅族对动漫作品中"萌属性"角色的喜爱与追求所形成的一种文化形式，"萌文化"的主要表现形式包括"萌系"动漫作品、"萌系"同人和"萌系"手办等。

---

① 松原达哉：《生活心理分析の理论と方法》，东京：弓立社 2007 年版，第 26 页。
② 周星：《"萌"作为一种美》，《内蒙古大学艺术学院学报》2014 年第 1 期，第 7 页。

2. "萌文化"的产生和发展

"萌系"动漫角色在日本动漫作品中出现得较早，如1978年高桥留美子的《福星小子》中的拉姆和1982年河森正治的《超时空要塞》中的林明美等女性动漫角色就基本具备了性感可爱等御宅族公认的"萌属性"，但御宅族对她们的喜爱仍然处于无意识状态。

1992年东映公司制作的《美少女战士》是专门讲述"萌系"美少女角色的动漫作品。这部作品结合了变身少女与魔法战斗两种元素，画面华丽、角色形象设计精美，使几位女性主角的形象深入人心，引起日本全国性的观影热潮。1994年日本科乐美（Konami）游戏公司出品的恋爱游戏《心跳回忆》是"萌系"动漫角色类型的大集合，包含了藤崎诗织、虹野沙希、古式由加利、纽绪结奈和片桐彩子等不同类型女性角色，系统整理和细致划分了女性角色的不同性格特质和受欢迎因素，为"萌属性"的概念化和系统化创造了成形的背景。1997年庵野秀明导演的动漫《新世纪福音战士》被称为日本动画史上划时代的巨作。其原因在于：第一，这部作品成功塑造了不善言辞的御宅族男孩——碇真嗣这一角色的生活模式和心理状态，赢得了日本御宅族的共鸣和认同。第二，这部作品创造了绫波丽、明日香和葛城美里这三名不同类型的女性"萌系"角色。虽然《新世纪福音战士》以讲述残酷战争为主题，并非轻松惬意的"萌系"动画，但作品中的三名"萌系"角色却征服了大批御宅族受众，使这部作品播出近20年依然受到御宅族的喜爱和关注。

20世纪90年代末，日本动漫作品逐渐开始重视和专门设计"萌属性"的动漫作品和角色，在服饰、语言和生活习惯等"萌属性"方面突出特色，提升这类动漫角色的吸引力。"萌系"动漫通常首先向受众灌输作品中角色的概念，通过各种"萌属性"组合的女性角色，吸引大批萌系御宅族，然后推出动漫角色的漫画、动画片和模型手办等衍生产品，以实体形式强化这类动漫角色对御宅族的吸引力。受之影响的御宅族也开始下意识地追求自身所钟情的"萌系"角色，"萌文化"开始逐步形成，并成为动画、漫画和游戏三个动漫领域中重要的组成要素。"萌系"动漫的主要代表作有《轻音少女》《南家三姐妹》《我家有个狐仙大人》《妹妹公主》《蔷薇少女》等。

日本自 2002 年 8 月起，每年在东京举行"动漫萌角色淘汰赛"。淘汰赛以网上投票的形式选出当年播放的动漫中最受欢迎的"萌系"女性角色，每次活动都吸引数百万人参与投票。在互联网上出现了专门探讨"萌文化"的论坛和空间。目前，"萌"已不是御宅族专属的元素，各式吸收动漫"萌属性"的商品，如玩具、生活用品、装饰品和化妆品等大量上市，日本年轻女性学生也模仿动漫美少女的形象装扮化妆。随着"萌女孩"的增加，取自动漫的猫耳帽、动漫眼镜、动漫角色服饰等"萌"元素和审美标准成为日本现代时尚的主流。

3. 对"萌文化"的分析

"萌文化"作为御宅族文化的支柱，在现实中却饱受争议：首先，虽然"萌"是御宅族对喜好的动漫角色的一种情感悸动，并不一定产生不当行为，但由于"萌"是御宅族发端于对女性动漫角色的性幻想，"萌文化"的产生源于性心理的发展，使得"萌"与性存在特殊的关联，"萌文化"始终难以如主流文化般正常传播。其次，日本许多色情动漫和色情游戏广泛采用"萌属性"作为卖点来吸引消费者，更加剧了社会对"萌文化"与色情文化的混淆。最后，"萌文化"的发展自身也面临瓶颈。"萌"本身是女性动漫角色外貌、性格、言行等方面的特征，通过不同的搭配方式而形成的不同的属性。随着"萌系"动漫作品和角色的不断增加，"萌系"作品情节和角色重叠的现象不断增多，从而影响"萌系"动漫的新鲜感和对御宅族的吸引力。

四 痛车

说到御宅族的座驾，最具有代表性的就是"痛车"了。痛车指将 ACG 或是动漫画人物的图案以彩绘或贴纸等方式装饰在车身上的车辆，发源于日本，是 ACG 文化的一环。最常见的是汽车与速克达的摩托车，因为车身有较大面积可装饰 ACG 图案；另外，脚踏车［称为"痛自行车"（"痛チャリ"）］及大型车也偶尔可见，在大型车上的通常用于相关厂商进行宣传广告（见图 3-2）。

第三章　御宅族的语言、着装与人际互动 | 127

图 3-2　东京街头行驶中的动画电影宣传痛车

与角色扮演活动类似的是，痛车较常出现于如日本东京的秋叶原等 ACG 商品贩卖集中的地方，以及 ACG、同人志展览会。另外在一些汽车展以及痛车同好的聚会上也会出现。

（一）痛车的来源

关于"痛车"这个词的来源，有几种说法：

（1）日语中有一个词语叫"视线が痛い"，多用在某人做出非主流的事情时，周围人围观导致气氛尴尬的时候。痛车对于非御宅族的普通人来说，"视线痛"也是完全可以理解的，所以原有传统的日语词逐渐演变成了痛车这个概念。

（2）人文身会很痛，于是车主人就把"文身"过的车称为痛车。

（3）在日本，如果要在车上画图案之类的东西要交税，由于开痛车的很多是年轻人，额外的税收使他们很心痛，所以叫痛车。

（4）因为读音问题：paint car（涂上颜色的车）→pain car（疼痛的车）→痛车。

（5）因为画上各种图案会对车子本身的形状等造成视觉上的偏差（和迷彩同理），这样会影响车子原本工业设计的美感，所以到底是保留原汁原味的设计还是贴上喜欢的动漫让人很头痛，所以称之为痛车。

(二) 痛车的制作

早期的痛车是以彩绘方式直接绘于车身，随着彩色喷绘制图技术日渐普遍，现今的痛车大多是将图案喷绘在特殊的材质上再粘贴于车身，与早期彩绘方式相比，喷绘粘贴技术制作更方便且利于更换。不过贴纸缺陷在于寿命只有一到两年，不过一般情况下一年就想要更换新的样式和图案了（见图 3-3）。

图 3-3　痛车的制作方法
资料来源：中国痛车联盟官网。

痛自行车则是在轮圈加上塑胶盖，俗称"封闭轮"，也叫"自行车风盘"，将 ACG 图案贴在上面；另外也有在车架钢管间的三角形区域装上贴有 ACG 图案的塑胶板；少数则直接在车架钢管上贴图案（见图 3-4）。

给自己的车加上插图这样的行为，是表现对卡通人物的喜爱之情的手段之一。不仅外部装潢，连座位装饰等都精雕细刻，为做一辆痛车而花数百万日元的也大有人在。可是，制作痛车关系到版权的问题，也有难以判断之处。现在之所以没有发生大问题，也许是由于粉丝们的宣传带来了经济效果，其影响力已是不容忽视的了。

(三) "痛 G festa"

"痛 G festa"是由以出版汽车相关杂志、书籍闻名的艺文社主办

第三章 御宅族的语言、着装与人际互动 | 129

图 3-4 痛自行车

资料来源：第一改装网。

的，"festa"为意大利语中"祭典"的意思。人们通常称之为"痛 G 节"，因为这是痛车宅们的节日，活动第一届举办时间为 2008 年 11 月 9 日，所以说始于 2008 年，举办场地为东京的台场地区，至 2013 年 9 月 22 日已举办了八届，是一个展示车主设计能力、对爱车装饰心得的交流活动。图 3-5 是第八届"痛 G 节"现场，会场门票为 1000 日元（其中 500 日元可以在内场当购物券使用），因为会场经常会贩售一些专场限定的衍生产品，而且还有知名艺人光临现场，所以

图 3-5 第八届"痛 G festa"现场

资料来源：和邪社。

不仅是痛车迷，就连一般的动漫爱好者也积极支持，号称史上最具规模的痛车集会。

案例 3-1　对第七届"痛 G festa"银奖得主的访谈

访谈对象：痛车爱好者狩友爱。

访谈时间：2013 年 7 月。

访谈地点：秋叶原动漫城的地下停车场。

笔者在秋叶原动漫城进行访谈时偶遇了前来购物的女性御宅族狩友爱，在与之交谈中她告诉笔者自己是一个痛车爱好者，并主动邀请笔者去观赏自己的痛车。笔者跟随狩友爱来到大楼的地下停车场，图 3-6 中车牌号为"土浦 580＜18-04"的橘黄色的车就是狩友爱的痛车。和大多数痛车一样，此款痛车不仅外观装饰了很多动漫人物的图案，车内也摆满了各类动漫模型（见图 3-7）。

图 3-6　笔者与狩友爱的痛车

第三章 御宅族的语言、着装与人际互动 | 131

图 3-7 车内的动漫形象模型

笔者发现,在狩友爱的车上的动漫形象有"初音ミク""凉宫春日""怪兽猫""绫波丽"等。狩友爱说一般的痛车都会围绕一个动画主题进行制作加工,而她将喜爱的所有动漫形象都巧妙地拼接在一起,绘制在车身上。因此她还获得了日本痛车协会颁发的优秀设计奖,并刊登在当月的痛车杂志上(见图3-8)。

图 3-8 车内的动漫形象设计

当笔者问到痛车的制作费用和经费来源时,狩友爱说车辆的改装费花了 600 万日元,她现在没有工作,所有的生活支出(包括动漫相关消费)都靠父母供给。她是独生女,父母在经营一家电气店,他们对女儿的爱好很反对,但又无能为力。狩友爱说她很满足现在的生活状态,并打算持续下去。

五 恋爱

(一)深受二次元情结影响的御宅族恋爱

人际交往的方式和范围是影响个体精神、心理发展的重要因素。御宅族把大量时间、精力倾注在动漫产品等虚拟事物的考据上,或者通过网络等平台在虚拟的空间内与各种虚拟身份角色的人进行交流,动漫式的或虚拟世界的交际方式习惯成为他们待人接物、思考判断的标准,动漫语言和审美判断成为他们与异性交流或择偶的标准和习惯。御宅族通常都有较强的二次元情结,即御宅族对动漫中的虚拟角色抱有强烈的兴趣和感情认同,并把这种对异性的选择标准带入现实世界。

(二)御宅族恋爱状态分析

御宅族是深受日本现代社会形态特征、文化因素和动漫产业影响的群体。首先,从现代日本社会的形态特征和文化因素来看,日本呈现出一种物资无忧、社会流动性较弱、阶层相对稳定的社会形态。但日本社会竞争压力较大,特别是在东京、大阪、名古屋等大都市,出身、学历等因素限制了民众社会阶层的提升,大量普通民众长期处于中产阶级的社会地位。与此同时,日本国内系统完整的产业体系又为民众提供了较多就业机会,并且优质的公共服务为民众提供了较高的福利。广大民众有相对稳定的工作和收入,生活在城市的民众物资无忧、福利优厚,在工作或学习之余,日本发达的动漫产业、产品和文化成为满足民众娱乐生活的重要组成部分。日本动漫渗透进日本民众生活的各个方面,许多长期观阅动漫的民众可能逐步演化为深深痴迷动漫文化的御宅族,二次元情结会潜移默化地影响控制御宅族在交际、婚恋方面的思维和行为。

其次,从御宅族个体出发,分析御宅族恋爱行为的特征可以看出,男性御宅族迷恋可爱或性感的女性动漫角色,购买许多相关的玩

第三章 御宅族的语言、着装与人际互动 | 133

偶模型，成为他们幻想和爱慕的对象。"干物女"迷恋动漫，在一定程度上放弃了现实生活中的恋爱和婚姻。

案例3-2 一位男性动漫御宅族与动漫女性角色的"婚恋"

小林健一，男，38岁，未婚（现实生活中）。笔者在一次痛车会展上结识了小林。小林的痛车由内而外布满了同一动漫女主角——绫波丽①的各类制品，包括模型、贴画，以及等身大的玩偶。副驾驶的位置上的等身大的绫波丽还系着安全带（见图3-9）。

图3-9 小林的痛车外观与车内副驾驶座位上的绫波丽

笔者问小林："你很喜欢绫波丽吗？为什么只有她一个角色？"他回答说："她是我妻子。"笔者愕然，又问："你们什么时候开始交往，什么时候结婚的？"小林很自然地回答说："5年前吧！我们一起去恋人岬（日本情侣的约会圣地），约会的时候我向她表白成功了，

---

① 绫波丽（绫波レイ）是日本动画《新世纪福音战士》的女主角之一。

当天的纪念照片，我一直都摆在车头。正如照片下方的文字，我们的爱是永恒的。"（见图3-10）

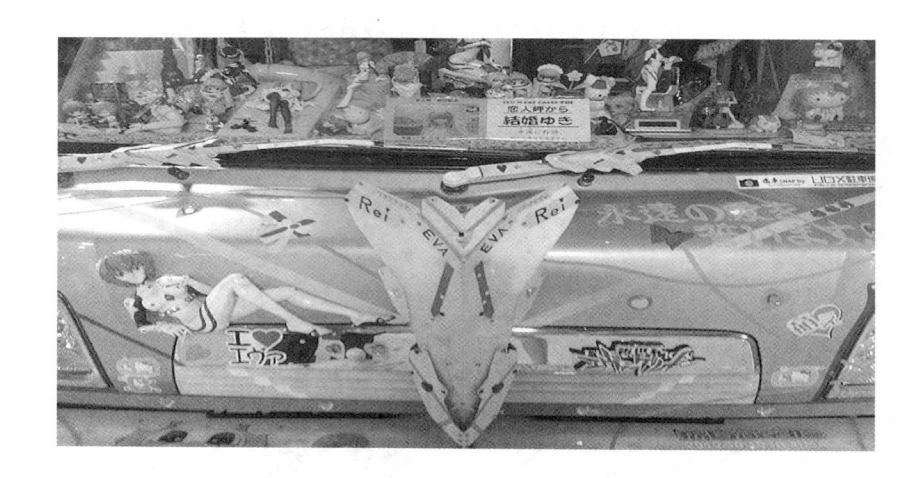

图3-10 车头摆放着他们"正式交往"
纪念照，车身上写着我发誓会永远爱你

王申（2009）分析了御宅族偏好二次元恋爱的原因。本书进一步分析这些原因为：第一，能够寻回作为男性的自尊。御宅族能够左右他们在与虚拟动漫女性"恋爱"中的角色和地位，避免其在现实恋爱中可能面临的被动地位和失败风险。第二，能够满足追求处女的欲望。第三，二次元角色的美貌青春永存，动漫角色能够在外貌和性格设定方面无限接近御宅族希望的标准，并且能够始终保持青春靓丽的形象，御宅族不必担心恋爱对象有人老珠黄的一天。第四，投入的资金及顾虑度低，御宅族购买动漫人偶并投入感情，不必担心遭到"女友"的"背叛"。第五，转换恋爱对象自由度高，可以同时喜欢并拥有众多异性角色，并且难度低、安全度高。御宅族可以轻松地将爱慕和追捧由一个动漫角色转到另一个动漫角色上，而不必承担现实社会中转换恋爱对象所承担的责任和成本。

因此，多元的动漫角色为与异性无缘或对恋人有特殊偏好的御宅族构建起身心慰藉的避风港。沉浸在与心仪动漫角色的爱情中，御宅族能够随心所欲地获得所需的物质精神需求。这种"恋爱"模式和习惯导致御宅族渐渐不愿意再介入现实中的两性关系，将现实生活中的异性称为"三次元"，使得御宅族的恋爱日益偏离主流社会，形成了具有自身特点的御宅族恋爱文化。

六 日常衣着

与角色扮演时追求逼真花哨、彰显个性的动漫服饰相对，御宅族的日常着衣风格随意简单甚至不修边幅。原因主要在于动漫产品的种类繁多、价格不菲，御宅族为了收集成套的漫画、杂志、动画片影碟或者动漫模型，往往需要省吃俭用、节衣缩食。廉价便利的服饰是御宅族对日常生活服饰的要求。在秋叶原驻足的御宅族通常装束是"廉价 T 恤衫 + 衬衣 + 夹克 + 休闲鞋"，肩背便于购物的巨大背包，着装不修边幅，追求舒适随意（见图 3-11）。女性御宅族的着装风格与男性御宅族服饰较相似，大部分时候较为中性。随意简单和不修边幅是御宅族的日常生活着装的主要风格，但他们会注意用动漫符号在服装上做修饰，通常会选择动漫作品 LOGO 或动漫角色的小饰品来点缀简单的着装。

图 3-11 秋叶原御宅族的典型着装

第三节　御宅族互动方式及其特点

日本人类学家石川荣吉（1994）认为，交际互动是发信方按照某种规则体系释放出感性上能够理解的意思表达，并通过某种手段传递给收信方，收信方能够并愿意解读这些信息，并反馈给发信方，周而复始不断变换角色的过程[①]。本书认为，御宅族的互动方式具有虚拟性、间接性和广泛性的特征，可以按照石川的理论，从发信方、收信方以及互动媒介和互动内容基础等方面讨论御宅族的互动方式。

一　互动方式

御宅族把大量时间、精力倾注在动漫产品等虚拟事物的收集和考据上，动漫式的或虚拟世界的交际方式成为他们待人接物、思考判断的标准，导致他们正常的人际交往能力下降，不擅长人与人之间面对面的交流。御宅族偏好以共同的动漫爱好为话题，借助如电脑、互联网或同人志活动等特定媒介，与他人进行特殊方式的交际。本书从以网络为媒介的"人—机—人"交流和借助同人志的"人—人"沟通两个角度介绍御宅族的互动方式。

（一）以机械为媒介的"人—机—人"交流

中岛梓研究了现代御宅族与电脑、互联网等现代电子科技产品之间的密切关系，他将电脑、互联网和游戏机等电子产品归纳为"机"（机械），强调"人—机—人"式的沟通是御宅族最重要的互动方式之一。

中岛梓指出能够熟练使用机械是御宅族交流沟通的必要条件，御宅族对电脑和互联网的依赖具有必然性。御宅族对互联网等机械的依赖，首先源于动漫信息的易得性，动画片、游戏等动漫产品需要通过电脑、游戏机进行操作和观赏，随着电子科技的发展，特别是互联网技术的进步，御宅族对"人—机—人"交流方式的依赖日益增强。御

[①] 石川荣吉：《文化人类学辞典》，东京：弘文堂1994年版，第289页。

宅族会倾向于利用网络搜集相关的资讯，或利用相关的电子产品观阅动漫作品。其次源于互联网交流的便利性，御宅族善于用相关论坛、网站和聊天工具讨论交流动漫观阅的心得，发布动漫活动通知和广告等。最后源于电脑软件和互联网等是御宅族进行再创作的重要工具，御宅族借助于专业的软件工具修改创作同人志，或使用互联网购买和竞拍动漫产品。

（二）借助动漫符号的"人—人"沟通

御宅族的互动通常借助特定的动漫符号进行自我包装，在名称、外貌和性格上进行修饰，是一种戴着动漫面具的"人—人"间接沟通，而有别于现实世界中以真实身份的直接交流。

御宅族通常使用虚拟称谓互动沟通，在虚拟世界，甚至在面对面的同人志交流中，御宅族也以对方设定的网络名称或昵称等相互称呼，而鲜以真实姓名相称。御宅族之间常用的交流方式是通过同人志作品的交流活动，以及通过角色扮演的方式粉墨登场，以动漫角色的新身份互相交流。如图3-12所示，根据日本同人作品交流预备会1975—2010年的调查，参加动漫同人志作品交流活动的动漫团体以及御宅族个人的数量都有明显的增长。

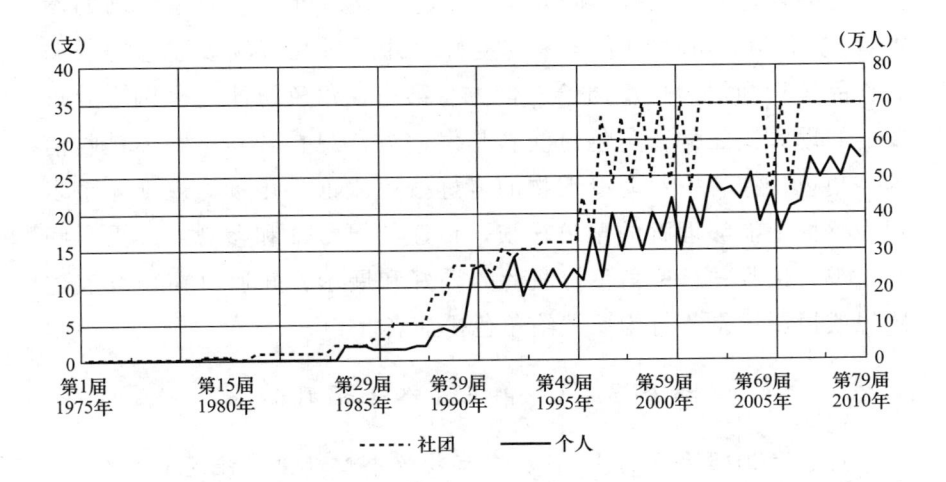

图3-12 动漫同人活动参加者数量变化

资料来源：动漫同人作品准备会。

按照石川的互动理论，能够解释御宅族以上几种互动方式。第一，御宅族通常使用虚拟称谓，也称为昵称（ニックネーム）来互动，形成环状互动，互动各方既是发信方也是收信方，彼此利用精心设计的虚拟名称称呼，相互接受和感知对方对动漫角色的偏好和性别以及性格设定的信息。

御宅族的虚拟身份通过虚拟称谓来表现，是御宅族在互联网上交流沟通的名片。通常御宅族的虚拟称谓与其在现实社会的姓名、身份和职业相区别，或者直接援引动漫的名称或角色，或者利用某些动漫符号自创称谓。这些称谓通常朗朗上口、含义丰富，能够表达出御宅族的生活态度、性格特征或者追求愿望。一部分御宅族通过某个动漫网络论坛互相结识，并借助各种定期的动漫活动进一步交流。虚拟称谓的使用也会从互联网世界延伸到现实生活。而御宅族在现实中的交流，通常也是使用虚拟称谓，而非真名真姓。御宅族谈论的话题以彼此感兴趣的动漫为主，而回避现实生活中的信息，虚拟称谓为御宅族在虚拟网络和现实世界的交流创造了便利的工具。

第二，在同人志发售时，同人作家是发信方，一般参加者是收信方。同人作家把自己对动漫的爱好和领悟以图画、文字等规则体系编撰为能够直观感受理解的同人志，传递给收信方（同人志活动的参加者）。收信方解读同人作家的爱好，并通过在现场表述感想或购买作品等行为把信息反馈给发信方。第三，角色扮演也是御宅族重要的互动方式之一，角色扮演者是发信方，观看者和摄影师是收信方。角色扮演者把对动漫人物的喜好按照服饰、化妆等规则体系表现为感性上能够理解的角色扮演，传递给摄影师和参观者。摄影师和参观者接收并解读角色扮演者的爱好和展示，并通过在现场表述感想或摄影记录等行为反馈给角色扮演者。

案例 3-3　第三届八十稻羽祭

笔者于 2013 年 7 月 14 日在东京物流中心（東京流通センター）参加了一场御宅族同人志活动——第三届八十稻羽祭。八十稻羽祭由东京地区御宅族社团组织，每隔一周的周日在东京物流中心举办一次

（见图 3-13）。

图 3-13　东京物流中心八十稻羽祭

八十稻羽祭主要为御宅族同人志活动提供展区和交易平台，一般参观者和角色扮演者缴纳 900 日元购买宣传画册即可参加。活动会展在东京物流中心大展厅内举行，有 400 多个摊位。同人志作者各租借 1—3 个桌子的摊位，在上面摆放自己亲手制作和印刷出版的动漫同人志原稿、漫画和画册，改编录制的动漫歌曲 CD，以及各种精美的小饰品（见图 3-14）。同人作品价格由 100 日元到几千日元不等，从图案设计到制作印刷都非常精美，与普通动漫市场上销售的产品几乎无异。前来参观的御宅族人数不少，也有许多御宅族穿着角色扮演的服饰来参加。

图 3-14　同人活动中出售的原创作品

笔者发现，同人志活动的买方和卖方以同人志作品为交流的焦点，谈论相关商品的创作灵感和过程，卖方和买方都显得很专业，十分熟悉动漫作品的情节和角色。而且许多卖家本身也是以角色扮演的形象出现在摊位内贩卖商品（见图 3-15），他们拉着拉杆箱，里面放着要展出售卖的作品来到会场。彼此之间的交流很多采用虚拟称谓，如买家会直接称呼卖家扮演的角色的名称，相互认识的人之间也以特定名字相互称呼，而没有采用真实姓名。

图 3-15　穿着角色扮演服饰的御宅族卖家

笔者访谈了一位同人志作品的卖家，她说自己是御宅族，也是同人志的业余作家，高中毕业后从事自由职业，擅长少女同人志创作，她创作并出版的不少作品都在池袋的一些同人书店里出售。她说很多作家或者御宅族朋友都是在交流展区认识的，彼此交换联系方式后，经常在网络社区里进行交流。她证实了御宅族之间交流很多情况下使用彼此昵称的说法，无论是在现实世界面对面交流还是在虚拟网络世界的接触几乎都采用昵称，这是约定俗成的习惯，感觉更加自然和亲切（见图3-16）。

图3-16 笔者与穿着角色扮演服饰的御宅族卖家

在东京，类似八十稻羽祭这样的活动较多，为御宅族和同人志作家提供展示作品和交流经验的平台，御宅族的创作灵感来源于长期的考据、动漫圣地巡礼，再者就是御宅族活动的交流。

御宅族习惯以虚拟名称相互称呼，源自他们试图由虚拟向现实世界的突围。御宅族喜欢半真实的虚拟空间，因为相较于现实生活，御宅族在虚拟空间中拥有对生活环境、个人角色和奋斗目标等较大的自由支配力，能够摒弃现实生活压力，并业已形成了一套彼此认可的行为规则和思维方式。一方面，御宅族在虚拟的动漫或网络中，寻求各种现实世界的知识和经验为虚拟世界注解，充实这一虚构出来的时空，试图实现虚拟世界的真实性和可靠性；另一方面，御宅族也不断努力把虚拟世界的形象和行为方式等符号展示在现实生活中，以援引或改造动漫角色的名称符号自居，进行角色扮演，不仅能够表现和展示御宅族对动漫观阅的喜好倾向、理解程度，在互动过程中显得更加专业化，而且能够实现御宅族重新设定身份角色的目的。

二 互动基础

御宅族群体内部的互动交流基础是各自拥有的动漫知识和对动漫的共同热爱。日本社会学家岩原勉认为，群体是指具有特定的共同目标和共同归属感、建立较稳固互动关系的复数个体的集合。由于御宅族在与主流社会的交流中存在隔阂，因此转而寻找与具有共同爱好的其他御宅族的沟通。共同爱好是御宅族成为一个群体，并且进行互动交流的最核心要素[①]。

基于对动漫的共同爱好，御宅族愿意相互协作交流，在互动中沟通对动漫的意见、态度和感情，讨论某个动漫角色和情节，研究最流行的网络游戏或动漫模型。在不断交流过程中，由于御宅族的互动所涉及的信息量庞大，互动和交流的频度很高，增加了互动中的民主成分。更重要的一点是，御宅族的共同爱好随着日本动漫作品的不断推陈出新而保持着与时俱进的活力。

由此可见，御宅族的互动以浓厚的共同兴趣为基础，以自我实现和表达为出发点的传播行为给御宅族文化不断注入新鲜的活力与强大的动力，并日益固化为大多数御宅族共同认可的观点和知识。因此，共同爱好是推动御宅族交流互动的动力，也是御宅族文化区别于其他短暂性的文化现象，并不断更新发展的重要条件。

三 互动特点

从御宅族交流的方式和基础可以看出御宅族互动具有虚拟性、间接性和广泛性的特征。

[①] 郭庆光：《传播学教程》，中国人民大学出版社1999年版，第78—79页。

第一，御宅族互动具有虚拟性的特征。御宅族之间交流互动的主体和客体、交流讨论的内容及交流媒介都具有明显的虚拟化特征。如前文讨论的御宅族在互动过程中通常援引动漫名称自居和称呼对方，很少以现实生活的真实姓名出现在互联网或者同人志活动之中。虚拟的名称和身份赋予御宅族重新设定性格和角色的机会，使他们更容易将观阅动漫的体验和知识融入互动之中。

第二，御宅族互动具有间接性的特征。从御宅族的互动方式可以看出，"人—机—人"式的沟通是御宅族交流的重要形式，并且御宅族的互动通常借助特定的动漫符号进行包装，对名称、外貌和性格进行专门修饰，采取一种戴着动漫面具的"人—人"之间的间接沟通，而区别于现实世界中以真实身份和姓名的"人—人"之间的直接交流。

第三，御宅族互动具有广泛性的特征。现代传媒和互联网技术的发展赋予御宅族互动广泛开阔的空间。通过互联网，御宅族受众的自主性能够得到更好的发挥，广泛的互动性是信息发布低门槛和灵便性带来的结果。Mixi、MSN等网络和手机通信手段的成熟为御宅族获取信息和多维互动创造了条件。借助这些通信手段，御宅族之间能够进行一对一或一对多的交流传播。在现实生活中沉默少言、不善言辞的御宅族，利用网络间接沟通的特点，不必直接面对面，能够自由装扮和改变自身形象和性格，轻松自如地交流沟通。这些特征使得御宅族与互联网建立了密切的联系，并借助其广泛发布大量动漫信息。

第四节　圣地朝圣与巡礼

一　秋叶原：圣地朝圣

日本东京秋叶原地区，日文为"秋葉原"（"あきはばら"），被称为"御宅族圣地"或"动漫天国"。秋叶原区域的店铺多达上千家，最早以供应洗衣机、电视、冰箱、照相机、录像机和游戏机等家用电器闻名。目前，在秋叶原，电子数码产品店、动漫书店、动漫模型玩具店和主题咖啡馆并肩共存，与电子网络和动漫相关的大型办公楼、零售卖场和综合超市林立。每天有大量游客进出秋叶原，参观游览、购物消费，人潮涌动，异常繁华热闹。在御宅族群体中，通常把秋叶原称为"圣地"，把到秋叶原称为"圣地巡礼"。本节首先梳理秋叶原的基本概况和发展沿革；其次分析秋叶原区域内知名的动漫场所、活动，以及御宅族在此地的活动情况；最后在田野调查的基础上，探究秋叶原成为"御宅族圣地"的原因和重要性。

（一）秋叶原的基本概况和发展沿革

1. 秋叶原的基本概况

秋叶原是以日本东京千代田区的秋叶原车站和秋叶原中央大街为中心，包括东京千代田区外神田、神田佐久间町和台东区秋叶原的街区名称。秋叶原处于旧江户城东城门外，集中了电子产品店、模型玩具店、动漫产品店和动漫主题咖啡馆等上千家店铺，也分布着秋叶原UDX、秋葉原ダイビル（秋叶原大厦）、東京タイムズタワー（东京时代大厦）等现代高科技研发、办公和零售等综合大楼。

秋叶原拥有"数码科技前沿"和"动漫天国"两张名片。首先，秋叶原是日本最早开始运作电子产品交易的集散地，至今仍十分完整地继承了这一传统。目前秋叶原电子产品是日本产品最丰富的集中销售区域，许多日本知名电器制造公司和卖场都在秋叶原设立销售中心，推广各自的最新产品，使秋叶原成为日本高端电子产品的研发、营销和销售的重要街区。

其次，秋叶原是日本国内乃至全球最大的动漫产品展示和销售区域，秋叶原中央大街设有大量动漫衍生产品店、漫画书店和动漫主题咖啡馆、餐厅等，随处可见各种动漫宣传海报、穿着可爱或性感的角色扮演服装的动漫少女，动漫文化氛围极为浓厚。秋叶原被誉为动漫文化的发祥地和御宅族"圣地"，动漫世界的各种元素和符号都能够在秋叶原得到权威、全面的诠释，几乎全世界的御宅族都对"Akihabara"这个符号顶礼膜拜，到秋叶原成为御宅族的"朝圣"行为。

2. 秋叶原的历史沿革

在江户时代，位于江户城东城门外秋叶原一带曾是下级武士的居住地。明治维新后的日本进入电气化时代，电灯、广播等电气化设备开始出现并普及。在秋叶原地区出现销售电线、配电器、开关、收音机器件的批发商店，秋叶原电器销售街区的雏形初现。第二次世界大战之后，秋叶原成为销售高品质电子产品的电器黑市，随着日本经济的回升，大量电器销售商店开张，专门售卖无线电、收音机和真空管等电器组件等。从 20 世纪 50 年代到 70 年代，秋叶原的电器商店供应大量进口和国产的洗衣机、电视、电冰箱等家用电器，之后又出现录像机和游戏机等家庭娱乐设备。

20 世纪 80 年代初，石油危机和日元升值困扰着日本国民经济，但家电产业一枝独秀，保持稳步高速增长的势头。在秋叶原，许多高层商业建筑拔地而起，形成秋叶原商业街区的基本格局，秋叶原在日本国内电器销售市场的地位进一步巩固。20 世纪 80 年代后期到 90 年代，传统电子器械产业出现衰退，半导体、集成电路技术革新引发了信息革命，秋叶原把目光投向电脑行业，进驻秋叶原的店铺逐渐转而销售价格昂贵的电脑和电子配件产品，秋叶原进入电子电脑产品销售时代。

与此同时，伴随着日本动漫产业的发展成熟和互联网技术的进步，一股"御宅文化"之风在秋叶原异军突起，并席卷整个日本，其影响力远及世界各地。此前，秋叶原已经出现有少量出售同人志及动漫商品的商店，但由于店家规模、商品销售量、租金成本等问题，此时的动漫产品在秋叶原仍未形成规模。1995 年，《新世纪福音战士》在日本广受欢迎，其相关的模型、游戏等动漫产品也开始上市；1997 年动漫专营店 Gamers 落户秋叶原；1998 年，动漫衍生产品店 K - BOOKS 及海洋堂（KAIYODO，成立于 1964 年，知名玩具模型的制造公司，也是日本知名的家族企业）也进驻此地；1999 年，被称为 Gamers 的大厦竣工，销售额屡创新高，大量规模不一的漫画、动画、模型手办、游戏机等动漫产品经营店铺在秋叶原不断聚集。

随着聚集效应的加强和御宅族文化氛围的日益浓厚，秋叶原与动漫产业和御宅族文化紧密结合，成为日本最大的御宅族集散地。御宅族在此收集最新动漫资讯，寻找购买动漫作品，出于共同的兴趣爱好，进行各种形式的交流沟通，并开始组建各种同人社团，举办动漫展会。御宅族活动日益频繁化和规模化，秋叶原逐渐成为全球最著名的"动漫天国"。

（二）御宅族的秋叶原"圣地朝圣"

在日本人的群体意识中，所谓"归宿"（"居場所"）的观念十分强烈。这个"归宿"不仅包括物理空间的概念，也是精神空间以及虚拟空间的概念。秋叶原无处不充盈着动漫文化的气息：秋叶原车站的月台上粘贴着巨幅美少女广告图片，超大液晶屏幕上滚动播放着最新动画和游戏的宣传片，步行街上盛装打扮的角色扮演者免费派发宣传品，动漫主题餐馆和咖啡馆随处可见。对于御宅族而言，秋叶原无论是在物理空间，还是精神和虚拟空间层面，都充分地给予御宅族强烈的归属感。本部分介绍秋叶原内御宅族聚集的场所，并结合田野访谈，介绍并分析御宅族到秋叶原圣地朝圣的情况。

1. 秋叶原车站和秋叶原中央大街

现今的秋叶原被动漫和游戏图像所包围。在秋叶原车站，月台上的广告是巨幅美少女图像的同人商店广告。在电器街出口，首先可以看见动漫色彩浓厚的ラジオ会馆（Radio会馆），会馆前的广告是最新的美少女游戏广告，与车站连在一起的是アキハバラデパート（秋叶原百货）、大型综合店Gamers总店、各种规模不一的动漫产品售卖店和成人用品店（LOVE MERCI）。在秋叶原中央大道的店铺门口，随处可见动漫美少女的宣传海报和等身看板，液晶大屏幕里播放着美少女游戏宣传短片，路边有女仆打扮的角色扮演者分发广告传单，招揽顾客。从秋叶原车站到中央大道，这个区域仿佛一个与世隔绝的动漫世界，到处被动漫符号和元素所包围（见图3-17）。

2. 大型综合商店

秋叶原的大型综合商店主要售卖各种市场上热销的动漫衍生产品，包括动漫音乐CD、DVD、游戏机、漫画杂志等，也售卖少量同人志作品，如アキハバラデパート（秋叶原百货）和大型综合店Gamers总店等，被称为动漫产品超级市场，是御宅族追寻动漫最新时尚必须关注的场所（见图3-18）。这类大型动漫综合店会通过限时打折或限量出售动漫产品来吸引御宅族或其他顾客，御宅族驻足于此

图 3-17　秋叶原中央大道

也是想购买到那些自己心仪的价格不菲的动漫产品。

图 3-18　秋叶原大型综合店 Gamers 总店

除了以动漫为中心的大型综合店外，大型家电店与电脑数码商店也售卖 CD、DVD 或游戏。这类商店不以销售动漫产品为主，但通常也划出一定空间或增开分店销售动漫多媒体产品。电子数码产品是御宅族在家中收集动漫信息的必备工具,因此,大型家电店铺与电脑数码商店也是御宅族时常光顾的场所。

3. 动漫二手店

动漫中古店(二手店)主要是提供动漫产品的二手买卖服务,御宅族可以在二手店卖出自己的动漫衍生,或以较便宜的价钱购买二手商品。动漫中古店一般分布在秋叶原的小巷中。动漫二手店的店主很多自己就是御宅族,他们与御宅族顾客交流频繁。御宅族把自己购买或加工过的动漫产品,如模型等寄放在二手店出售,通常贴上写着所有者的名称和价格等信息的标签,交易成功后,店主收取一点中介费,或者店主直接购买御宅族顾客的动漫产品,自己收藏或者变价出售。在动漫二手店出售的商品中,有经过御宅族精心加工的,也有绝版的珍贵物件,这类商品价格高出市价许多,这是御宅族顾客专门借助二手店展示自己的收藏或加工成果,而并非有意出售(见图3-19)。

图3-19 动漫二手店出售的动漫手办(模型)

4. 动漫产品跳蚤市场

东京再利用市民会(東京リサイクル市民会)为激发秋叶原地区经济文化交流活力,每周末和法定节假日在秋叶原UDX大厦前的秋叶原广场举办动漫产品跳蚤市场。跳蚤市场每次在上午 10 点开始到下午 4 点结束，开设超过 100 家摊位，由有意出售动漫作品的民众申请参加，购买者可免费入场参加，买卖双方自由交易。

笔者于 2013 年 7 月 13 日前往秋叶原的动漫产品跳蚤市场，并访谈了跳蚤市场的几位卖家和买家。一位动漫产品跳蚤市场的卖家深泽说，今天她与妹妹一起参加动漫产品跳蚤市场的售卖会，她喜欢收集各类动漫人物的扭蛋玩具，[①] 经常来秋叶原走动购物，也时常申请参加跳蚤市场，组设摊位，主要是出售动漫扭蛋玩具和毛绒玩具。深泽说因为自己喜欢购买动漫人物的扭蛋和毛绒玩具，还经常参加便利店和超市举行的抽签游戏获取动漫玩具。这种购物形式经常会导致得到重复的东西，就通过跳蚤市场来低价出售这些重复的玩具，同时从其他卖家那里购买自己喜欢的动漫玩具，几乎每次活动她们都能有收获。由于活动时间有限、摊位众多，她和妹妹会分工合作，上午由她负责摆摊销售，妹妹去寻找自己喜欢的动漫产品，下午两人交换分工。由于她的摊位商品数量不少、价格相对便宜，因此生意不错，可以用售卖的收入再购买新的扭蛋玩具。深泽说跳蚤市场最怕天气突变，因多在露天进行，东京夏日天气多变，一旦下雨躲避不及，往往会打湿摊主的商品。深泽认为东京再利用市民会举办的秋叶原跳蚤市场使她们的动漫扭蛋收集活动变得更加有趣和灵活，也是一种和其他人互通有无、交流经验的平台（见图 3-20）。

笔者也访谈了一位来跳蚤市场购物的御宅族花泽君。花泽君称自己住在千叶县，经常来秋叶原走动，差不多每周一次，即使没有什么特别要买的东西，也会过来走走看看，在中央大道上走走，也感到挺愉快的。到 Gamers 总店和几家常去光顾的模型店看看，可以了解现在秋叶原推崇展出的动漫和电子产品。花泽君说，他这次来秋叶原的目的是去 animate 买一本漫画的本月新刊，回家的路上顺道来跳蚤市

---

① 扭蛋（がちゃ）玩具，又称为转蛋或胶囊玩具，一般把多个相同主题的玩具模型归置成一个系列，分别放入蛋状的半透明塑料壳里，并添加相应的说明书然后放到对应主题的扭蛋机中，通过投币或插卡随机抽取的方式进行售卖。

图 3-20　秋叶原动漫产品跳蚤市场

场逛逛，看看能否淘到便宜的二手手办。花泽君说，在秋叶原能看到最新的动漫产品展示，这里各种店面很多，在动漫产品销售店里总能买到一些新奇的东西。

5. 动漫书店 animate

在秋叶原开有 animate 的秋叶原分店，到此来购物的御宅族络绎不绝。animate（アニメイト）成立于 1987 年，是日本最大规模的动画、漫画和游戏贩卖店之一，在日本国内除岛根县以外 46 个都道府县都开设了店铺。animate 所经营的动漫角色产品通过其版权方的授权许可，不仅是动漫产品销售企业，也拥有对动漫模型、音乐和游戏制作等的生产权，自主开发创作大量动漫产品，其开发生产的大多数商品在一般的动漫玩具店里都购买不到。

此外，animate 掌握专门的动漫宣传媒体机构，通过举办动画、游戏特典，以及声优大赛和动漫歌曲大奖赛等多种形式的活动，宣传公司制作的动漫产品。日本一些大城市的 animate 店铺会定期举办特定的主题活动，请知名声优和动漫歌曲歌手参加助阵。御宅族参加这类活动需要预约或购买 animate 的特定商品才能够得到主题活动的门票。在民间电台较少或者地方电视台不播出动画片的地区的 animate 店铺还会专门播放其公司制作的动画片，或放映宣传录像进行产品推广。animate 已超越了普通动漫书店的定位，成为一家集研发、生产创作、宣传放映和销售动漫产品于一体的动漫产业集团。

  animate 的秋叶原分店的门口悬挂着目前热播的几部动画的宣传海报，并告知各动漫产品的发行贩卖日期，吸引顾客前来购买。门口的两侧摆放着几台扭蛋机，里面有各种经典动漫的扭蛋玩偶，顾客购书之余可以在此碰碰运气，看看是否能够抽中喜欢的动漫玩具。animate 的秋叶原分店有3层营业厅，每层面积大概100平方米，共有店员11人（见图3-21）。店里最显眼位置摆放着目前最新上映的动画片《隔壁的怪物》等动漫产品。一个动漫专栏通常几乎包括与这一动漫相关的所有产品，如漫画、海报、动画片、手办模型、饰品、文具和日常生活小用品等，并且各种产品不断更新换代。有漫画专栏、动画片专栏、音乐专栏和游戏专栏等。

图 3-21　animate 秋叶原分店入口

  animate 以独特新颖、种类繁多和购买找寻方便来吸引御宅族或顾客，笔者在 animate 的店面门口观察，顾客进出频繁，客流量较大，结账的顾客经常会从三楼排到一楼。

笔者在 animate 访谈了一位到此购物的正排队结账的顾客牧野君。牧野君说自己是《进击的巨人》和《南家三姐妹》这两部动漫的忠实爱好者，从某种意义上可以说是御宅族。今天到 animate 购买《进击的巨人》的动漫衍生。牧野君住在千叶县，离秋叶原很近，交通也非常方便，每周他都会到秋叶原走走，一个人来的情况比较多，偶尔和同学过来。他几乎每次都会到 animate，看看自己关注的动漫是否有更新产品。牧野说他很喜欢《南家三姐妹》这部动漫，从 2004 年这部动漫播出就一直关注，几乎收集了所有相关的漫画、动画片 DVD、人偶和海报等衍生产品，十年的花费大概超过 150 万日元。动画片全部购买 DVD 影碟，购买消费动漫产品对他来说是一种重要的爱好，是生活支出的重要部分。他在《南家三姐妹》的论坛上注册了账号，进行同人志的收集和创造，和志同道合的御宅族交流是充满乐趣的事。在回答其对"秋叶原圣地巡礼"这一说法的看法和为什么经常来秋叶原时，牧野回答：首先，"秋叶原圣地"是御宅族公认的说法，因为在秋叶原能够及时和全面地了解到他们想知道的信息，这里不仅动漫产品全面，而且能够第一时间掌握动漫界推出的漫画、动画片和各种衍生品。到秋叶原来的人不可能全部是御宅族，肯定有许多游客，而御宅族，特别是居住在东京附近的御宅族应该会经常过来，这也是御宅族内部相互交流的重要方式。其次，御宅族只要条件允许，会经常来秋叶原走动观察，了解各店铺出售的商品、观察其他御宅族推出的最新的同人志作品，在互联网论坛里发布这些信息。最后，秋叶原总能出现许多他们想象不到的新奇事物，有的是秋叶原店主的收藏品，有的是其他御宅族的同人作品，以及动漫企业的创新产品，秋叶原是一个具有传统和吸引力的场所。其他的"圣地"他也会去走走，但自己并非是专门进行"圣地巡礼"的那类御宅族，主要是以购物为主。

6. 女仆餐厅

秋叶原有许多知名的女仆餐厅，分散在秋叶原的大街小巷里，每个店铺都有自己的特色，其中名气较大的有東京メイド喫茶、アキハバラ、ミアカフェ、ひよこ家和 M. FACT. CAFE 等。在秋叶原车站站前和

中央大道上就有散发宣传单的女仆努力招揽顾客（见图3－22）。秋叶原的女仆文化是御宅族文化的重要组成部分，许多男性御宅族对动漫中可爱的女仆形象情有独钟，女仆文化最先出现在平面漫画和动画片中，之后出现女仆模型玩偶，之后出现真人扮演的女仆角色和经营性的女仆餐厅。在秋叶原，大街上的女仆成为吸引人目光的亮丽风景，女仆餐厅和女仆咖啡店提供各具特色的服务，使来此消费的御宅族等顾客享受到"主人"般的待遇，成为御宅族在秋叶原流连忘返的重要场所。

图3－22　秋叶原中央大道上女仆

笔者访谈了一位散发传单的女仆。出于职业修养，她以娇滴滴的声音和可爱的行为举止回答各种问题。她说自己是东京某大学的学生，到秋叶原的女仆咖啡馆Cos－Cha打工，今天负责店外生意的招揽，女仆名字叫"瞳"。瞳说自己从小就喜欢动漫，从初中就开始参加学校的动漫社团，在高中参加漫画研究社，自己也是御宅族的一员。她喜欢《纯情房东俏房客》和《妄想学生会》这两部动漫，花费在购买收集相关动漫产品上的金额也不少，大部分资金来源是打工的收入，选择到Cos－Cha女仆餐厅打工是源于自己非常喜欢这套女仆服饰，经过几次面试才被录取，现在一周上班4天，时间段从早上9点到下午2点。虽然女仆餐厅的打工工资不高，但自己在这里工作非常有趣。一走进秋叶原街区，她就感到一种亲切感，也同意笔者提出的"归属感"这一说法，工作一开始，她就感觉自己进入动漫里的角色，声音举止很自然地发生变化，尽自己所能让顾客感到Cos-Cha女仆餐厅服务的周到细致。

秋叶原从早期的家用电器购买街区，发展到日本国内最大的电子数码产品销售区域和全世界最具影响力的动漫文化区域，被称为"御宅族圣地"。秋叶原内分布着日本国内大型动漫生产销售企业和小规模经营的动漫店铺，有专营商店、书店也有大型综合超市，动漫商品琳琅满目，有各种最新上市的动漫前沿产品，也有御宅族加工创作的同人志作品，有价格超过百万日元的限量产品，也有跳蚤市场上销售的几百日元的动漫小饰品等，每天吸引各地到秋叶原"朝圣"的御宅族往来不断，来此"朝圣"的御宅族有经常往来的顾客，有专门在秋叶原开店摆摊的店主，也有在秋叶原打工赚零用钱的学生，他们都以各种形式进入秋叶原的生活，享受秋叶原带来的乐趣。秋叶原成为动漫世界信息流、资金流、实体商品和人员交流沟通的重要节点，令御宅族心驰神往的动漫圣地。

二 池袋乙女路：女性御宅族（腐女）的圣地巡礼

与男性御宅族爱好的动漫产品和动漫角色相区别，女性御宅族对动漫也有自身独特的兴趣和喜好，腐女文化是女性御宅族文化的重要组成部分。与秋叶原男性御宅族圣地相区别，池袋乙女路被誉为"腐女的圣地"，本部分首先分析腐女的定义、特征和形成原因，然后在此基础上考察腐女圣地——池袋乙女路，以期探明腐女文化的特征和腐女圣地朝圣的状况。

（一）腐女

1. 腐女的定义

腐女，又称腐女子（ふじょし），是专指喜欢看男性同性恋小说、漫画动画片（BL系作品），以及喜爱关注和幻想男性同性恋（耽美或BL）的女性御宅族。除了动漫作品、小说、电视剧、电影等文学作品以外，大部分腐女会对现实世界的男性间关系产生遐想。"腐"在日文中有"无可救药"的意思，这部分女性御宅族将自己的独特性取向自嘲为"腐烂了"，由此引申出"腐女"一词。在日本，腐女常被看成是"电车男"的女性版，都属于御宅族。2005 年开始，日本新闻传媒界开始意识到社会上腐女群体的存在，腐女的相关报道和研究开始出现。2006 年，日本出版了关于腐女的漫画和书籍，也出现了许多介绍腐女的电视节目。

2. 腐女产生原因

腐女在日本的诞生是多方面因素作用的结果。第一，许多日本女性通过现代传媒，受到日本动漫、欧美电影等宣扬的性开放等多元文化的影响，加上女性对爱情婚姻特有的感性，逐步认可了爱情能够超越性别的观点，对同性爱情产生认同和共鸣。西方多元文化的熏陶是腐女产生的主要原因。第二，在日本动漫界存在一些专门创作 BL 作品的动漫公司和作家团体。这些制作群体采用许多现代动漫制作的工艺创作出大量情节感人、画面唯美的 BL 恋爱故事，例如中村春菊的《纯情罗曼史》、松下容子的《暗之末裔》、大矢和美的《春风物语》、富士春美的《传说中的精灵天使》和中村理惠的《丛林男孩》等。这些 BL 作品吸引了许多年轻女性成为读者。第三，日本性开放程度较高，日本民众能够非常便利地在书店、便利店等地方购买到各式的动漫作品。在这些作品中，除去各种成人动漫作品，在面向青少年学生的动漫作品中也夹杂着各种关于性的情节和画面。日本年轻女性，甚至是青少年学生很容易被 BL 动漫的情节和画面吸引，在观阅过程中不断接收许多有关性方面的信息，在很大程度上加深了少女对爱情的幻想，使本来被束缚的青春情感得到释放，在缺乏引导的情况下，很可能产生喜好 BL 的腐女倾向。第四，以池袋乙女路为代表，在日本出现专门为腐女提供各式专门服务的行业，加上媒体的宣传渲染，助推了腐女文化的发展和腐女群体的壮大。

(二) 池袋乙女路的概况和发展沿革

1. 池袋乙女路的基本概况

池袋乙女路（乙女ロード）位于东京丰岛区东池袋区域，池袋车站东出口，是一条从东京阳光城（Sunshine City）往西到春日大道，长度大约 200 米的街道。在这条 200 米的街道两侧密集分布着售卖以女性为主要顾客的动漫产品的几十家店铺，如专门出售耽美主题作品的书店、同人志作品店和执事餐厅等闻名遐迩的店铺。2000 年之后，池袋乙女路被誉为"腐女圣地"和"日本女性御宅族之街"，来访参观者往来不绝。

2. 池袋乙女路的发展沿革

池袋车站周围开设了アニメイト（animate）总店、动漫女警（アニメポリス・ペロ）、K-BOOKS 动漫中古商店等售卖各式动漫产品的店铺。与秋叶原和中野百老汇相比，池袋的这些店铺的主要顾客群是女性，装潢设置理念都突出吸引女性顾客的特点。在 20 世纪 80 年代末，池袋的动漫店铺并非以招徕女性顾客为经营目标，当时在池袋阳光城举办过同人志即卖会等大型动漫活动，也是以男性御宅族为主要对象。直到 2000 年，在池袋开设店铺的 animate 树立了"在池袋乙女路打造一间专为女性御宅族服务的 animate 书店"的经营理念，在衍生环境、店内装潢和主打动漫产品等方面都瞄准了女性御宅族，分别开设了专门面向男性御宅族的"animate 池袋 A 店"和专门面向女性御宅族的"animate 池袋 B 店"。此后，形成了秋叶原以男性御宅族为主体顾客群，而女性御宅族的动漫产品和文化不断向池袋乙女路汇集的格局。此外，在阳光城等大型购物中心都出售化妆品、女性服装和日常生活用品，也开设了许多执事餐厅、咖啡馆等店铺，吸引女性御宅族前来参观购物。

（三）乙女路的腐女文化

乙女路长度仅 200 米，在阳光城对面，林立着アニメイト（animate）总店、罗针盘（らしんばん）池袋本店、K-BOOKS 动漫专营商店和执事咖啡馆等许多面向女性御宅族顾客的动漫专卖店。笔者考察了其中的池袋 K-BOOKS 动漫商店旗下角色扮演馆、动画馆、漫画馆和同人志馆，以及执事咖啡馆。

1. K-BOOKS 动漫专营商店

池袋 K-BOOKS 动漫专营商店专门售卖面向腐女的耽美动漫作

品，具有池袋 K-BOOKS 角色扮演馆、池袋 K-BOOKS 漫画馆、池袋 K-BOOKS 动画馆和池袋 K-BOOKS 同人志馆等分店。笔者分别对其进行了考察，以期探明池袋 K-BOOKS 动漫专营商店出售腐女产品、吸引女性御宅族消费和传播腐女文化的情况。由于池袋 K-BOOKS 动漫专营商店禁止在店内拍照，本部分的照片多取自 K-BOOKS 动漫专营商店的官方网址。

（1）池袋 K-BOOKS 角色扮演馆

池袋 K-BOOKS 角色扮演馆（池袋 K-BOOKSコスプレ館）位于东京丰岛区东池袋 3-11-1 的东池袋大楼 1 层，是专门售卖二手腐女耽美系角色扮演用品的专门店（见图 3-23）。店内按照动漫题材分门别类摆放商品，有角色扮演的服装、头饰、化妆用品、小道具等 2000 多种商品，是池袋区出售耽美系角色扮演商品最齐全的店铺。池袋 K-BOOKS 角色扮演馆全年无休，营业时间从每天 11 点到 20 点 30 分，店内有店长和营业员 8 人左右。

（2）池袋 K-BOOKS 动画馆。

图 3-23　池袋 K-BOOKS 角色扮演馆入口以及馆内服装货架

资料来源：K-BOOKS 官方网站，http：//www.k-books.co.jp/company/shop/cosplay.html。

池袋 K-BOOKS 动画馆（池袋 K-BOOKSアニメ館）于 2013 年 5 月 14 日开业，位于东京丰岛区东池袋 3-2-4 的コーケンプラザ（kokenn 广场）1 层和 2 层（见图 3-24），终年无休，营业时间从 11 点到 20 点 30 分，店内有店长和店员 7 人。池袋 K-BOOKS 动画馆售

卖《黑子的篮球》和《歌唱的王子殿下》等日本人气动画片的 CD、DVD 和游戏软件，最具特色的商品是店内出售的大量根据原创动漫改编的耽美动画 CD、DVD 等产品，以及各种相关的声优宣传画册、BL 手办等。店面光线明亮，同一动漫的影碟、手办模型和游戏软件都分门别类陈设摆放，非常便于挑选和购物。腐女御宅族能够从池袋 K - BOOKS 动画馆购买到最权威和前沿的原创 BL 动漫作品，店内顾客众多。池袋 K - BOOKS 动画馆为保护女性顾客隐私，规定一般谢绝男性顾客光顾。

图 3 - 24　池袋 K - BOOKS 动画馆正面

资料来源：K - BOOKS 官方网站，http：//www.k - books.co.jp/company/shop/cosplay.html。

(3) 池袋 K - BOOKS 漫画馆

池袋 K - BOOKS 漫画馆（池袋 K - BOOKS コミック館）位于东京丰岛区东池袋 3 - 15 - 14 一楼，终年无休，营业时间从 11 点到 20 点 30 分，店内有店长和营业员 7 人左右（见图 3 - 25）。池袋 K - BOOKS 漫画馆出售耽美漫画、轻小说、画集和杂志，是池袋地区最大的耽美漫画等纸质出版物销售店铺，进店购物的女性顾客挤满了店内空间。耽美漫画、轻小说、画集和杂志大部分是描写唯美纯情的男性同性恋爱的作品，画面精美，但性意味浓厚，因此池袋 K-BOOKS 漫画馆为保护女性顾客隐私和营造安心舒适的观阅消费空间，也规定一般谢绝男性顾客光顾。

图 3-25　池袋 K-BOOKS 漫画馆

(4) 池袋 K-BOOKS 同人志馆

池袋 K-BOOKS 同人志馆是池袋乙女路最出名的同人志书店，位于东京丰岛区东池袋 3-12-12 正和大楼 2 层。终年无休，营业时间从 11 店到 20 点 30 分，店内有店长和店员 7 人（见图 3-26）。进入书店内，是书店全力推介的 BL 新书和新作，专门陈设于最显眼的位置，靠内侧摆放着 22 个书架，BL 作品按作家、原著漫画和题材进行摆放。

图 3-26　池袋 K-BOOKS 同人馆入口

笔者访谈了池袋 K-BOOKS 同人志馆的店长长谷川君。长谷川君说，他在池袋 K-BOOKS 同人志馆工作了 4 年，是专职职员，书店共有店员 12 人，包括 8 名正式职员和 4 名兼职职员。书店总面积近 300 平方米，随着收集书籍的增加，已经出现陈设空间不足的问题。池袋 K-BOOKS 同人志馆主要经营二手同人志漫画和画册，书店与专业或业余的 BL 同人志作家建立长期联系，定期出版出售 BL 作品。书店主要面向女性顾客，一般男性顾客不会来光顾。顾客的年龄从十几岁到四十岁不等，和其他动漫商品店不同，旅游参观者比例较少，经常光顾的顾客大部分是女性御宅族，她们会时常到书店购买 BL 新作，也经常翻阅和购买早期的作品，或通过书店向 BL 作家提出定制 BL 书籍或画册的要求，从她们购买 BL 漫画、画册的频率数量和定制要求来看，这些女性御宅族拥有较强的腐女情结。顾客在购买消费 BL 作品时通常会整册完整购买，尽量追求收集作品的完整性，因此，各种专门定制作品经常脱销，需要追加制作。顾客爱好不一，几乎各种作品都有相当数量的消费群，加上大多 BL 同人作品作家是借助原著作品提供的人物事件进行创作，新作数量很大。书店也全力为顾客创造安静舒心的观阅选购环境。

笔者到池袋 K-BOOKS 同人志馆时，店内陆续有 16 名女性顾客翻阅和消费，其中十几岁到二十岁学生模样的有 12 人，有的独自一人在选购，有的则两人同来。笔者对其中一位顾客做了简单的访谈，她说自己很喜欢耽美动漫作品，经常来池袋乙女路的 K-BOOKS 同人志馆，因为这里的作品十分齐全，特别是该店面直接与同人志作家挂钩，能够很方便地买到自己喜欢的画册。池袋 K-BOOKS 同人志馆等一些店铺主要面向女性顾客，一般男性很少来这里购物，购买 BL 作品还是在一种具有相同兴趣爱好的女性活动范围内显得更加自然和安全。同时，乙女路的整个环境都有意照顾女性顾客，有各具特色的执事餐厅和化妆品店，放松、购物都十分便利（见图 3-27）。

2. 执事餐厅和执事咖啡馆

池袋乙女路腐女文化的另一象征是执事咖啡馆或执事餐厅。执事咖啡馆或执事餐厅是专门由俊美帅气的男性穿着黑色执事礼服，扮演

图 3-27　池袋 K-BOOLS 同人馆店内选购的女性御宅族

动漫中黑执事的角色，为顾客提供餐饮服务。执事餐厅和执事咖啡馆一般只面向女性顾客开放，并规定严格的预约机制和进餐规则。2006年3月22日，第一家执事咖啡馆燕尾蝶（スワロウテイル）在东京丰岛区东池袋 3-12-12 正和大厦 B1 层开业。经过媒体的宣传，池袋乙女路正式树立起其"腐女圣地"的标志。2007年之后，先后有乙女咖啡厅、男公关咖啡厅、BL 咖啡厅等许多执事咖啡馆和执事餐厅在池袋乙女路开张营业。

执事咖啡馆或执事餐厅通常模仿日本动漫中的执事元素或者直接援引欧洲贵族宫廷礼仪，在欧式宫廷内，由经过专业礼仪和服务培训的年轻男士为女顾客提供餐饮服务。男士俊美的外形和温柔细腻的感情是腐女文化的核心，执事咖啡馆或执事餐厅一经推出就成功俘获大批女性御宅族的心，池袋乙女路每天都有三三两两结伴前来的女性顾客到执事咖啡馆或执事餐厅用餐消费，池袋乙女路的这些知名特色餐厅也成为女性御宅族流连忘返的场所。

（四）对腐女现象的分析

腐女专指喜欢看男性同性恋小说、漫画动画片（BL 系作品），以及喜爱关注和幻想男性同性恋（耽美或 BL）的女性御宅族，和许多男性御宅族偏好"萌系"动漫角色一样，崇尚俊男同性恋爱的腐女文化也是女性御宅族在性需求方面的重要表现形式之一。腐女概念是从动漫文化中形成和延伸出来的，腐女与耽美作品（BL 作品）有着十分密切的关系。耽美作品最早出现在日本近代文学中，是一种反对自然主义文学而呈现的另一种文学写作风格。耽美最初的本意是唯美浪漫，而产生 BL 意向，是源于日本耽美漫画的出现。耽美作品并非日本动漫领域所独有的，欧美动漫界也存在许多耽美动漫读者，但相比之下，日本动漫界创作出许多耽美作品，并形成一种独特腐女文化，在日本社会影响深远。许多女性在强烈的猎奇心理和排解生活压力需求的驱使下接触耽美作品，并被其有别于世俗的异性恋爱的特殊情节所吸引，加上池袋乙女路独特的腐女文化街区大力宣扬和培育腐女文化，更催生了日本女性御宅族中一批喜好耽美动漫的腐女群体。

三 鹫宫町神社：圣地巡礼

动漫作为一种重要的文化表达方式，在日本拥有广泛的社会基础和文化基础。20 世纪 70 年代出现的"御宅族"便是伴随日本动漫文化的发展而出现的一个亚文化群体。御宅族具有独特的生活方式和行为方式。他们长期痴迷于动漫，投入大量时间、金钱购买收集各种漫画、动画和动漫衍生产品，倾心于对动漫符号进行无休止的考据，游走于动漫虚拟世界和现实生活之间。"动漫圣地巡礼"即御宅族探访日本各地的动漫绘制或取景地，是御宅族特有的一种行为方式和自我表达方式。本书在分析日本御宅族的定义和特征的基础上，集中考察御宅族的"动漫圣地巡礼"，并通过田野调查的方式，详细考察了不同类型御宅族的巡礼行为方式和情感特征。

（一）御宅族的"鹫宫町神社圣地巡礼"

日本动漫创作具有取材取景于现实的传统，许多动漫作品都取景于现实城镇或乡村。"动漫圣地巡礼"是御宅族探访日本各地的动漫绘制取景地，试图还原动漫场景和情节，身临其境体验动漫魅力的一种追求自我认同和自我表达的方式。2007 年，一部描述御宅族日常生活的动画片《幸运星》播出之后，在日本御宅族之间产生了共鸣。这部动漫取景于日本琦玉县东北部一个叫"鹫宫町"的小镇。众多御宅族纷纷到实地踏访，并将动漫中重要场景之一的琦玉县北葛饰郡鹫宫町奉为"动漫圣地"，动漫圣地巡礼现象开始在日本流行。

鹫宫町是一个人口不足 4 万的小镇，其境内的鹫宫神社是关东地区最古老的神社之一。作为动漫作品《幸运星》取景地的鹫宫町吸引了众多御宅族，其中鹫宫神社更被御宅族奉为动漫圣地。2010年新年（1月1日到3日）到鹫宫神社参拜的人数超过66万人，是2007年动画片播放前的5倍之多。[①] 鹫宫町商工会等当地组织也以此为契机，努力营造适宜御宅族旅游参观的环境，并忠实于《幸运星》原作举办各种宣传活动，吸引了御宅族和旅游者纷至沓来。当地的12家餐饮店根据不同的动漫角色营造特殊的用餐环境和不断推出特色菜单，吸引许多御宅族慕名而来，一些御宅族在这12家店中来回巡游，逐渐成为某家特定店铺的常客。动画片《幸运星》还向观众展示了鹫宫町地区的民间传统节日"土师祭"，吸引了大批游客到鹫宫神社参观体验。2008年，"土师祭"活动的负责人提出，由外来巡礼者与当地居民共同举办"土师祭"的倡议。自此，每年的"土师祭"均由外来巡礼者和当地居民共同制作和抬举传统神轿进行游行，吸引数万人前来参观参拜（见图3-28）。

图3-28 鹫宫町车站内张贴的"土师祭"活动宣传海报。

[①] 山村高淑：《アニメ聖地の成立とその展開に関する研究：アニメ作品〈らき☆すた〉による埼玉県鷲宮町の旅客誘致に関する一考査》，《国際広告メディア・観光学ジャーナル》2008年第7期，第145—164页。

《幸运星》大获好评之后，取景取材于实际生活的日本动漫创作开始流行，出现许多著名作品。例如，2009年播放的动画片《轻音少女》取景于滋贺县丰乡町的丰乡小学的旧校区。《轻音少女》播放之后，丰乡町的商工会青年部和观光协会专门成立了"轻音少女城镇振兴执行委员会"，在丰乡小学的旧校区内还原动画片中的场景设施，每周举行模仿动漫情节的茶会，吸引御宅族前来观光旅游。此后，如《凉宫春日的忧郁》《未闻彼时花开名》《侵略！乌贼娘》和《我的妹妹哪有这么可爱》等多部动漫作品的取景地被发现，均吸引了大批御宅族前往巡礼参观。

（二）动漫圣地巡礼者的分类与特征

日本学者冈本健[1]对动漫圣地巡礼进行了较为深入的研究，其研究的重点是圣地巡礼的御宅族在圣地的信息发布和接收，并将圣地巡礼的御宅族划分为开拓型动漫圣地巡礼者、追随型动漫圣地巡礼者和二次元动漫圣地巡礼者三类。开拓型动漫圣地巡礼者观阅动漫作品，根据动漫中提供的画面、文字和语言等信息进行推论，利用互联网技术找到动漫作品取景地，并在互联网上发布动漫圣地信息；追随型动漫圣地巡礼者是原先看过相关动漫作品，又根据开拓型动漫圣地巡礼者发布的动漫圣地信息，到这些地点寻访的御宅族；二次元动漫圣地巡礼者是先看到当地组织宣传动漫圣地的信息之后，开始观阅动漫作品再到圣地寻访的一部分御宅族。

本书参考了冈本对动漫圣地巡礼者的三种分类，按照御宅族探访动漫圣地的行为特点，结合笔者的田野调查，将圣地巡礼者分为三类：第一类是"开拓型圣地巡礼者"，他们以发掘动漫圣地为目的巡游日本各地，并利用互联网宣传动漫圣地的信息；第二类是"回头客型圣地巡礼者"，即反复多次探访几个特定动漫圣地的御宅族；第三类是"追随型圣地巡礼者"，他们是开拓型圣地巡礼者的追随者，根

---

[1] 冈本健：《情報化が旅行者行動に与える影響に関する研究：アニメ聖地巡礼行動の事例分析から》，《2009年日本社会情報学会（JSIS、&、JASI）合同研究大会 研究発表論文集》，第364—367页。

第三章　御宅族的语言、着装与人际互动 | 165

据前者的发现成果，巡游各处动漫圣地。笔者于2013年7月在鹫宫町和鹫宫神社进行了田野调查，通过参与鹫宫町城镇振兴自愿者协会的活动，采访了数名到鹫宫进行圣地巡礼的御宅族，分析了御宅族到动漫圣地巡礼的不同行为方式和愿望。

1. 开拓型圣地巡礼者

本书对开拓型圣地巡礼者的定义基本与冈本一致，即开拓型圣地巡礼者以发掘动漫圣地为目的巡游日本各地，并利用互联网宣传动漫圣地的信息。他们是各处动漫圣地最早的发现者，是圣地巡礼者中最具主观能动性的一部分人。这部分具有开拓者倾向的御宅族更喜欢自称为"舞台探访者"。谷村要认为，那些自称为"舞台探访者"的御宅族并不是到那些已经被圣地化的动漫取景地去活动，他们主要的活动目的是探寻那些在动漫作品中采用但尚未被发现的场景地点，并通过互联网宣传或者举办主题活动，提高这些场景地点的知名度，通过自己的努力实现该地的"圣地化"。[1]

2013年7月18日，在鹫宫町举行的面向御宅族的"萌in鹫宫"（"萌えフェスin鹫宫"）主题活动上，笔者访谈了一位具有开拓型御宅族倾向的参加活动现场的运营人员——伊达木，就其在鹫宫町的巡礼活动和寻找动漫圣地的情况进行了访谈。

伊达木首先承认自己是忠实的动漫御宅族，购买收集动漫就是他的最主要兴趣，他更引以为豪的是自己是2007年《幸运星》播出之后鹫宫神社最早发现者之一，他与其他几个发现者几乎同一时间到现场勘察确认，并在自己的Mixi（日本最大的社交网站）上发布了这一信息，给鹫宫町和鹫宫神社挂上"动漫圣地"（"アニメ聖地"）这一招牌。此后，每年都有大批旅游者（大部分是御宅族）到鹫宫地区进行圣地巡礼。

伊达木说最近取景取材于实际生活的日本动漫创作很流行，他十

---

[1] 谷村要:《"祭りのコミュニケーション"による"出会い"の可能性—"ハルヒダンス"と"アニメ聖地"を事例として—》,《社会学評論別冊共同研究成果論集》, 2011年, 第97—109页。

分热衷于搜寻发现动漫画面中的现实场景地点，将它们公之于众。寻找动漫圣地需要观阅大量的最新动漫作品，有些动漫作品取景于名胜古迹，这些地点众人皆知，有些动漫作品会说明取景地的详细信息，感兴趣的御宅族只需到实地探访即可。而有些动漫作品则取景于鲜为人知的地方，信息的流露也十分巧妙，需要分析动漫表现的画面、居民习俗、方言或特定建筑物等信息才能发现。御宅族在推敲大致地点之后，通常会使用 Google Earth（谷歌地球软件）来搜索动漫圣地，到现场考察摄影，再把相关的对比照片和相关信息发布在互联网上（见图 3-29）。

图 3-29　动画片截图与实景的对比

资料来源：http://ameblo.jp/yamamotomizukiblog/entry-11263518444.html.

伊达木说，并非所有的御宅族都热衷于发掘动漫圣地，原因在于：第一，不同人喜欢的动漫类型不同，有些御宅族喜欢到动漫圣地巡礼，但不一定会花费大量精力去找寻圣地。第二，各类动漫作品的题材不同，能够取景于实地的作品也受到限制。一般以现代人日常生活为题材的动漫作品取景于实地的情况较多。

受到动漫原作人气指数、宣传效果和文化底蕴等因素的影响，散布在日本各地的动漫圣地知名度不同。鹫宫神社是日本的古老神社，环境清幽，具有特殊的文化底蕴，《幸运星》是专门讲述御宅族生活的作品，在日本很受欢迎，因此，综合这些因素鹫宫圣地应该是目前日本最出名的动漫圣地。伊达木以能够成为鹫宫圣地的最早发现者为荣，此后他也在东京、福冈等地发现一些动漫圣地，但知名度都远不如鹫宫圣地。目前，他的业余时间用于观阅动漫作品，每年会集中一段时间旅行探访新的圣地，也参加各处既成圣地举行的大型活动。

"舞台探访者"的使命不仅在于发现动漫圣地，也在于发掘和保护圣地。笔者访谈了鹫宫町商工会自愿者协会干部东定信昌，东定是琦玉县人，爱好动漫，也喜欢找寻新的动漫圣地，为保护鹫宫圣地而参加自愿者协会，由于住址离鹫宫町较近，也分担了协会的较多工作。

东定说，琦玉县鹫宫町靠近东京，交通便利，动画片《幸运星》播放以后，前来参观或参拜的游人剧增，其中御宅族占了绝大部分。虽然大部分来访者都遵守规则，但鹫宫町原本是一个宁静的小镇，大批御宅族的到访给当地带来了繁华热闹的氛围，也带来了一些麻烦，例如角色扮演的御宅族会模仿动漫角色的言行举止做出一些夸张的动作，制造出一些噪声。每年定期举办的"萌 in 鹫宫"（"萌えフェス in 鷲宮"）主题活动更是吸引了成百上千的寻访者，势必对当地居民的正常生活造成影响。伊达木认为作为鹫宫圣地最早的发掘者，他们有责任规范和管理圣地巡礼的御宅族的行为，一方面为了保持鹫宫圣地的神圣性，另一方面尽量减少对当地居民生活的影响，避免对鹫宫圣地巡礼造成负面效应。因此，他们与负责城镇振兴发展的鹫宫町商工会联系协作，成立了鹫宫町商工会自愿者协会，帮助引导巡礼者的参观参拜行为和企划举行每年的各种主题活动。

东定介绍说，鹫宫町商工会自愿者协会是与当地另一个民间组织鹫宫町商工会具有协作共建关系的非营利性自愿者组织，主要由御宅族和当地居民组成，共有登记在职的自愿者47名。协会的主要工作包括鹫宫动漫圣地宣传、巡礼者行为引导以及参与协助大型主题活动的企划和现场运营等三项内容。在鹫宫动漫圣地宣传方面，自愿者自发地在个人主页上宣传鹫宫圣地，发布各种鹫宫主题的奇闻趣事、当地的景色习俗和《幸运星》动漫作品最新消息，以及圣地巡礼的路线、应遵循的规则等信息。在巡礼者行为引导方面，自愿者在鹫宫町电车站、鹫宫神社等一些重点场景设点服务，引导巡礼者参观参拜，也参加鹫宫圣地的日常卫生清理和设施布置等工作。在举办传统活动的时候，自愿者协助企划宣传，参加人员登记、现场服务、秩序维持和会后清理等工作，保证活动顺利进行。

2. 回头客型圣地巡礼者

回头客型圣地巡礼者中的大部分是居住在动漫圣地附近的御宅族，也有一部分是从其他地方赶来的。与四处奔走的开拓型巡礼者不同，回头客型圣地巡礼者是反复多次探访特定动漫圣地的一批御宅族。鹫宫町内的饮食休闲场所，是回头客型圣地巡礼者时常造访的地方。由于长期多次来圣地走访，他们对动漫圣地的山水草木和各种设施都非常熟悉，他们认为自己不仅是旅客，也与动漫圣地的居民没有区别，早已融入动漫圣地的生活。笔者在鹫宫采访了两位回头客型圣地巡礼者的御宅族。

本山夏实居住在琦玉县川口市，喜爱少女漫画。鹫宫圣地被发现以后，她在周末等闲暇时间经常来鹫宫町。关于其他动漫圣地，她去巡礼过动漫《我的朋友很少》的圣地——岐阜长良公园，但还是最喜欢到鹫宫。本山觉得《幸运星》中的角色很多地方和自己相似，在鹫宫町巡礼，能够切身体验到自己身临于动漫画面之中。鹫宫神社和神社门口的大酉茶屋是本山最喜欢的场所，草木建筑让人倍感亲切，每次她都会在茶屋内的圣地巡礼留言簿里写下当时的心情，这是在其他地方无法体会到的感觉（见图3-30，图3-31）。

笔者在通往鹫宫神社的商业街上，访谈了御宅族岛耀太郎。岛耀自称是资深御宅族，居住在八王子市，喜爱体育类动漫和生活类动漫，认为这两种动漫作品贴近生活，给人以亲切感。岛耀十分喜欢圣地巡礼，去过《花开物语》的圣地金泽，十分喜爱金泽的两个圣地——汤涌温泉和稻荷神社，也去过《轻音少女》的圣地滋贺县丰乡町，可能是由于距离的原因，最常来的还是鹫宫町。岛耀说鹫宫町的

第三章　御宅族的语言、着装与人际互动 | 169

图 3 – 30　鹫宫神社门前的大酉茶屋

图 3 – 31　大酉茶屋的店内场景与圣地巡礼留言簿

商店允许御宅族把自己绘制的动漫海报贴在门前或店内，一方面增强了鹫宫町动漫文化的氛围，另一方面让他们觉得能够轻松自如地在圣地留下佳作是一件十分幸福的事情，自己会常来看看，观察其他御宅族留下哪些佳作和信息。岛耀十分感谢鹫宫町的居民和商家为御宅族创造的这个交流平台。

　　茂木是常年来鹫宫町巡礼的御宅族中十分具有代表性的一位。他从 2007 年到 2013 年，在鹫宫神社献上了超过 180 枚绘马①，表达自己对鹫宫圣地的喜爱和敬慕之心（见图 3-32、图 3-33）。2008 年，互联网发起了共同设计制作"幸运星神舆"的号召，"幸运星神舆"上绘制幸运星主角的图像，在"土师祭"当天与鹫宫町的传统民间道具——千贯神舆②一起进行游行（见图 3-34）。茂木是"幸运星神舆"的创作者之一。在采访茂木时，他说：来到鹫宫町就觉得自己是属于这个小镇的，非常感谢小镇的居民们保持了小镇的宁静和美丽，希望自己也能为鹫宫町和神社做点什么事情，现在制作供奉在神社的绘马可以说是自己人生的一个小目标，也是自己对圣地的一种报恩。

图 3-32　供奉在鹫宫町神社的绘马

---

　　① 绘马是日本人的一种许愿形式，大致产生在日本的奈良时代，是指在一个长约 15 厘米、高约 10 厘米的木牌上写上自己的愿望，在神前祈祷，祈求得到神明的庇护。
　　② 千贯神舆是鹫宫町的传统民间活动，始于江户时期，每年 9 月的第一周举行，由当地居民抬捧特制的神舆游行。

第三章　御宅族的语言、着装与人际互动 | 171

图 3–33　御宅族的作品

自称是高良美幸（《幸运星》中的主要人物）迷的古贺隆在谈及参加土师祭的感受时说：2010 年，他第一次参加土师祭活动，在活动即将结束之际，听到"幸运星神舆"的代表对鹫宫町、鹫宫町居民和祭祀参加者表示感谢，自己也感同身受，忍不住热泪盈眶，在心里再次体会到对高良美幸、《幸运星》和鹫宫圣地的无比热爱。此后，他申请参加了鹫宫町商工会自愿者协会，真心希望鹫宫町一直保持和动漫中一样的那种静谧和神圣的气氛。

每次活动结束以后，古贺都会自愿参加小镇的清扫工作。古贺说，每年定期的活动虽然十分热闹，但都觉得影响了鹫宫圣地的清静。自己能做的就是和镇上的居民一起捡拾垃圾、清扫小镇，使小镇恢复和保持宁静神圣的本貌是一件幸福的事，也感觉自己切实融入圣地之中。

图 3-34　鹫宫町车站内摆放的幸运星神舆

3. 追随型圣地巡礼者

追随型圣地巡礼者是开拓型圣地巡礼者的追随者，根据前者的发现成果，巡游各处动漫圣地。追随型圣地巡礼者与回头客型圣地巡礼者的不同之处在于他们并未对特定动漫圣地表现出明显的偏好，圣地巡礼表现出一种随机性。本书所说的追随型圣地巡礼者是根据御宅族圣地巡礼的模式进行分类的，而不区分他们是通过什么途径获取动漫圣地的信息，因此，包含了冈本所定义的追随型动漫圣地巡礼者和二次元动漫圣地巡礼者两类御宅族。笔者在"萌 in 鹫宫"主题活动的现场，访谈了几位具有追随型圣地巡礼者特征的御宅族。

立花英治居住在岐阜县，是第二次到鹫宫町旅行，喜爱动漫，特别对历史题材的动漫感兴趣。立花在闲暇时候走访各地动漫圣地，比较偏向于历史文化古迹类型的动漫圣地，但没有非常明显的偏好，哪里举办活动或者有新的发现都会抽空去看看。立花此次来鹫宫町的原因是因为鹫宫举行"萌 in 鹫宫"主题活动，觉得挺热闹有意思，就过来参观。

（三）不同类型动漫圣地巡礼者的比较分析

根据前文对鹫宫圣地巡礼者的访谈调查，本书对动漫圣地巡礼者的特征进行了进一步归纳，并从动漫圣地巡礼的方式、对动漫圣地发展的希望和融入动漫圣地的程度三个方面比较三种类型的巡礼者。

开拓型圣地巡礼者，又称为"舞台探访者"，他们以发掘动漫圣地为目的巡游日本各地，并利用互联网发布关于动漫圣地的各种信息，与其他御宅族交流沟通。"发现"和"发掘"是开拓型圣地巡礼者进行圣地巡礼的最主要特征。在圣地巡礼的模式方面，开拓型圣地巡礼者奔走四方，搜寻最新的动漫圣地，在互联网上发布动漫圣地信息。开拓型圣地巡礼者将新发现的圣地视为努力的成果而精心保护，他们号召圣地巡礼者遵循特定的礼节规则，避免影响当地居民的生活。在动漫圣地发展方向上，开拓型圣地巡礼者热衷于提升动漫圣地的知名度，喜欢组织或参加各种自愿者协会，在举行大型活动的时候，积极为圣地的宣传和企划出谋划策，协助现场运营，营造能够吸引更多巡礼者来参观交流的圣地环境。

回头客型圣地巡礼者是多次探访特定动漫圣地的御宅族。他们长期多次巡访某一个特定的圣地，并对其产生了强烈的亲近感和归属感，渴望融入圣地所在地区的生活，作为一种感恩的回报而参加各种组织或以个人行动的方式服务动漫圣地。在动漫圣地发展方向上，回头客型圣地巡礼者希望保持圣地的原貌，不愿意进行过度的商业化宣传和炒作，并热衷于参加各种维护圣地环境的自愿者活动。回头客型圣地巡礼者是最熟悉动漫圣地、对动漫圣地怀有深厚感情的圣地守护者。

追随型圣地巡礼者是开拓型圣地巡礼者的追随者，根据开拓型圣地巡礼者发布的圣地信息，巡游各处动漫圣地。追随型圣地巡礼者并未对特定动漫圣地表现出明显的偏好，喜欢巡礼那些最新发现或举行活动的圣地，圣地巡礼模式表现出较强的随机性，抱着"哪里热闹有趣，就去哪里"的心态，对动漫圣地的感情也没有前两类巡礼者鲜明和强烈，融入程度和归属感也较弱。

本部分在前文讨论日本御宅族的定义和特征的基础上，集中分析了御宅族追求归属感和自我认同的重要行为之———动漫圣地巡礼。根据动漫圣地巡礼方式的不同，笔者将巡礼者划分为开拓型动漫圣地巡礼者、回头客型动漫圣地巡礼者和追随型动漫圣地巡礼者三种类型，并通过田野调查的方式，详细考察了三种类型御宅族的巡礼行为特征和情感思想：开拓型动漫圣地巡礼者以发掘动漫圣地为目的奔走各地，并热衷于积极宣传提升动漫圣地的知名度；回头客型动漫圣地巡礼者长期到某个特定圣地巡礼，对其产生强烈的亲切感和依附感，在一定程度上排斥商业炒作，希望保持圣地原貌；追随型动漫圣地巡礼者根据动漫圣地的知名度和定期活动而在各地巡礼，并未表现出十分明显的感情倾向。

本章小结

首先，本章分析了御宅族群体内外对其形象的认识和评价，通过访谈和文献梳理，能够看出御宅族对自身和群体的形成、发展表现出积极肯定的态度。虽然目前御宅族文化与社会主流文化出现逐渐融合的趋势，但日本社会对御宅族群体和文化仍然持较为负面和忧虑的态度。其次，通过分析御宅族群体独特的语言、审美观、恋爱观、日常衣着服饰等特别的行为模式，较为形象和全面地勾画出御宅族的别样人生，以利于更加具体深入地认识和研究御宅族群体。再次，研究御宅族在虚拟空间和现实生活中"人—机—人""人—人"等特殊的交流方式，揭示御宅族交流中有意回避现实身份，而喜好借助动漫符号再造自我，沟通内容以动漫为中心，以及利用互联网间接沟通的特征。最后，通过大量的田野调查，一是考察了男性御宅族圣地的东京秋叶原的中央大道、动漫产品大型综合店、动漫二手店、动漫产品跳蚤市场、动漫书店 animate 和女仆餐厅咖啡馆等；二是考察了洋溢着腐女文化的女性御宅族圣地池袋乙女路的耽美作品销售连锁店 K -

BOOKS、执事咖啡馆，分析了腐女的定义、特征和形成原因，并在此基础上深入考察了腐女圣地——池袋乙女路，研究了腐女文化的特征和腐女圣地朝圣的状况；三是在鹫宫町圣地巡礼部分集中分析了御宅族追求自我认同的重要行为之一——动漫圣地巡礼，根据动漫圣地巡礼方式的不同，将巡礼者划分为开拓型动漫圣地巡礼者、回头客型动漫圣地巡礼者和追随型动漫圣地巡礼者三种类型，并通过田野调查的方式，详细考察了三种类型御宅族的巡礼行为特征和情感取向。通过这些研究分析，在一定程度上揭示了御宅族的生活方式、行为特征，以及御宅族对圣地的依存和圣地因御宅族而繁盛的过程与原因。

综上所述，较为完整独立的御宅族群体和文化已然成形。御宅族群体拥有独立的自我认知和价值理念，并形成了区别于其他社会群体的特定的语言以及交流沟通、审美和恋爱方式，御宅族对动漫圣地存在很强的依存性，渴望在圣地获得动漫信息、交流媒介和自我展示的平台，秋叶原、池袋乙女路和鹫宫町等知名动漫圣地是御宅族走出虚拟世界，在现实中感知自我、与他人交流融合的重要载体。可以说，御宅族因动漫圣地而集结，动漫圣地因御宅族的膜拜而兴旺。

第四章 御宅族的角色扮演

角色扮演是御宅族对动漫角色的模仿行为，是御宅族文化的重要表达方式，御宅族通过角色扮演实现自我表达和动漫的再创造。本章对角色扮演的概念、发展过程、特征和具体操作流程进行界定和梳理，并在此基础上，对秋叶原女仆餐厅和乙女路执事餐厅这两个通过角色扮演行为包容大量动漫元素的场所进行深入的田野调查和研究，以期能够探明御宅族在现实生活中追求二次元文化，渴望融入动漫世界的原因和过程。

第一节 角色扮演概述

一 概念界定

Cosplay 是英文"Costume Play"的缩写。Costume 译为"某一特定历史时期和地域的民众阶层的服装，或戏剧电影的戏装、服装"；Play 在此具有"戏剧扮演、表演"的意思。因此，Cosplay 被译作"角色扮演"，原意是"在特殊的场合或舞台，穿上搭配的服装"。角色扮演必须源于某个特定的扮演对象，扮演对象并无严格限制，一般来自动画、漫画、游戏、小说、电影、电视剧、偶像团体或历史故事中具有传奇性的人物角色。由于日本动漫产业发达，作品风靡世界，拥有众多忠实受众，日本动漫角色成为角色扮演的主要对象。目前，角色扮演一般主要与日本动漫文化相挂钩，是指穿戴与动漫角色相同或相似的服装、饰品，使用相应的道具，模仿其言谈举止，扮演动漫角色的行为和活动，角色扮演是根植于日本动漫文化中的附属文化。

角色扮演的扮演者通常被称为"Coser"。角色扮演是御宅族张扬个性、表达自我的重要形式。

二　角色扮演的缘起和发展

许多学者认为，角色扮演活动蓬勃发展于当今社会，但追本溯源，最早出现在公元前。[①] 本书按照角色扮演活动的性质和内涵，将其缘起和发展历程分为早期带有浓厚宗教性质的角色扮演、民俗性质的角色扮演、美国式的现代角色扮演和当今主流角色扮演——日本动漫角色扮演四个阶段。

角色扮演的核心定义"扮演游戏"可以追溯到公元前古希腊的祭祀活动，古希腊祭司穿上具有特殊意义的服饰，扮演"先知"的角色，传达神的旨意，行使"神的使者"的使命，整合统一民众的思想意志。中世纪西欧的吟游诗人经常扮演神话传说中的英雄，四处向民众传唱英雄的丰功伟绩，颂扬英勇无畏的精神。本书称之为"早期带有浓厚宗教性质的角色扮演"。

各国文化经过千百年的传承，角色扮演的宗教气息逐渐减退，而慢慢演变成为一种民俗性质浓厚的民间活动，例如中国传统的舞龙舞狮活动，节日庙会上的历史人物、神仙圣贤扮演，以及各民族传统民间活动中的角色扮演等。日本神道教祭祀"山川神灵"等仪式活动也带有较多的民俗性质。本书称之为"民俗性质的角色扮演"。

现代意义的角色扮演最早兴起于电影事业发达的美国。美国知名的电影、电视剧角色走出屏幕，开始了"美国式的现代角色扮演"。20世纪20年代，美国动画片制片人华特·迪士尼创造的米老鼠、唐老鸭等动画形象风靡世界，主要角色米老鼠、唐老鸭和高飞狗等赢得了儿童观众的喜爱。在1955年创立的迪士尼乐园中，工作人员装扮成米老鼠和唐老鸭等迪士尼角色与游客亲密接触、愉快玩耍，营造出让游客置身于迪士尼动画片世界的氛围。

迪士尼乐园的米老鼠、唐老鸭角色扮演被视为是最早的现代角色扮演活动，但和当今被普遍认同的角色扮演相比，二者在目的、动机

[①] 邱天娇：《Cosplay赛博空间中的幻想与认同》，硕士学位论文，苏州大学，第8页。

以及角色扮演的主体、客体等方面存在较大不同。真正意义上的当今主流角色扮演并非发生在美国，而是日本动漫御宅族掀起的角色扮演活动。20世纪中后期，日本动漫蓬勃发展，吸引了日本国内外大批读者观众，痴迷于此的御宅族群体也不断扩大。20世纪70年代，在日本由动漫改编的"漫画同人志"逐渐在御宅族之间流传，同人社团也大量兴起。1975年，日本第一届同人志即售会在东京举行，为了提高同人社团的知名度，许多社团成员纷纷打扮成游戏人物角色登场宣传，这次活动成为日本最早的大型角色扮演活动。1984年，日本动画家高桥伸之在美国洛杉矶世界科幻年会上，为日本动漫御宅族演绎动漫角色的行为创造了一个日式英语单词"角色扮演"。至此，角色扮演成为动漫"真人角色扮演"的统一专业词汇。

从20世纪90年代后，日本动漫的类型、题材、风格发生了明显的多元化和细致化趋势，制作精巧和贴近生活的日本动漫显示出空前的大飞跃和发展势头。各游戏、玩具制作公司和动漫制作企业的合作经营关系稳定，万代玩具制作公司、索尼、世嘉、任天堂，以及东映等影视和数码企业不断涉足动漫领域，促进了经典漫画、动画片及其衍生产品的不断出现。这些动漫相关企业为争夺市场，吸引消费者购买和消费动漫产品，经常不定期地举办大型动漫游戏展，鼓励动漫社团展出，扮演其公司制作的动漫游戏角色，招揽消费者。日本各地方政府为加强本地宣传力度，纷纷设计代表本地区的动漫角色，由真人扮演充任某地宣传大使，参加各种节目。政府和商业力量的介入，促进了角色扮演在日本的迅速发展。各种动漫形象和角色扮演活动在日本成为一种流行的宣传方式。每月的第二个周六，在东京 Dome City 的 PRISM HALL 会定期举办此类角色扮演大会。

笔者于2013年7月13日来到会场，并对活动的负责人村山先生进行了访谈。村山先生所在的公司是专业承办各类动漫活动的公司。据村山先生介绍，起初在日本国内角色扮演大会并不盛行，也只有在万圣节期间公司才会有生意。直到1996年掀起角色扮演风潮，现在这家公司每月都会承办好几项动漫活动，像今天举行的这类角色扮演大会平均每次都有3500人参加，市场前景非常可观。在问及本次角色扮演大会的特点时,村山先生说:"我们为角色扮演者提供了良好的会场环境和人性化的服务。东京 Dome City 紧邻地铁口,设施内也有足够的停车位,交通方便,适合大量人员流动。在会场入口处购票后,我们会给大家发放一条纸质的手串系在手臂上方便大家一天内多次入场。会场内也为角色扮演者提供了足够的更衣化妆空间和行李储存处,除此之外还有一个很大的跳舞区,并有领舞台。我们会在固定时间播放当下最流行的动漫舞曲,角色扮演者可以身着他们喜爱的动漫服装翩翩起舞,场面很热闹,这是其他动漫活动所没有的。"图 4-1—图 4-5 是笔者参加此次活动时拍摄的照片。

图 4-1 东京 Dome City 的 PRISM HALL

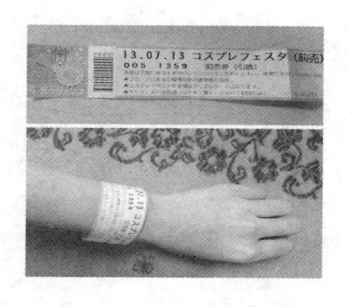

图 4-2 纸质手串门票

180 | 我迷故我在

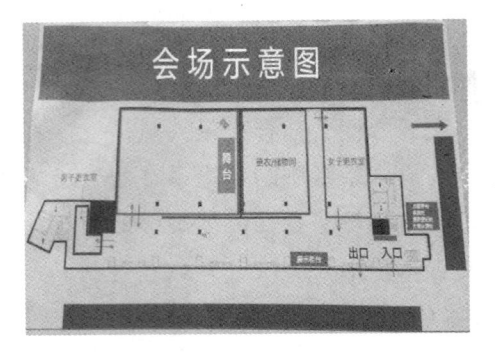

图 4-3　角色扮演会场示意图

图 4-4　角色扮演会场播放的动漫舞曲单

图 4-5　跳舞的角色扮演者

御宅族也充分利用和发展了角色扮演这一宣传形式，日本动漫角色成为角色扮演的最主要对象，他们借用角色扮演这种全面模仿、全身心投入的新颖表达方式，充分表达自己对某部动漫作品和动漫角色的强烈喜爱。角色扮演兴起之前，御宅族主要通过购买收集、观阅考据、临摹复制作品和交流谈论等方式表达自己对动漫的喜爱。以上几种表达方式都是单线、隐身和较封闭式的，漫画、动画片或玩具模型等动漫产品是一种封闭式文本，御宅族与动漫产品之间始终处于一个主体和客体对立而存的隔阂状态。角色扮演活动的兴起突破了御宅族与心仪动漫作品间的物理障碍，身体展示和言行模仿替代了文字图像复制，御宅族观阅主体与动漫文本实现了全方位的合一。因此，角色扮演活动成为御宅族倾注大量精力去潜心钻研完善的表达方式，也是动漫展示会上御宅族表演的重头戏。

三　角色扮演的特征

角色扮演是御宅族自身和动漫图像最紧密的结合和展示，是他们十分重视的一种自我表现的文化样式，许多御宅族将在动漫展示会上的角色扮演活动视为自己收集研究动漫的大演习，也通过角色扮演来观察其他御宅族的审美水平。可以说，角色扮演活动是一种集创造性、反抗性、视觉性和消费性特征于一体的文化行为。

（一）角色扮演的创造性特征

御宅族对角色扮演活动具有极大的热情，既基于他们对动漫游戏强烈的喜爱，也在于角色扮演活动具有创造性的特征。在角色扮演活动中，御宅族借助服装、道具，将自己化身为动漫或游戏角色，能够根据自身理解为动漫作品的角色和情节赋予个人特色而进行再创造，并通过舞台表演的形式予以新的展现。近年一些热门动漫，如《死神》《火影忍者》《进击的巨人》等都是角色扮演的热门题材。资深的 Coser 在服饰外形、言行举止上进行惟妙惟肖的模仿，讲究面部化妆的美观逼真，选择加工各种服饰道具，琢磨表情动作的特点，以及处理照片、影像和音乐的艺术效果等，都需要御宅族发挥其审美创造能力。创造性首先是对作品角色形象的立体再现，其次则表现为对原先的动漫或游戏进行巧妙的二次创作。

角色扮演是一个短时间的自我展现,难以像漫画或动画片一样全面叙述故事情节、展示人物个性。御宅族需要抓住动漫角色最突出的特点和代表情节,或极力再现渲染某一段场景,突出人物个性;或融入自身的感悟和解读,重新组合设计情节,创作与以往存在差异性的角色形象和个性。这都要求御宅族在精研动漫作品的基础上,发挥想象力和创造力,这样才能达到让人耳目一新的效果。

(二) 角色扮演的反抗性特征

角色扮演的主力人群——御宅族是一群游离于主流文化之外的亚文化群体,他们通常被视为社会生活的"边缘人物",对现实社会的规则和压力充满无奈和畏惧。[①] 他们醉心于喜爱的动漫,积极消费,潜心考据,在二次元世界中追求享受人生的乐趣和成就感,体现了御宅族不愿完全屈从于各种有形或无形的压力的反抗性特征。角色扮演活动成为御宅族寻求自我实现和认同的有效方法。首先,角色扮演行为本身可视为御宅族对平淡无奇的日常生活的反抗,各种角色的选择和扮演中蕴含着其对理想自我的追求和塑造,平时少言寡语的御宅族在角色扮演的过程中往往摇身变为自信大方的表演者,淋漓尽致地展示自我、张扬个性,是对现实生活中种种压力的强烈抗争。其次,角色扮演的对象、服饰和道具选择也体现了极大的反抗性特征。御宅族的角色扮演通常选择个性鲜明的动漫角色,或者是以冷酷著称的反派角色,或者是性感暴露的美女角色,而各种中庸平良的角色往往无人注意。御宅族的角色扮演选择的服装通常样式新颖独特,或以暴露的着装来展示性感的身材,或以雍容华美的服饰来突出对高贵唯美的身份的追求,或以极富杀伤力的武器来张扬角色的冷酷嗜杀。

(三) 角色扮演的视觉性特征

动漫作品是一种图文视觉符号,御宅族被这种符号深深吸引,角色扮演则是御宅族本身与视觉图文符号的合体。御宅族对角色扮演活动的热爱在很大程度上源于对视觉文化的认同,或者说是热衷于装饰

---

① 宇田川岳夫:《フリンジ・カルチャー:周辺のオタク文化の誕生と展開》,东京:水声社1998年版,第133页。

自我的外在形象。御宅族大多选择精美的日本动漫角色作为角色扮演的对象，在选择扮演的角色时通常倾向于那些形象突出、具有较大视觉冲击力的角色。例如女性常常会根据自身外形和身材特征，选择美丽女性类型的角色，或是性感丰满，或是清纯可人；而男性则倾向于选择英俊类型角色或冷酷类型角色；也有一些御宅族会选择长相奇特，同样对人造成较大视觉冲击的角色。在角色扮演舞台演出中，御宅族扮演动漫中的各种不同角色，穿戴极具视觉冲击力的奇装异服，摆出富有个性的动作表情，或单兵突进，或群体登场，加上灯光、音乐等舞美效果，竭力展示自己对动漫角色的热爱和理解。

（四）角色扮演的消费性特征

御宅族在角色扮演中所使用的服装、饰品道具、彩妆等价格不菲，一套精美的角色扮演服装需要花费人民币约4500元。同时，御宅族认为自己装扮为动漫角色时身份会发生转变，是一种以动漫符号为载体的文化消费。平时沉默少语的御宅族穿上角色扮演服饰，摇身变为自己仰慕倾心的二次元角色，顿时自信倍增，全身心融入动漫奇幻自由的世界，成为周围人瞩目的焦点。由于御宅族痴迷于心仪的动漫作品或角色，对御宅族来说，角色扮演文化消费的意义和收益远远超过物质消费的成本。

四 角色扮演的过程

角色扮演活动源于御宅族对动漫人物的喜爱和痴迷。一个相对完整的角色扮演过程要经过3个阶段7个步骤：第一，前期筹划准备阶段，包括研读动漫作品并选定扮演对象、搜集角色扮演对象相关的资料（如性格、外貌特征、服饰等）、购买或制作服装道具、申请活动场地、化装变身5个步骤；第二，中期扮演阶段，即真人演绎（包括现场展示和拍摄记录）阶段；第三，后期加工制作阶段。

（一）前期筹划准备阶段

前期筹划准备阶段是一个漫长的过程，首先需要御宅族长期观阅动漫，对动漫角色产生深厚的感情，能够激发其亲身扮演的热情和勇气；其次还需要熟悉动漫作品，选定心仪合适的扮演对象，扮相、服装、道具的选择和角色扮演现场表演的设计均源自御宅族对动漫角色的理解和感悟。

在角色选择过程中，御宅族们不仅强调对动漫角色外形的喜爱，而且要根据自身性格气质选择相近的角色类型，力求神似。有时御宅族会选择与自己完全不同的角色类型，通过化装塑造全新的形象，如角色扮演中的男女角色互换等，以体验全新的自我或展现自我不为人所知的另一面。

在服饰和道具装扮步骤上，早期御宅族的角色扮演服饰道具需要亲手加工制作，费时费力，效果不一。现在日本出现了出售动漫角色扮演服装饰品的专门店，售卖各部动漫角色的服装、道具、化妆用品等商品，做工精细逼真，可供御宅族自由选择组合。其中以位于秋叶原的堂·吉诃德（ドン·キホーテ）最为著名。秋叶原的堂·吉诃德出售角色扮演服装和道具等，且物美价廉，在御宅族中颇有人气（见图 4-6）。

图 4-6　堂·吉诃德的角色扮演服装柜台

除了服饰道具外，化妆是提高逼真效果的关键步骤。图 4－7 所示是动画片《黑执事》（第二季）中蓝猫的妆容，由于动漫是平面艺术，动漫角色通常形象夸张或特异，御宅族需要经过精心细致的化妆才能展现出动漫角色特有的面部形貌。

图 4－7　《黑执事》（第二季）中蓝猫的妆容

资料来源：百度 COS 化妆吧。

案例 4－1　角色扮演的前期筹划

访谈对象：

佐藤爱子，女，17 岁，东京某高中二年级学生，有 3 年角色扮演经历。

河内由美，女，17 岁，东京某高中二年级学生，有 1 年角色扮演经历。

访谈时间：2013 年 7 月 13 日。

笔者在角色扮演大会上发现两位服装特别新颖别致、与众不同的女孩子，于是对她们进行了访谈并合影留念（见图 4－8）。

图 4-8　左起河内、笔者、佐藤

访谈内容：

笔者：你们扮演的是什么动漫形象？

河内：我是美树沙耶香，是《魔法少女小圆》（《魔法少女まどか☆マギカ》）里面的治愈系，她是鹿目圆。

笔者：为什么会选择这个角色呢？

河内：因为我们都喜欢看这部动画片，喜欢里面的魔幻感。希望自己也可以成为片中的魔法美少女，用魔法实现自己所有的愿望。

笔者：那你现在的愿望是什么呢？

河内：找到男朋友（笑），我想有更多的零花钱，因为角色扮演很烧钱。

佐藤：还耗损时间。所以没有钱没有时间的人不适合玩这个（笑）。

笔者：这是为什么呢？

佐藤：因为角色扮演都是出于兴趣的自费活动。从中只能找到快乐，根本没有经济收入。决定玩角色扮演就意味着你要为快乐付出。虽然现在也会有一些奖励角色扮演者的奖项，但得奖的几率太小了。就算有幸得奖，奖金也很少，远远低于我们制作服装的成本，只是心理安慰。不过我们还是很希望能得奖。

河内：对啊，只有一个奖杯也好（笑）。

笔者：那一般是什么样的人才会得奖呢？

佐藤：一些顶级角色扮演社团的成员比较容易得奖，毕竟集体的力量大。

笔者：你们认为什么样的人适合做角色扮演者？或者说怎么样才能成为一个好的角色扮演者？

河内：我认为如果他（她）长相太难看，就别想了。但也许有些人不在乎这些，其实也不是说人长得漂亮就适合角色扮演，一个角色像不像，关系到人物的身高、体形、气质等各方面，只有神似才有看头。还有就是刚才说的，有闲钱和空闲时间。

佐藤：但我觉得不是有钱又有闲就无敌了，很多时候衣服和道具有钱也买不到，全靠自己制作，这倒是体现了角色扮演的精髓——DIY。① 像我们的衣服都是自己做的。布料的颜色、图案买不到，就需要自己大笔一挥画上去；衣服的款式、装饰不明确时，必须自己把图样画给裁缝；道具找不到替代品，也只有亲手制作。

河内：还有就是献身精神（笑），比如说像现在的大夏天要穿着里三层外三层的和服，冬天穿着露肩又露背的纱裙，为了扮演好角色必须经受天气的考验。

佐藤：有一次我为了扮一个角色，脸上涂了厚厚的戏剧油彩，上面又绘上诡异的花纹，一天下来皮肤可惨了！

（二）中期真人演绎阶段

角色扮演的真人演绎是向众人展示自己精心装扮的动漫形象。在经过精心的打扮之后，御宅族在角色扮演活动中赢得人们的认同，使其获得极大的满足感和成就感。御宅族展示扮相分为静态和动态两种：静态展示是事先拍照加工之后，以图片的形式在网络上发布。目前，许多网站设有角色扮演专门论坛，供角色扮演者进行交流传播。

---

① DIY：英文 Do It Yourself 的缩写，中文译为自己亲自动手做。

动态展示则是舞台表演。日本动漫展示会都开放御宅族申请角色扮演表演渠道，或由动漫相关企业精心组织，御宅族以个人或集体的形式进行表演。舞台表演是一种较复杂的走秀活动，御宅族个人或集体出演某一动漫、游戏作品中的角色，选取动漫或游戏中的片段进行表演，情节一般较为简单，配以对话、动作和表情来展示角色形象。原创角色扮演是御宅族二次创作的重要形式，是指御宅族扮演动漫角色，但改编原著的故事情节或人物性格等，进行新的发挥创造。此外，不仅是在动漫展示会上，日本一些动漫产品集中、动漫文化浓厚的地区，如秋叶原等地，也是御宅族进行个人角色扮演活动的场所。由于在这些场所，动漫文化充溢全场，营造出二次元世界的氛围，御宅族能够自然地展示自己的角色扮演扮相，而不会有突兀之感。

（三）后期加工制作阶段

目前，御宅族的角色扮演活动和过程通常会使用数码相机和录像机记录下来，御宅族个人或动漫宣传企业对照片录像进行技术处理之后，在网络上或平面媒体上刊载传播。角色扮演经过计算机软件的图像美化，增添文字和旁白，并以合成音效等方式美化作品，制作成一部完整的角色扮演图片或影视作品在网络流行，为御宅族提供各种信息，也成为御宅族潜心研究和参与角色扮演活动的动力。

第二节 女仆餐厅

女仆餐厅是源自动漫文化的实体餐饮店，最初出现在20世纪90年代末动漫会展活动上，经过20多年的发展，已经成为吸引男性御宅族的主要场所和传播御宅族文化的重要载体。本节研究了女仆餐厅的基本概况、发展历程和服务特色，并通过田野调查对女仆餐厅进行深入的考察。

一 女仆餐厅的概况、发展过程和服务特色

（一）女仆餐厅的概况

女仆餐厅（日文：メイドカフェ或メイド喫茶；罗马拼音：Meido Kafe；英文：Maid Cafe）为角色扮演餐厅的一大类型，因餐厅的女服务生装扮成19世纪维多利亚女王时期女仆的模样而得名。女仆餐厅是以1998年8月在东京角色扮演展中的游戏——"欢迎来到Pia Carrot!!"为蓝本的餐厅，其餐点内容与普通的咖啡店类似，而服务生多扮演动漫中女仆的角色，她们身着19世纪维多利亚女王时期女仆的装束，称呼男性顾客为"主人"（"ご主人様"）。在日语中"主人"是妻子对丈夫的称呼，这与普通餐厅对顾客的称呼不同，在日本服务行业中，称呼顾客为"御客様"，即对顾客的敬称。

女仆餐厅顾客群多以御宅族、动漫爱好者及单身男性为主。女仆餐厅通常有自己独特的服务方式，比如帮顾客按摩，陪顾客聊天、打牌或做游戏，一般根据服务项目额外收费。有的女仆餐厅提供跪式服务，即女仆双膝跪着帮顾客往咖啡或其他饮料中加牛奶或方糖，甚至喂顾客进餐。女仆餐厅还会不定期地举办派对、主题日等活动。东京秋叶原是御宅族的大本营，被誉为日本女仆餐厅第一号店的"Cure Maid Café"于2001年3月在东京秋叶原中央大道开业，很快吸引了众多御宅族及动漫爱好者光顾和追捧。随后女仆餐厅开始以东京为中心在日本各地纷纷开张，争相推出创新服务方式吸引顾客。女仆餐厅很快成为一股御宅族次文化的流行风潮，其影响力迅速扩展至其他国家和地区，包括中国台湾、韩国、墨西哥、加拿大和美国等地都出现各种女仆餐厅。

（二）女仆餐厅的创立和发展

1. 女仆餐厅的雏形

1998年8月，在东京角色扮演展的游戏推广活动上，成人游戏公司西兰花（Broccoli）的《快餐厅之恋》（《ようこそPia Carrot!!》）的宣传机构首次向世人展示了体验女仆服务形式的餐厅。由一群女服务生穿着游戏中的女仆制服，为参观者提供食物和饮料，吸引顾客关注和购买动漫游戏。西兰花公司推出的这家临时性体验式女仆餐厅可谓是日本女仆角色扮演餐厅的雏形，其成功经验和服务方式促使许多游戏或动漫产品以类似的方式进行推广。在2000年2月，西兰花公司为宣传其动漫产品《银河天使》设计创立了专门的动漫角色精品店

GAMERS，并借鉴女仆元素为其设计了吉祥物"叮当小魔女"（Di Gi Charat）。2003 年 4 月，动漫《朝雾的巫女》的宣传企划也推出以动漫中的巫女角色为服务员的餐厅。

2. 女仆餐厅的正式创立

2001 年 3 月，被誉为日本女仆餐厅第一号店的"Cure Maid Café"在东京秋叶原中央大道开业，餐厅的女服务生穿着维多利亚时代的女仆装，细致周到地为顾客提供服务，很快吸引了众多御宅族的光顾。Cure Maid Café 的女仆装由角色扮演服装厂商 Cospa 承包制作。Cure Maid Café 的装潢风格定位于 19 世纪的西欧风格，顾客与女服务生是一种主仆关系，美丽可爱的女仆为顾客提供细致服务，让顾客享受西欧贵族般的待遇，以及宜人私密的休闲环境。Cure Maid Café 餐厅经常会举办各种高雅的休闲活动，例如周末时举办小提琴、长笛或竖琴演奏会。Cure Maid Café 餐厅将提供高雅和闲适的西欧宫廷生活方式这一传统和理念一直较好地保持到现在。

与 Cure Maid Café 的高雅和传统特征相区别，于 2002 年 7 月在秋叶原开业的 Cafe Mai：lish 女仆餐厅是最早以"萌"作为特色的女仆餐厅，属于个人电脑零售商店 T‐ZONE 旗下的餐厅。Cafe Mai：lish 女仆餐厅增加了各种与女仆的互动节目，如共同玩电玩游戏或者欣赏日本动画等，举办日本动画、游戏主题活动，并鼓励和邀约顾客与店内女仆一起进行角色扮演活动。Cafe Mai：lish 女仆餐厅是第一家规定禁止拍摄店内女仆的餐厅，以此保护女仆隐私和增加店内神秘感。

随着秋叶原地区女仆餐厅活动的日益兴盛，加上大众媒体的大力宣导，女仆咖啡馆的知名度不断上升，顾客量日益增加。随着女仆餐厅的成功，继 Cure Maid Café 和 Cafe Mai：lish 等秋叶原女仆餐厅之后，许多女仆餐厅在日本各地如雨后春笋般开张。这类借由可爱女仆的角色扮演来吸引顾客的餐厅形成对御宅族极大的吸引力，女仆餐厅很快成为御宅族群体聚集活动的场所和御宅族文化的重要传播载体。

3. 女仆餐厅的迅速发展

随着女仆餐厅的发展成熟，一些在女仆餐厅工作的女仆成为御宅族的偶像，有些著名女仆也参加一些广告代言或者表演的工作。2005

年，第一个由女仆组成的偶像团队@home成立，由于她们在御宅族当中有相当高的知名度，这个乐团迅速走红。同时，许多偶像明星选择在女仆餐厅打工，以获取御宅族群体的支持。

随着时间的推移，秋叶原和日本各地的女仆餐厅数量快速增加。至今，到秋叶原旅游的人能够很容易地在秋叶原区域找到近20家女仆主题餐厅，还有其他许多模仿女仆餐厅经营模式的餐饮店和咖啡馆，如酒吧、推拿养生店等。图4-9是笔者在秋叶原车站附近走访时记录下来的18家女仆餐厅的位置。

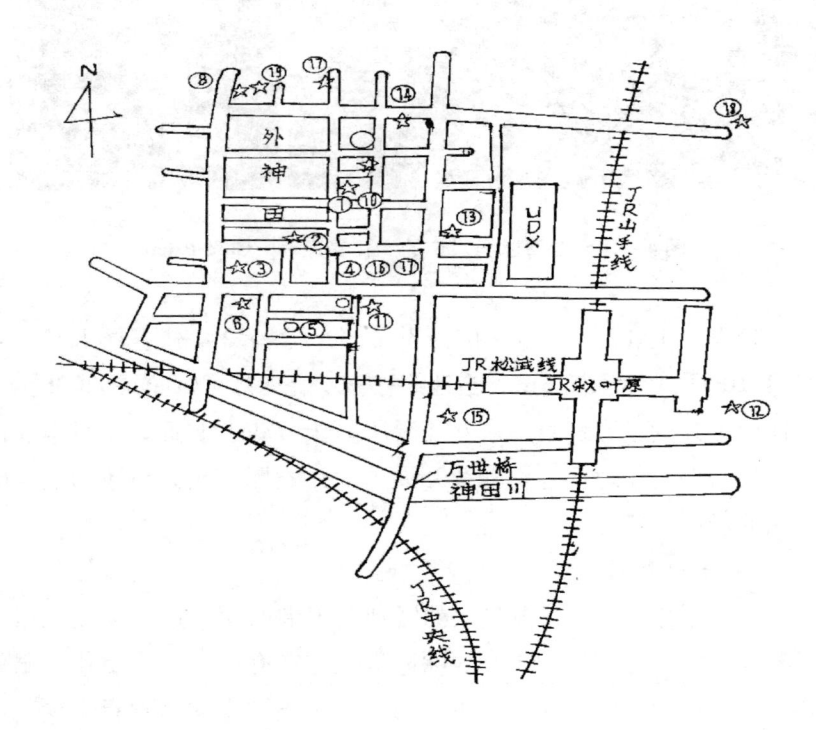

图4-9 东京秋叶原车站衍生的女仆店分布图

资料来源：笔者绘于2013年10月。

除了东京秋叶原外，为了吸引居住在日本各地的御宅族，日本各地区都有女仆餐厅，包括东京首都圈的池袋、涩谷、新宿、中野、横滨等都开始有女仆餐厅出现。2002年9月，名古屋市大须开设了当地第一家女仆餐厅 M's Melody。2012 年 8 月，北海道旭川市开设了当地第一家女仆餐厅 Cafe Eden，笔者于 2013 年 7 月也走访了这家女仆餐厅（见图 4 – 10）。

图 4 – 10　北海道旭川市的女仆餐厅——Cafe Eden

2003 年 2 月 17 日，神户市开设了当地第一家女仆餐厅 KANON。2004 年 10 月，大阪市开设了当地第一家女仆餐厅 CCOcya。2005 年 9 月，仙台市开设了当地第一家女仆餐厅 Fairy Tale。自此，从日本北部北海道到南部九州地区等都陆续开设了女仆餐厅，成为当地御宅族时常光顾的场所。

（三）女仆餐厅的服务内容和特色

女仆餐厅与一般餐饮业最大的区别在于借助女仆这一动漫元素向消费者提供独特的体验，感受西欧旧贵族式或有产阶级享受仆役服侍的感觉。女仆餐厅的女仆服务生多为年轻貌美的少女，青春年少、可爱且有吸引力，与动漫角色十分相似。因此，女仆餐厅内女仆的服务方式被视为一种角色扮演演出。顾客特别是御宅族通过参与演出更深入享受女仆的服务。女仆餐厅大多是参照动漫作品中女仆角色，由女店员担任女仆，并制作各式精美餐点，提供给顾客食用。店中的女仆会亲切地向顾客问候，并娇滴滴地称呼男性顾客为"主人"（"ご主人様"），称呼女性顾客为"大小姐"（"お嬢様"），客户群多以男性为主,其中不乏御宅族、动漫爱好者和单身男性。女仆餐厅的服务具有鲜明的动漫文化气质,是御宅族文化的重要组成部分。本部分分别考察女仆餐厅的礼仪、女仆服装、餐厅的菜单和顾客群等内容。

1. 女仆餐厅的礼仪

大多数女仆餐厅都有独特的待客礼仪和服务项目。其中,最具代表性的礼仪在于女仆服务生亲切的迎来送往:男性顾客进店时,女仆们弯腰鞠躬,亲切热情地问候:"お帰りなさいませ、ご主人様!"中文为:"主人,欢迎您回来!"对女性顾客说:"お帰りなさいませ、お嬢様!"中文为:"大小姐,欢迎您回来!""欢迎您回来"使顾客感到宾至如归,而其对顾客的吸引效果甚于其他餐饮店的"欢迎光临"的问候语。顾客离开时,女仆更会送至门口,90度弯腰鞠躬说:"行ってらっしゃい!"中文可以解释为送家人出门时的"您一路小心,早点回来"的意思。用餐过程中,女仆会相伴左右,点餐、上菜、递纸巾等,无微不至地服务顾客。有的女仆会跪在桌边,为顾客的咖啡中添加奶油或方糖,或者用糖浆或是番茄酱在甜点和蛋包饭上绘上可爱的脸蛋、动物或者是心形卡通图案,借由这种服务增强女仆的吸引力。有些女仆餐厅允许顾客和女仆拍照留影,女仆会配合顾客的要求摆出迷人可爱的姿势,以及在照片上签字留念。此外,还有顾客与女仆玩游戏、打赌和拍照等收费项目,一些女仆餐厅还提供女仆为顾客掏耳朵、做颈部背部按摩的服务项目。

顾客需要遵守女仆餐厅的一些约定俗成的规矩。如不能随意触碰女仆的身体,不能打听女仆的个人联系方式,不能跟踪女仆和侵犯个人隐私等。有些女仆餐厅通常规定顾客不得拍摄女仆和店内场景。拍照项目需要得到店方同意,由店内用专门的拍立得相机拍照留影,并交纳相应的费用。

2. 女仆服装

女仆服装是女仆餐厅的重要标志和特色。不同女仆餐厅,女仆服务生所穿着的女仆服装也不同。女仆服装主要分为维多利亚式和法国式,目前绝大多数餐厅以法国女仆服装为范本。女仆服装通常由一系列欧式衣服、衬裙、围裙以及蕾丝头饰组成,腿上穿着长短不一的丝袜。在特殊节日，女仆服务生会在平常所穿的制服外，戴上兔耳、猫耳、万圣节或圣诞节等头饰，以增添魅力和烘托气氛。

传统英伦维多利亚式女仆服装以简洁著称。裙子大都长至膝盖，衣袖与法国式相比相对较长，颈部通常被衣领包覆。法式的女仆服装则添加了更多的开放性感元素。法式女仆服装由一件短裙外加衬裙组成，裙子的长度由膝盖直到大腿不等。上衣多为短袖设计，领子开口较大，但通常并不会露出乳沟。在传统上，女仆服装多为深色系，以黑色为正宗，也包括深棕色、海军蓝等，但目前也出现许多鲜明的颜色，如品红色、蓝色、绿色、黄色和粉色等。而围在腰附近的围裙，则多是白色设计。

围裙是女仆服装的另一特色，围裙通常与裙子相似大小或比之略小，并且配有白色蕾丝。围裙搭配裙子通常蓬松轻盈，加上收身的上衣和紧腿丝袜，突出女仆优美的身体曲线。女仆的头饰一般装饰蕾丝边，有些还会附有猫耳，突出女仆可爱迷人的形象。在这些基本要素之外，为了让顾客能够感受女仆的吸引力，还会加入缎带、胸针、眼镜等，以吸引喜欢这些要素的御宅族。

3. 女仆餐厅的菜单

在女仆餐厅中，菜单上会标示供应的饮料、膳食以及甜品等。常见的食品有蛋糕、冰激凌、西式蛋饼、蛋包饭、意大利面等，而饮品则可能有汽水、茶、奶茶、咖啡和牛奶等。餐品与普通餐厅没有太大差别，但由于加入女仆服务生的服务内容，女仆餐厅的餐饮价格通常比一般自助式咖啡店高，接近餐厅的消费。女仆餐厅餐品方面最大的特点是使用巧克力酱、番茄酱、糖浆对食品进行精心的装点。如在蛋包饭上用番茄酱绘上可爱图形或者写上日期和顾客的名字等。这种为顾客特别定做、用心装点的服务方式往往给顾客留下深刻的印象，一些御宅族会为了得到心仪女仆服务生亲手制作的食品而经常光顾女仆餐厅。

4. 女仆餐厅的顾客群

女仆餐厅最主要的顾客群是热衷于漫画、动画和游戏的御宅族。来源于漫画、动画系列和美少女角色的女仆形象正是广大御宅族朝思暮想的理想女性，女仆餐厅正迎合了男性御宅族爱慕女仆的心理。在女仆餐厅中，御宅族能近距离亲近其所喜爱的"萌女孩"，获得身心慰藉。现在，女仆餐厅不仅在男性御宅族中流行，也吸引了许多一般民众前往体验，其中也包括许多来自国外的顾客。女仆餐厅已成为秋叶原动漫圣地的一张名片。御宅族称赞女仆非常"萌"，因其能够满足御宅族对浪漫纯真爱情或者性幻想的需求。女仆形象也在大量色情动漫作品中出现，被标注上强烈性挑逗的标签，但女仆和客户间并没有性交易的情况。

二 女仆餐厅天堂之门的概况及调查经过

梦之国度（めいどりーみん）是日本规模最大、知名度最高的一家女仆餐厅集团。该集团在日本国内拥有13家店铺，海外1家，共有400余名女仆在职。笔者走访的女仆餐厅梦之国度的分店——天堂之门（Heaven's Gate）位于东京千代田区外神田1-15-9号AK大厦6层（见图4-11），该餐厅于2009年开业，员工约20人。顾客多是日本御宅族或喜爱日本动漫文化的青少年，也有慕名而来的国内外游客。

图4-11 女仆餐厅梦之国度的分店——天堂之门入口处

天堂之门是梦之国度在东京地区面积最大的分店，占地约200平方米，设有餐桌位、沙发位和吧台位，最多可坐下顾客83人，容纳近百人（见图 4-12）。这间店面的装潢十分讲究，店内色彩以粉红色和淡蓝色为主，挂着五角星形的灯饰，灯光柔和温馨，给人一种置身动漫世界的感觉。根据女仆的介绍，每间梦之国度的店内装潢都聘请专门设计师负责全店场景的构想，每个摆设和细节都精心设计，把漫画、游戏和女仆文化融入其中，以期顾客光顾时有身临动漫时空的感觉。梦之国度的座席分一般座席和沙发席。场地正中央设有一个直径约 2 米的圆形舞台，女仆餐厅会随时在舞台举行小型演唱会，四周的顾客可以 360 度无遮挡地观赏歌舞（见图 4-13）。

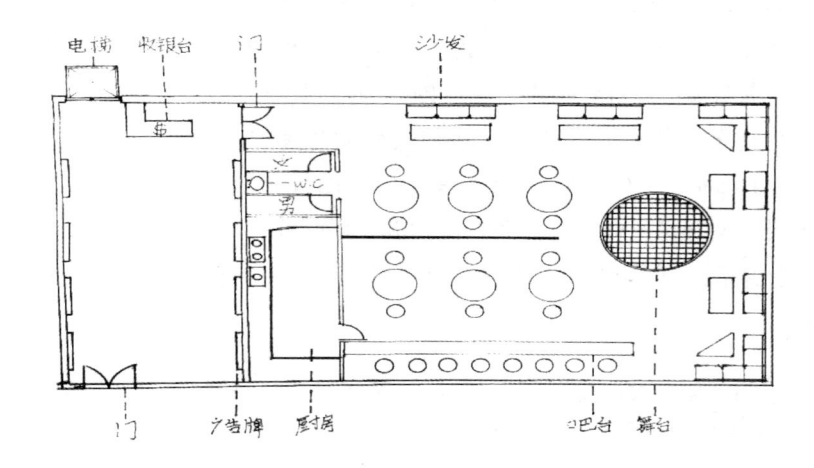

图 4-12　女仆餐厅内部结构示意图

图 4-13　女仆餐厅的店内装饰和舞台

笔者为了和"女仆"有更多的接触机会，选在相对顾客较少的上午来到了餐厅。此时，店内已经有 8 名顾客。从顾客的穿着言谈，以及与女仆的互动情况可以初步判断，8 名顾客中有单独的男性御宅族两人，另外一组是一名男性御宅族带着他的朋友前来，另外还有两名来自中国的游客，以及一对外国情侣。

刚进店内，一名离入口最近的女仆就过来热情亲切地对笔者打招呼："お帰りなさいませ、お嬢様！"（"大小姐，欢迎您回来！"）"欢迎来到梦幻的国度！""请跟我来，这边请！"一位名叫美嘉的女仆过来带路并为笔者提供全程服务。店内共有 9 名女仆在大厅招待顾客，厨房有数名厨师在工作。梦之国度女仆餐厅提供两种座席，每小时 500 日元的一般座席和每小时 1000 日元的沙发座席。梦之国度为初次来访的顾客提供各项优惠活动，笔者选择了 1200 日元的初次到访限定套餐（Maid Cafe Debut Set），包括一份餐点、一次抽签机会和与女仆的合影留念。笔者点了一份オムライスのお絵かきサービスつき（彩绘蛋包饭），一次抽签机会抽到了一个精美的女仆服装钥匙扣，并和女仆美嘉一起拍照合影（见图 4－14）。女仆餐厅提供的餐饮十分精致和有特色，每道菜都经过女仆精心加工，还需要通过各种仪式来进餐。

图 4－14　笔者和美嘉的合影与奖品钥匙扣

女仆会根据顾客的需求在蛋包饭上画上可爱的图画，此外，女仆会引带顾客进行各种类似仪式的活动。笔者点了一份蛋包饭和一杯什锦果汁，女仆将饭端上桌时，询问笔者有什么喜好或者喜欢什么动漫图画。得到笔者的回答后，女仆用番茄酱在蛋包饭上画了一个笔者喜欢的动漫形象（见图4-15）。在画好之后，女仆对笔者说："让您久等了，可是现在这道菜味道还不是非常好吃，我们一起给它施展魔法，让它变得更好吃吧！"

图4-15 装饰有动漫形象的蛋包饭

同样在笔者开始喝什锦果汁之前女仆也带着笔者进行一个让它变得更加美味的魔法仪式，女仆口中念念有词，做着各种可爱的动作。

女仆："这是摇摇晃晃什锦果汁，因为女仆没有办法独立完成'摇摇晃晃魔法'所以，我说'摇摇'就请大小姐也跟着我说'摇摇'，好吗？那我们就开始啦！"

"摇摇！""晃晃！""萌萌！""喵喵！""汪汪！""怦怦！""好萌！""变得好喝哟！""萌萌萌！""好了，现在它就变得非常好喝了！"

这一"魔法咒语"中采用了大量日语拟声词、拟态词和动漫语言，双手比画个心形，配合许多动漫角色的"萌系"动作，整个施展魔法咒语的过程女仆会请顾客和她一同完成，让气氛充分活跃起来。在完成魔法后，女仆请笔者品尝味道是否变得可口，得到满意答复后才安心离开。整个过程女仆都是跪式服务。

笔者观察了女仆与店内其他几名顾客的互动情况。女仆每次邀请顾客一起玩游戏或施展魔法，都会大声呼吁全场的人关注这一过程，一时间这个餐桌就会成为全场瞩目的焦点。两名御宅族已经很明显对店内的规则驾轻就熟，很快就和女仆打成一片，默契十足地施展各种魔法咒语和玩游戏。另外一组由一名御宅族领着他的朋友来访，御宅族在来访前专门预约了服务女仆，两个人显得非常熟悉，尽情地聊着各种话题，他的朋友则显得十分拘束。御宅族一边配合女仆的交谈，一边不断地鼓励其朋友一起享受女仆餐厅的服务项目。来自中国香港的两名游客也为女仆可爱十足、热情四溢的服务所惊叹，两人涨红了脸，扭扭捏捏地模仿着女仆教授的动作玩游戏。另外一对外国夫妇也惊奇地睁大双眼，完成一些仪式性动作。笔者发现，女仆会根据顾客的不同国籍使用其国家的语言交谈，询问美嘉方知，慕名来女仆餐厅用餐的外国顾客不少，女仆们在入职前都接受过专门的培养学习，其中重要的项目就是学习一些国家的基本用语。女仆餐厅事先已经整理出中国、英国、韩国、泰国和法国等许多国家的问候和基本交谈语汇，要求女仆熟练掌握，以应对与顾客的交流。

笔者询问了美嘉关于女仆餐厅梦之国度的基本情况，以及女仆与顾客互动的情况。笔者询问女仆："女仆们这么可爱，来店里的男性顾客会有意触碰女仆吗？"女仆美嘉回答："主人不能够触碰我们的身体，因为我会融化的。"当问及女仆们的年龄时，女仆美嘉回答："她们永远是17岁。"此外，女仆餐厅规定，顾客不能询问女仆的个人隐私和赠送礼物等，如果顾客询问女仆的姓名，女仆会亮出自己挂在胸前写着昵称的名牌向顾客说自己叫什么名字；如果顾客询问女仆的出生地，女仆会说自己来自梦幻的星球，如甜点之星、白云之星，或者称自己是乘着流星落下的，不知道来自哪里，等等。女仆餐厅梦之国度现在有正式签约的女仆服务生近400名，为了吸引顾客关注女仆，梦之国度专门制作了宣传每位女仆的网址，发布了每位女仆的照片和基本信息。这些信息都是根据女仆个人的兴趣爱好和特性由她们自己提供的，大多数信息都源自动漫作品。每年会按照顾客投票选出最受欢迎的女仆冠亚季军三人，以及其他有突出成绩的女仆，这些颇受顾客好评的女仆通常多才多艺、聪明伶俐而且工作认真周到，她们在店内穿着与其他女仆不同的特殊服饰，以表彰她们努力工作的成绩（见图4-16）。

图4-16　本年度最受欢迎的女仆冠亚季军三人
资料来源：梦之国度官网。

当笔者询问餐厅中央的小舞台的作用时，美嘉说，梦之国度每天都会不定时地有女仆走上这个小舞台表演歌舞节目，这时全场的顾客都可以欣赏女仆的歌唱和舞蹈，经常有御宅族加入舞蹈，最常见的是模仿一些动漫角色的动作在女仆周围尽情热舞。

女仆餐厅梦之国度为增加餐厅的"萌系"元素，将许多动漫名称引入其中。如梦之国度称洗手间为"花畑"（花园）（见图4-17）。当笔者询问洗手间在哪里时，女仆美嘉说："哦，您是要去花畑啊，请走这边。"并把笔者领到写着"お花畑"字样的门前。"花畑"内十分整洁干净。梦之国度把会员卡称为"国民证"，为每位顾客发放国民证。女仆对第一次到访的笔者说：

图 4-17　女仆餐厅的洗手间标识

"您是第一次造访梦幻的国度，为您颁发国民证，下次您来时就是我们正式的国民了，欢迎经常回家。"国民证根据消费情况逐渐积分升级，每消费1000日元积攒一个会员点数，每50点升级一次，一般市民逐步升级为中级市民、上级市民、自由称号和VIP卡五级，不同会员享受不同的优惠服务。根据女仆美嘉的介绍，一些御宅族是她们店的常客，时常过来光顾，现在在天堂之门分店拥有VIP级的顾客就超过十位。

笔者在女仆餐厅梦之国度的1小时中，陆续有不少顾客进店消费，很快店内坐满了顾客，有许多是背着大背包的御宅族，他们很快与女仆打成一片，女仆餐厅的气氛也更加热烈。女仆餐厅以可爱女仆为顾客细心服务，将漫画、动画游戏和女仆元素融为一体的创店设想吸引了大批男性御宅族，可以说是御宅族在现实世界聚集、消遣和交流沟通的重要场所。

第三节 执事餐厅

一 执事餐厅的概况

（一）执事餐厅的成立和经营特色

与秋叶原以男性御宅族为主要顾客群的女仆餐厅相对，执事餐厅以"男性服务生竭诚为女性顾客提供无微不至的服务"为创店理念，成为御宅族腐女文化的重要标志。执事餐厅的菜单主要以甜点和红茶为主，由俊美帅气的男性穿着黑色燕尾服，为顾客提供餐饮服务。执事餐厅和执事咖啡馆主要面向女性顾客开放，并规定了严格的预约机制和进餐规则。2006年3月，第一家执事咖啡馆燕尾蝶（スワロウテイル）在东京丰岛区东池袋3-12-12正和大厦B1层开业。2007年以后，先后有乙女餐厅、男公关餐厅、BL餐厅等许多执事咖啡馆和执事餐厅在池袋乙女路开张，池袋乙女路正式树立起其"腐女圣地"的标志。男士俊美的外貌和温柔细腻的感情是腐女文化的核心，执事餐厅一经推出就成功俘获大批女性御宅族的心。

（二）执事餐厅与动漫文化的关系

执事咖啡馆或执事餐厅通常模仿日本动漫中的执事，主要是动漫《黑执事》。《黑执事》（"Black Butler"）是日本漫画家枢梁还的著名作品，由日本动漫杂志《月刊 G – Fantasy》在2006年10月开始连载，动画片于2008年10月播出，共两季36集（见图4-18）。枢梁坚持了日本动漫的正统画风，擅长美型派少年形象的绘画，其笔下的黑执事塞巴斯蒂安·米卡利斯身材高挑、服装华丽，具有浓郁的英伦风情，加之能力高强，给御宅族，特别是女性御宅族留下极其深刻的印象，甚至成为她们最理想的择偶标准。执事咖啡馆或执事餐厅的装潢、执事服饰以及用语造句就在很大程度上借鉴了《黑执事》，由经过专业礼仪和服务培训的年轻男士为顾客提供餐饮服务，在遣词用句上十分讲究，如执事尊称女顾客为"お嬢様"（"大小姐"），称男性顾客为"お坊ちゃま・旦那様"（"少爷或主人"）。由于执事餐厅是在预约服务时间段经营的,服务截止时间临近时执事会向顾客说"お嬢様、乗馬のお時間でございます"("大小姐,您的马车已经准备好了")以提醒顾客。对女性御宅族而言,她们会时常幻想能有如塞巴斯蒂安一样全能的执事为其服务,执事餐厅所采用的《黑执事》元素就深深地吸引了大批女性御宅族前来造访。

图 4-18 《黑执事》第一卷封面

资料来源:百度黑执事吧。

(三)执事和侍者的分工与培养

1. 执事与侍者的区别和分工

执事餐厅内的服务生按照工作经验和协调能力分为执事和侍者,不熟悉餐厅的顾客很难发现执事与侍者的区别。执事作为所有仆人的总管,在侍者中处于最高级别,代理家族主人的经营管理和日常事务。侍者则是执事的下属,是分担具体事务的工作人员或服务者。执事餐厅沿袭这一规则,由执事和侍者分工协作。执事对店内的管理负总责,需要协调全店人员分工、座位配置、工作时间和流程的安排等;侍者按照执事的指示,负责迎送顾客、点菜、上菜等各种餐桌服务,以及引路、搬提行李等事务,每个侍者负责固定的桌位,需要为顾客提供全程服务。

2. 执事和侍者的培养

执事餐厅的名气和细致服务源自执事服务生的良好素质。执事和侍者在入职前都需要接受系统专门的训练，以掌握在执事餐厅服务的各项能力。

执事基本学习项目包括仪表站姿、言谈方式、执事礼仪、餐品相关知识等。许多执事餐厅拥有自己独特的训练课程，通常训练一个掌握基本技能的服务人员需要一个月左右的时间，此后需要在实际工作中学习和实践。一般情况下服务人员需要用三个月时间来学习和实践，以成为一名专业的侍者或执事。首先，端正优雅的站姿、仪态和待人接物的礼仪是基本执事的技能。执事餐厅规定了执事应对各种情况的专业用语，执事和侍者必须使用敬语，态度需要谦恭和善，同时不能完全按照动漫中的设定生搬硬套，需要执事具有幽默感和随机应变的能力，用优雅恭敬的词句，无微不至地为顾客服务。其次，餐品的学习和熟练掌握是执事训练课程中的重点和难点。例如，执事除了需要熟练掌握50多种红茶的种类、饮用方法，还要了解与之相配的茶具和甜点的搭配，另外还需要有红酒的知识，知道红酒的产地、年份及其与餐点的搭配等知识。

执事优雅从容的气质需要在长期的熏陶中逐渐形成，在反复的学习实践中培养。知名执事餐厅的名气源自每位执事的专业技能和敬业精神。

二 执事餐厅燕尾蝶的概况及调查经过

隶属于日本知名企业K-BOOKS集团的执事餐厅燕尾蝶，在2006年3月24日正式开业，地点位于东京地铁池袋东口的サンシャイン（正如）大厦B1层，也就是池袋乙女路（乙女ロード）上，因为池袋有相当充足的女性御宅族顾客源。秋叶原有许多以服务男性为主的女仆餐厅，但是能够让女性放松、享受，又能够轻松融入的空间却是少之又少，执事餐厅的出现正好填补了这一空白。执事餐厅燕尾蝶的广告语为"丰富齐备好吃的红茶和甜点，享受优雅的时间，极富魅力的执事，等候您的归来"。正如这句广告语所表达的，这里是能够提供给女性御宅族感觉自己是一个大小姐的地方，店内布置成古典式西洋风格，店员们都是以男性执事的样貌来服务于顾客。据说在筹备开店之时，为了让顾客有一种穿越时空，并有回家的感觉，店家专门选购了地下的店面，在楼梯和玄关部分下足功夫（见图4-19），并定制了店内所有的家具和灯饰（见图4-20）。

图4-19 二楼是"K-BOOKS同人馆"，通往地下室的楼梯就是执事餐厅燕尾蝶的入口

图4-20 店内的装修与装饰

这家执事餐厅每周星期三休息，营业时间是10：30—21：00。餐厅采取的是完全网络预约制，不公布电话。全店20席，每天都有100人以上预约，排满整个月。网上预约必须要提前一个月，而且座位相当抢手，几乎都在当天晚上12点开放预约后就会被一抢而空。每天

的座位也一直都是满席状态。笔者登录执事餐厅燕尾蝶的官网（http：//butlers‐cafe.jp/）进行了预约，在进入预约确认画面时还会出现如图4-21所示的选项。

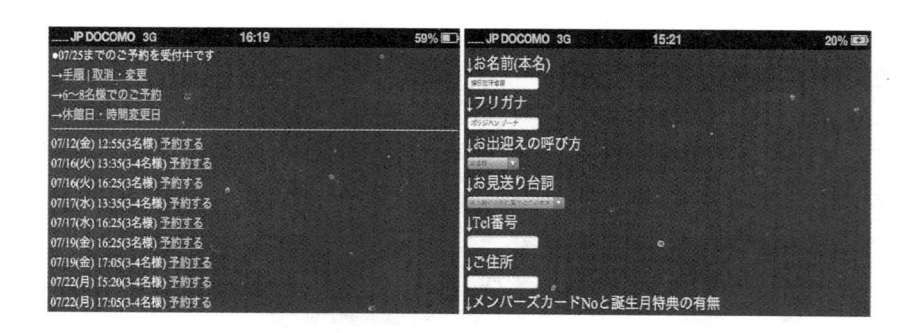

图4-21　执事餐厅燕尾蝶官网的预约画面截图

资料来源：http：//butlers‐cafe.jp/reserve_guide/.

笔者预约到的时间段是下午2点15分到3点35分，在预约的时间抵达执事餐厅燕尾蝶之后，首先通过地下一楼的大门，再接受门口侍者的迎接，侍者会询问顾客的预约信息，并请顾客在沙发上稍作休息，之后就会有人打开第二道门，迎接顾客进入"宅邸"的玄关（见图4-22）。如果到了店门口，一打开大门顾客就直接看到店中的模样，就不会有回家的感觉。所以店家有意要让客人走一小段红地毯，进入一个特别的空间，并且稍作适应后，再登上类似宅邸大门般的小阶梯，然后才会有种正式进入屋内玄关的感觉。

笔者进入店内，一位稍微年长的老管家早已等候在门口亲切地说："欢迎回家，大小姐！"站在他身后的执事也过来和笔者打招呼："欢迎回家，我来带领大小姐入座，这些随身物品交给我吧！"说着接过了笔者手中的女士手包。接着说："大小姐不是搬运工，这些事情由我来做就好。我是这座宅邸的执事椎名，有什么事请尽管吩咐。今天天气这么热，大小姐您辛苦了，请这边入座。"（见图4-23）接着翻开餐桌上的菜谱，逐页向笔者介绍里面的菜品。执事餐厅燕尾蝶向每一位顾客提供一份套餐，套餐的每项单品是可以随意挑选搭配的。

图 4-22 执事餐厅燕尾蝶的玄关（接待处）

图 4-23 执事餐厅燕尾蝶的执事椎名

套餐内容分为：①开胃甜点（一般都是由应季水果精心制作而成）；②主餐（不同口味的三明治、意大利面、奶油芝士焗饭、牛肉海鲜浓汤炖饭或牛排饭等）；③各式自制冰激凌；④饮品（茶、果汁、红酒等）。图4-24是该餐厅的部分菜品和甜点。

图4-24 执事餐厅燕尾蝶的部分菜品

介绍完菜单，执事说："如果您有什么不明白或者有事想要吩咐的时候请摇晃放在桌上的铃铛，我会立刻出现的。还有就是当您想使用洗手间或者需要离开座位时也请摇晃铃铛，我会过来为您带路。"

大约10分钟左右，笔者所点的甜点和主菜已经上齐。笔者一边品尝，一边向执事椎名询问了一些有关执事餐厅燕尾蝶的情况。椎名介绍，目前全店的工作人员约有60人，店内的执事和侍者在同一时段工作，每天约有12人在店内为大家服务。

在执事餐厅燕尾蝶工作了六年之久的执事椎名，表示自己从开业以来就一直在店内服务，之所以选择这份工作，是因为自己以前就很喜欢服务业的工作。"过去我也从事过很多餐饮服务业的工作，像是汉堡餐厅、家庭式餐厅、日式怀石料理店……但我时常在想，不知道有没有更加精致的服务业工作呢？"椎名说："正巧当时遇到了执事餐厅燕尾蝶预定开业在招募工作人员，由于是一个全新的领域，所以我一方面希望自己能够帮上忙，另一方面也觉得来这里或许可以做很有趣的工作，于是造访了执事餐厅燕尾蝶，并在这里就职。"

椎名回想这六年来待在执事餐厅燕尾蝶的时光，认为自己得到很多宝贵的事物，特别是关于商品的知识。"因为我们店里有多达50余种的红茶，品种相当丰富，与红茶相配的茶具也要一一记住，这对我来说不是一件很容易的事情"。笔者注意到，这里的茶具很精美温馨（见图4-25）。

图4-25 执事餐厅燕尾蝶的部分茶具

说到这里，另一位侍者端着托盘向这边走来，说："大小姐，让您久等了，这是您要的キャサリンローズティー（清纯玫瑰茶）。这只茶杯是根据大小姐您的气质挑选的，我是侍者伊织，请多关照！"伊织为笔者倒好茶后说："您看这白色的茶杯把里面红色的玫瑰茶映衬得多么漂亮！"然后将茶杯端到笔者跟前说："为了使茶水保温，我在茶壶上套了保温套，您喝完时请摇动铃铛，我会立即出现为大小姐续茶。"

在接下来的交谈中，笔者了解到，从夏天开始加入执事餐厅燕尾蝶的伊织和椎名一样，过去从事过很多服务业类型的工作，由于对于服务业拥有热忱而加入了执事餐厅燕尾蝶的团队。

图 4-26　执事餐厅燕尾蝶的キャサリンローズティー（清纯玫瑰茶）

伊织介绍说，他因受动画片《黑执事》的影响，对穿着华丽燕尾服的执事的印象是，无论什么事情都能处理、无论大小问题都难不倒他，所以非常向往，来这里应聘。而真正从事了这份工作后才发现这份工作执行起来的辛苦之处，更体会到在"无所不能"的形象之后所需要做的努力。目前侍者伊织也在一边工作一边学习，并希望能够像椎名一样成为一位称职的执事。

椎名说："男性如果穿上黑色的燕尾服，也就是这套执事的制服就会有比较帅气的感觉，所以大部分的执事都知道自己在女性顾客的眼中会被当作崇拜的对象。执事餐厅是一个重视整体气氛的地方，不是单个人的舞台，所以最重要的是大家能够合作创造出顾客回到自己的宅邸的感觉，只要有一个人无法遵循这个法则就会破坏整体的气氛，所以这是我们要注意的部分。"

在聊了这些之后，笔者问想成为这里的工作人员是否有什么特别的要求，椎名表示其实并没有什么特别困难的条件。"最核心的就是必须要有对这份工作的热情，必须接受至少整整三个月的研修还有测验，如果没有决心和耐力的话，是没有办法胜任这份工作的"。

规则缜密的执事餐厅燕尾蝶，除了执事和侍者本身的规矩之外，其实客人也有一些必须注意的地方，不可以擅自离开座席。而第一次进到店里，因为这里的气氛和空间都与现实生活有着很大的差距，许多客人难免会有点紧张，对此椎名也给了一些小建议。

"第一次来店的客人其实很多都会紧张，毕竟店内的感觉和外面完全不一样，所以我觉得这也是没办法的事"。椎名表示，"但是，基于我们店的理念是希望客人能像回到家里一般，所以希望大小姐和少爷们都能够放松，多多和我们聊天，并把需要做的所有劳务交给我们去做。如果有什么不清楚的地方，例如'不知道这样做可不可以？'也请不要客气，可以询问现场的任何一名执事或侍者，总之就是要放松心情，让我们为您服务就对了"。

伊织也笑道："我也听过很多顾客的心声，还没光顾过我们店的顾客，一开始总是会不知道该穿什么样的衣服，哪里该怎么做之类的，总之就是会很紧张。但是我们执事餐厅是希望让顾客感到像回家般放松的地方，所以希望大家不要有太多顾虑，可以尽情地享受。"

当笔者问起，自2006年开业至今，六年来执事餐厅燕尾蝶是否有什么改变时，椎名表示，如果说是较大的改变，就是他们所提供的料理变得更复杂了。刚开始时店内只提供茶饮和小点心，现在还加上红酒以及意大利面、浓汤炖饭、汤品等便餐及料理，拥有了更丰富多元化的餐饮服务。

对于有意想要成为执事的人，椎名表示虽然执事餐厅是属于服务业的一种，但是其所必须拥有的专业技能和态度是更加细致且繁复的，因此如果有这种想法，必须有相当的自觉。"这不单纯只是对于客人的服务，而是必须把客人当作大小姐，也就是自己的主人来看待，在应对上自然而然地就会更加用心"。

本章小结

本章主要探讨了御宅族的角色扮演行为，现总结归纳如下：角色扮演是御宅族对动漫角色的模仿行为，是御宅族文化的重要表达方式，御宅族通过角色扮演实现自我表达和动漫的再创造。本章的第一节首先界定了角色扮演的概念，即穿戴与动漫角色相同或相似的服装、饰品，使用相应的道具，模仿其言谈举止，扮演动漫角色的行为和活动，是一种根植于日本动漫文化中的附属文化。其次梳理了角色扮演的发展过程，本书按照角色扮演活动的性质和内涵，将其发展过程分为早期带有浓厚宗教性质的角色扮演、民俗性质的角色扮演、美国式的现代角色扮演和当今主流角色扮演四个阶段。最后整理了角色扮演活动所包含的整个过程：前期筹划准备阶段（包括研读动漫作品并选定扮演对象、搜集角色扮演对象相关的资料、购买或制作服装道具、申请活动场地、化装变身5个步骤），中期扮演阶段（即真人演绎，包括现场展示和拍摄记录），以及后期加工制作阶段。角色扮演活动具有创造性、反抗性、视觉性和消费性的特征，是御宅族对日本动漫角色进行全面模仿和全情投入动漫世界的重要方式，角色扮演活动成为继御宅族的消费收集、专研考据和同人志再创造之后出现的最新颖和全面的自我表现形式。

　　本章的第二节和第三节，笔者对东京秋叶原女仆餐厅和乙女路执事餐厅进行深入的考察。通过大量访谈和实地调查后发现，秋叶原女仆餐厅和乙女路执事餐厅都巧妙地借鉴角色扮演概念和模式，将大量动漫元素融入商业餐饮经营，充分利用了男性御宅族对女仆等"萌系"动漫角色的追捧，以及女性御宅族对执事等动漫角色的迷恋，通过店内空间装潢、服务生角色设定和角色扮演，以及忠实和再现动漫作品的服务项目创造出存在于现实世界中的虚拟动漫时空，吸引了大批御宅族纷至沓来，成为他们在现实世界聚集、消遣和交流沟通的重要场所。

第五章 御宅族生活方式的文化解读

一般而言，亚文化是指有别于主流文化的小众文化，而亚文化群体可以认为是具有与主流文化不同生活方式和价值观的一类人。动漫文化作为亚文化的一种，是一种生活方式文化。前文基于对日本的田野考察，分别对御宅族的语言使用、审美取向、恋爱、衣着装扮、消费娱乐、人际互动、公开场合的身体表演，以及反映在生活方式中的价值观、御宅族的自我形象与评价、日本社会公众对御宅族的认知和评价等进行了较为翔实的描述与分析。在此基础上，本章运用象征人类学、解释人类学、文化社会学、传播学等相关学科视角与理论，对御宅族的行为、思维方式的特征，对御宅族生活世界背后的意义和价值系统及其获得途径进行尝试性分析和阐释。

第一节 御宅族的身份特征

御宅族生活方式最大的特征是动漫融入生活、生活融入动漫。御宅族长期依存于动漫和网络，耳濡目染的是完美理想或各式夸张奇特的虚拟事物，逐渐在生活方式、消费习惯、人际交往、思维方式上表现出不同于普通人的特征，成为一个不同程度偏离正常现实生活轨迹的特殊群体。日本御宅族从20世纪50年代出现至今，已历经半个多世纪的发展演变，不同时代的御宅族既具有相同或相似的特征，也存在较大的异质性。目前，20世纪80年代后出生的御宅族是日本御宅族中的主体，他们受动漫文化影响最深，是目前日本动漫业界主要关注的群体。因此，本部分主要讨论20世纪80年代后出生的第三代和第四代御宅族的身份特征。

一 动漫文化资本的拥有者

曾获得国际人类学最高荣誉奖——赫胥黎奖的著名法国社会学家皮埃尔·布迪厄（Pierre Bourdieu）在《资本的形式》（1986）一书中提出了"文化资本"的概念，这一概念提出至今，对文化研究产生了重要的影响。在此之前，人们更为熟悉和重视的是经济资本。布迪厄认为，社会行动者是以异质性的身份参与社会活动的，而异质性主要表现为他们拥有不同性质或不同数量的资本。资本有不同的形式，只有引进资本的所有形式，才能准确理解和解释社会结构，揭示社会生活的本质。乔纳森·H. 特纳（Jonathan H. Turner）在其《社会学理论的结构》一书中，介绍了布迪厄对阶级与资本关系的论述，并区分了四种资本的差别：①经济资本，即生产资料，指可用于生产商品和服务的金钱和物质资料；②社会资本，即在群体和社会网络中的地位与关系；③文化资本，即非正式的习惯、态度、语言、风格、教育素质、品位与生活方式；④符号资本，即使用符号使占有不同层次或形态的其他三种资本合法化。这四种资本形式可以相互转化，但也只是在一定范围内才能实现。如以经济资本"购买"文化资本的努力，往往也会因品位或缺乏对格调的认识而受到限制。[①]

布迪厄进而分析了社会系统中的统治阶级、中层阶级及底层阶级对上述四种资源的占有情况。布迪厄的贡献或说创新，是提出了文化资本（Capital Culture）这一概念，使其成为与人们熟悉的经济资本概念对等的概念。通过不同社会阶层或社会集团对上述资源的占有情况来区分他们在所属社会结构中的位置（或地位），也就是说，布迪厄把文化资本的占有情况引入了辨别"社会区隔"的范畴，将其作为一种分析阶级关系的指标。

布迪厄指出，任何一个社会场域都有着隶属于自己的正统文化。它是区分场域内各行动者处于有利或不利地位的一种分类标准。但

---

① ［美］乔纳森·H. 特纳：《社会学理论的结构》，华夏出版社 2006 年版，第 468—469 页。

是，这些知识与修养究竟属于哪一类型的文化，即是否属于正统文化却不是行动者所能决定的。布迪厄认为，行动者所处的有利或不利地位除了与经济因素有关之外，还与文化等其他因素有着密切关系。因而，他用"文化资本"来表现这种受各种社会条件制约的文化上的有利与不利因素。

"文化资本"泛指任何与文化及文化活动有关的有形及无形资产。布迪厄洞察出在当代社会文化资本的重要性。他认为，文化已渗透到社会生活的各个领域，仅凭政治或经济手段已经无法解决所有问题，没有文化的支撑与介入，无论是政治还是经济都会缺乏活力，也难以实现所有的目标。在布迪厄的理论语境中，"文化资本"是一个十分宽泛的功能性分析概念，为了分析方便，布迪厄又将文化资本划分成三种形态（或类型），即身体形态（又译为"内涵形态"）、物化形态（又译为"具体形态"或"客观形态"）及制度形态（又译为"体制形态"）。在此基础上，布迪厄对文化资本三种形态的含义进行了界定，并分析了文化资本的传承、积累和再生产过程。

在他对文化资本的分类体系中，文化资本的第一种形态，即身体形态，可理解为通过家庭环境及学校教育而获得的内化于精神与身体的知识、教养、技能、品位等。这种文化形态是无形的、潜在的。身体形态文化资本的积累需要长期的时间和精力投入，而且它"是无法通过馈赠、买卖和交换的方式进行当下传承的"。

文化资本的第二种形态是物化形态，主要指书籍、绘画、古董、道具、工具及机械等物质性文化产品。由于文化产品是文化资本的客体化形式，每种文化产品都包含着特定的文化价值，其价值是由具有相关文化能力者根据其内化的文化评判标准赋予的。作为物化形态的文化财富，是可以直接转移的。然而，物化形态文化资本并非与第一种形态，即文化能力无关，并不是只要有经济资本就可以得到并完全享用、消费（指精神层面的消费）所有的文化产品。以古董收藏为例，一名合格的古董收藏家既要有雄厚的资金实力，也要具备丰富的收藏知识，才能从物质和精神两个方面消费其收藏。

文化资本的第三种形态是制度形态。制度形态文化资本就是人们将拥有的身体形态（内涵形态）文化资本，即掌握的知识与技能以考试等方式，通过获得文凭和资格认定证书等途径在制度上被认可、承认。这是将内涵形态文化资本转换成客观形态文化资本的最基本方式。文凭和各类资格（资质）认定书是制度形态文化资本的典型形式。

文化资本是一个可以用来分析文化及文化产物究竟能够发挥哪些作用的功能性概念，对于文化分析具有重要的价值。文化资本概念的提出，既强调了其重要性，同时也消解了文化场域的非功利性神话。在布迪厄看来，行为者在不同的场所追逐着不同的符号资本，在这方面，所谓非利益的或者超功利的公正是不存在的，文化资本也是一种获益或竞争手段。

文化资本的积累通常是以一种再生产的方式进行的。文化资本的再生产主要通过早期家庭教育和学校教育来实现。文化资本的传承也经常发生于各种公共场域内，其中最典型的方式是教育市场的学历再生产。布迪厄指出，学校是除家庭以外最重要的生产文化资本的场所。通常情况下，家庭主要是培养"教养"和"规矩"等广义的品位及感性的地方，而学校则是一个传授系统性专业化知识与技能的场所。孩子们从学校获得的主要是系统性知识及社会技能等文化资本。这些知识与技能往往通过考试的形式正式获得社会的承认并通过颁发文凭的方式被固定与制度化。身体形态文化资本正是通过这种方式被转换成制度形态文化资本的。[①]

布迪厄文化资本再生产理论极具独到之处，他通过教育社会学的研究，揭示了资本主义社会中再生产的原因和规律。从表面看，这种再生产是文化资本的再生产和教育场域的自我再生产，但是从深层看，这其中又伴随着阶级再生产和特权、不平等的再生产。再生产的结果，就是整个社会结构的自我复制。在这种再生产的过程中，统治阶级占据主导地位，他们凭借自己的符号优势，从中获取自己的利

[①] 薛晓源、曹荣湘：《全球化与文化资本》，社会科学文献出版社2005年版，第3—12页。

益。当然在这一理论中也存在一些偏颇,特别是在社会流动这一问题上,布迪厄过分强调了稳定的一面,而忽视了活跃的一面。在布迪厄看来,整个社会是不断地被再生产的,这种再生产的主要特征是纵向流动机会很少,尽管他并不否认有代际地位变异的可能性,但在他的分析模型中,这是非常次要的。需要注意的是,布迪厄探讨的是社会正统观念中的"文化",即所谓的主流文化,其中既包括了已结晶化、制度化的部分,如学历、文凭;也包括了非结晶化的部分,如品位、风格、生活方式等。而类似动漫文化这样的娱乐文化,或各类亚文化并不是他讨论的主要议题。尽管如此,布迪厄的文化资本概念仍可以为御宅族的身份分析提供分析视角和理论框架,但同时需要注意的是,任何理论的借用都不能生搬硬套,对御宅族的分析亦然。

御宅族是动漫文化的狂热痴迷者,对御宅族而言,他们拥有的动漫文化资源可以概略地分为三个层面:一是无形的、精神的层面,即御宅族对动漫的思想与文化内涵、价值观、审美风格等较为深入的理解和把握。二是准无形的、基于经验的、对动漫资讯超强的搜寻、发烧解读或再创作能力。就是说,御宅族不是被动的"受众",而是动漫文化智能资源的拥有者,他们不仅观阅、解读、考据,还会进行二次创作。三是有形的、物质形态的各类动漫产品,包括动漫文本、电玩游戏、模型及其他衍生品等。对于任何一个个人或群体而言,他(他们)拥有的资源,即可成为他们的资本。对御宅族而言,他们拥有的动漫文化资源,可以说就是他们的文化资本。布迪厄提出的文化资本概念,让我们明确了文化资本的含义,同时也打破了人们认为文化资本非功利性的定见。布迪厄把"文化"视为"资本"的一种,认为文化资本也是一种竞争手段,体现了文化主动、积极和工具性的一面。御宅族所在的互联网社区,如同现实社区一样,也有地位、阶层的差异,只不过与现实社会以政治、经济地位的高低为衡量标准不同,在御宅族的世界里是以拥有的动漫文化资本的多寡,即以其对动漫知识的掌握程度、对动漫文本的解读和再创作能力以及在角色扮演中的表现作为衡量他们在动漫网络社区和御宅族群体内部地位高低的标准。御宅族拥有的一切与动漫相关的文化资本是他们作为御宅族的身份特征之一，也是他们与普通受众，包括一般的动漫爱好者的区别性特征之一。

二 动漫文化的发烧解读者

御宅族痴迷于动漫，对于其喜爱的动漫作品，不仅要欣赏，还要进行深度解读和考据，并且进行再创作。他们热衷于利用动漫网络平台分享、交流、观赏、体会，并展示自己的作品。

（一）精益求精的动漫考据者

动漫的普通受众把动漫文化作为娱乐文化的一种，观阅、欣赏动漫是一种获得知识的途径，更是一种休闲和消遣的方式。而御宅族不仅大量收集、消费动漫产品，还要对动漫作品进行精益求精，甚至是吹毛求疵的解读和考据。御宅族不只是宅在家中观看、分析动漫作品，上网收集信息并与同好讨论、分享观感和心得，还会定期出入如东京秋叶原等动漫产品集中地，努力寻找心仪的动漫作品，以及各种新款玩偶模型、电玩游戏、海报书画等动漫周边产品。所谓的术业有专攻，由于长期深入考据，御宅族精通某部或某一类动漫作品，能够全面、深入、及时地掌握动漫、游戏产业和各种动漫活动的信息。

御宅族考据的对象包括故事背景、故事情节、故事场景及画面、人物原型、人物性格、艺术风格，以及创作者通过动漫人物表达的价值取向等。动漫的故事情节、人物塑造及场景设置，既有源于历史的真实和现实社会生活的成分，也有相当多的影像符号设置和呈现是源于创作者的想象和虚构，与现实生活存在很大区别，但这些漫画或动画作品在御宅族眼中会上升为一种需要深入、严谨考究的"研究课题"。御宅族擅长对作家和作品的风格、流派进行系统的分类分析，研究动漫作品画面的细节，体察创作者对角色形象和性格设定的种种考量，专门收集整理作品中出现的各种背景知识，并加以深入研究，以便更加全面深入地了解动漫作品的历史背景和人文环境。御宅族会以自己专精的动漫作品为主轴，建立起自己独到的解读和"理论体系"，甚至从其中获得一种人生感悟。在日本，各类特定类型的动漫作品都有忠实的御宅族支持者。像《棒球英豪》《七龙珠》《机动战士高达》《新世纪福音战士》《名侦探柯南》《海贼王》《火影忍者》

等长篇大型作品更是吸引了一大批御宅族的疯狂追捧和细致研究。

（二）灵感跃动的再创作者

御宅族是动漫市场引人瞩目的群体，他们的动漫消费是一种将消费和创作活动结合起来的消费形态。他们不仅购买动漫市场上销售的原版动漫产品，也动手创作、制作各式动漫作品，并通过网络、同人志即卖会[①]等交流平台展示或出售自己的作品。御宅族自己出资制作印刷这些作品，不经由主流商业市场渠道，而在御宅族或部分动漫爱好者之间流传。在日语中，"同人"（"どうじん"）原意相当于汉语的"同好"，后成为ACG文化用词，特指倾心于ACG文化的志同道合的御宅族。由"同人"制作或创造的作品即称为"同人志"或"同人作品"。这类作品分为"原创"和"改编"两类。

"原创同人志"是由御宅族设计全新的人物角色、故事情节和画面音乐等。这类作品原创性强、难度大，一般由资深御宅族完成；"改编同人志"（又称"演绎同人志"），是借用原版动漫作品中的主题、角色、背景等元素，进行改编再创作，包括扩展延伸故事情节、改换动漫角色等。

御宅族的再创作方式通常有下述几种：

第一是扩展、细化故事内容。御宅族根据原版动漫的情节发展，发挥自身想象力，制作漫画或动画片，改动原版故事情节或延伸故事后续发展等。

第二是彻底改编原作。大部分的改编主要集中于对动漫角色的创新设计，御宅族会彻底解构原作，颠倒正反面人物角色，或将原版动漫中的人物角色置于新编的故事情节中，重新诠释人物性格特征或重新安排人物的命运等。

第三是置换和交叉。通过把不同动漫作品中的人物编排在同一故事中，设计相关的故事情节，或是基本遵循某部动漫作品的故事情

[①] 同人志即卖会，又称同人志展销会、同人志贩售会等，是同人志作品的交流展示会。除了纸质文本之外，也包括同人创作的软件、音乐CD等。同时，即卖会场内亦可能举行与动漫相关的其他活动。

节，而加入新的人物角色，重新梳理、编排故事发展脉络等。

　　第四是情色化。御宅族根据自身喜好，描写动漫同性或异性角色之间的感情故事。一类是编写异性动漫角色之间感情经历和情色故事的同人志；另一类是描写同性动漫角色之间感情和情色故事的同人志，包括BL（Boy's Love的缩写）和GL（Girl's Love的缩写）。

　　除了对动漫文本的再创作外，御宅族也会自己动手绘制动漫图片或制作动漫模型手办。单纯地模仿复制现存的漫画、动画片和玩具模型已无法满足御宅族对"二次元情结"的需求。御宅族在绘制翻版各种喜爱的动漫角色图画的同时，也复制各种绝版的模型和玩偶，或专门制作市场上未销售的漫画或动画片中的人物角色。

　　大多数同人志作品综合上述多种方法创作，大胆尝试采用多种动漫符号元素，根据自身兴趣创造和制作各种同人志作品。通过再创作，御宅族对原作富有个人色彩的理解和体会在相应的同人志作品上得到了尽情的展现。御宅族创作的同人志作品内容丰富、形式多样，其中不乏极富创意性的作品。大多数的御宅族自愿投入时间、精力和金钱进行创作，并非出于追求金钱的目的。再创造的过程，能够让同人创作者的潜在创造力得到充分表现，情感得到宣泄，满足他们对理想或幻想的追求。御宅族会在各种动漫展示会、主题活动或网络论坛展示自己的作品，以此与同人交流，分享，以获得心灵的共鸣。同时，这种再创作行为也是他们构建自我身份，实现自我认同和群体认同的一种途径。

三　永不餍足的动漫消费者

　　下文从消费对象、消费行为、消费动机等方面分析御宅族的消费特征。

　　御宅族是动漫产品最热忱和执着的消费群体。御宅族醉心于喜好的动漫产品，长期阅赏某部或某一系列、某一类型的漫画、动画片，或收集玩赏模型玩具，不知餍足的收集和购买行为表现出一种狂热的消费状态。根据野村综合研究所的调查统计，2004年，日本的御宅族总数达到 172 万人，市场规模超过 4110 亿日元。① 2005 年，动漫产业的产值占日本国内生产总值的 11.3%，超过农林水产业总值 5 倍。截至 2015 年，动漫产值占日本国内生产总值的 10% 左右。

御宅族具有特定的消费范围，不同御宅族根据个人喜好关注的消费对象也有区别，有的御宅族关注许多不同类型的动漫，其收集、消费范围宽泛；有的御宅族只对某一部或者某一类型的动漫感兴趣，其消费就大量集中在相关方面。御宅族消费主要集中在购买漫画、动画、游戏、动漫角色的模型和其他衍生品方面。在漫画收集方面，御宅族会完整收集其喜爱的漫画期刊、单行本全集，包括不同版本的作品。一部分资深御宅族费尽心思收集原版、初版漫画以及漫画手稿等珍贵版本。在动画和周边产品收集方面，御宅族会尽量收集成套的动画录像带、VCD 或 DVD 碟片、动漫中出现的各角色的模型手办、游戏机、游戏软件和海报等，包括带有这一动漫符号的各式产品（如手机链、手套、衣物、饰品等）都是御宅族收集的对象。在实现大而全的同时，也追求专而精，有的御宅族会花费大量金钱收集一部分高端、高价的动漫产品。

御宅族狂热的消费行为主要表现为：

第一，御宅族长期、执着地消费购买特定的动漫作品。日本动漫作品发行和流行的周期一般较长，杂志连载、漫画单行本出版和动画片播放都有较长的时间。动漫创作者在长期从事动漫创作的过程中形成了各自特定的风格，御宅族会根据个人的喜好关注不同类型的作品。御宅族通常具有较明显的关注某一部或者某一类型动漫的倾向，其消费就大量集中在相关方面。御宅族会长期跟踪购买，在一部动漫作品完结后，仍然努力寻找相关相似的作品，以满足长期的观阅需求。

第二，御宅族的动漫消费，收集面广，追求大而全、多而细。御宅族往往以多多益善的原则，尽量收集其钟爱的相关产品。随着漫画

---

① 安田誠:《図説オタクのリアル—統計からみる毒男の人生設計》，幻冬舎コミックス 2011 年版，第 84 页。

的发行和动画片的播出，各种动漫周边产品也在不断更新换代，御宅族会长期跟踪消费，收集最新最全的动漫产品。例如，1986年出版的日本动漫《圣斗士星矢》至今仍广受欢迎，这部动漫有角色上百人，主要角色包括5个青铜圣斗士、12个黄金圣斗士、近10个海斗士和数个主要的冥斗士等角色。万代公司不断成批次推出一代又一代的新模型版本，长期制作更新这些角色的模型玩具，做工日益精良。尽管价格不断攀升，但仍有许多圣斗士迷追踪购买。

第三，积极参加各式动漫展出活动。每年日本各地会定期举行各种形式、规模不一的动漫展（销）会，展会吸引许多御宅族不计路途远近，不计交通和住宿成本，专程赶来参加。御宅族长期出入东京秋叶原等动漫资讯和产品集散地，或在动漫主题餐厅消费。御宅族视各种大型动漫展会为年度重要盛会，是获取动漫最新资讯和把握潮流的绝佳机会。

第四，狂热购买消费珍稀动漫产品。在动漫展出会或动漫产品专卖店，常会售卖绝版或稀少的珍贵动漫作品，例如某一特定时期出版的动漫单行本或杂志、绝版的动漫模型，或有特殊签名或特定意义的动漫作品等，这些稀缺作品大都价格奇高，超出原价几十倍甚至上百倍。尽管如此，也会成为资深御宅族争相抢购的对象，御宅族称之为"镇店之宝"或"镇宅之宝"。

野村综合研究所将御宅族行为模式与消费特征归纳为：首先是维持高水准的消费，御宅族愿意为其所专精的领域投入大量金钱；其次是消费且创作，御宅族是主动的生产消费者，身兼生产与消费双重身份；最后是社区化，御宅族对网络社区有认同感，善于利用网络收集与分享信息。①

御宅族的动漫消费是一种文化消费，这反映在他们的消费动机上。笔者以为，御宅族对消费对象的选择更多源于他们对作品创意、

---

① 野村综合研究所是日本著名的研究机构，成立于1965年。研究所设有以研究为主的镰仓总部和以调查为主的东京总部。野村综合研究所被视为日本思想库的代表，其研究实力在日本乃至世界表现突出。

个性、风格及美感的追求，他们的消费很大程度上是一种情绪或情感的消费，是为自己内心的冲动埋单，为那些能够使他们产生心理共鸣的产品埋单，"心动"是"行动"的原动力。御宅族的消费行为表现出狂热和过度性特征，在购买收集喜爱的动漫产品和参与动漫活动方面"无条件地、不惜血本地消费"，并且投入大量精力和时间考据研究动漫产品，以创造理想的动漫角色和故事为乐趣。过度性是御宅族消费的重要特征之一，再创造行为特征是在大量消费和考据基础上的提升。

日本浓厚的动漫文化氛围、成熟的动漫市场为御宅族提供了得天独厚的动漫文化消费环境。在无所不在的媒介时代，政府、动漫创作与制作者、动漫制造商和大批的御宅族及动漫爱好者一同造就了庞大、繁荣的动漫市场。御宅族的动漫消费具有先导性，他们特有的热忱、持续的消费行为，不仅促进了动漫市场的成熟，也带动了"御宅经济"的发展，使得动漫产业成为日本的第三大支柱产业。御宅族也成为动漫制造企业和制造商竞相争取的优质消费者。

四 动漫文化的社会实践者

御宅族和普通动漫爱好者在观阅和喜爱动漫产品的程度上存在巨大差异，御宅族痴迷于动漫，具有强烈的"二次元情结"，崇拜依恋某些动漫角色，把其中的价值标准作为自己在现实世界的思维和行为准则。御宅族花费大量时间和金钱用于收集、购买动漫产品，长时间、深入钻研自己喜好的动漫，使其在思维、行为方面都表现出动漫式的虚拟世界的特征。但人是社会动物，御宅族并不满足沉浸于个人的二次元世界，而是身体力行地把二次元世界中的诸多元素，带到三次元世界中，或者说试图在现实世界中再现二次元世界的精彩，以使他们的动漫世界更加丰富、实在。

他们会通过网络或各种动漫展览会等中介平台，与他人交流互动，发表、分享自己的见解。御宅族在各种动漫即卖会上，一方面能够获取信息，收集购买各类自己喜爱的动漫产品；另一方面能够发表、展出自己的再创作成果。御宅族通过自己的一系列作品或收集品，向人们展现自身的天资、悟性、创造力或其在专精领域的权威性。御宅族深受动漫的影响,他们在日常生活中会不同程度地模仿动漫角色的语言、行为、风格和生活方式等,其中最具社会实践力的表现就是 Cosplay(角色扮演)。

　　Cosplay 原本是电玩公司和动漫商家的一种宣传、营销策略,渐渐地这种活动被御宅族所接受,变成御宅族自发组织、参加的活动。他们自愿参加,自费制作服装、饰品、道具。角色扮演成为继御宅族的收集、考据和同人志再创造之外最具行动力的社会活动形式。Cosplay 秀场是御宅族张扬个性、表达自我的重要场域。在角色扮演活动中,你会看到浓妆艳抹、造型服饰夸张的由御宅族扮演的动漫角色。各式炫目的 Cosplay 造型装扮成为众人关注的焦点。御宅族把自己装扮成喜爱的动漫角色,穿戴与动漫角色相同或相似的服装、饰品,使用相似的道具,模仿动漫角色的言谈举止,再现动漫中的一些场景或者对原动漫作品的人物或故事进行改编,并通过舞台表演的形式予以展现。如果说御宅族通过动漫网站发布自己创作的图片或再创作的作品是一种静态的展示,那么,Cosplay 就是一种动态的展示。角色扮演是御宅族对动漫角色进行全面模仿和全情投入动漫世界的最引人注目的活动,是他们社会活动力或社会实践力的最具代表性的表现方式。Cosplay 也是御宅族表达自我的渠道,通过模仿和扮演动漫角色,拓展对自我的想象。

　　能够让这些宅男、宅女走出家门的还有他(她)们心目中的动漫圣地。男性御宅族经常光顾的圣地有东京秋叶原的中央大道、动漫产品大型综合店、动漫二手店、动漫产品跳蚤市场以及女仆餐厅等。女性御宅族经常光顾的圣地有洋溢着腐女文化氛围的东京池袋乙女路的耽美作品销售连锁店 K – BOOKS、执事咖啡馆等。

　　如果说在各类动漫产品市场上御宅族的消费是一种文本消费或物质的消费,那么在女仆餐厅和执事咖啡馆的消费则是一种服务消费或体验式消费。在女仆餐厅和执事咖啡厅的场所布置装潢、菜单菜品,特别是服务生的服装和服务内容中,融入大量 Cosplay 元素,营造出一种充满动漫文化氛围的环境。女仆餐厅充分利用了男性御宅族对女仆等"萌系"动漫角色的喜爱追捧,而执事咖啡厅则利用了女性御宅族对执事等动漫角色的迷恋，通过店内环境的营造、服务生角色设定和cosplay，以及再现动漫作品的服务项目等方式创造出存在于现实世界中的虚拟动漫时空，吸引了大批御宅族和动漫爱好者光顾。

此外，御宅族对动漫拍摄取景地也表现出异乎寻常的热情。"动漫圣地巡礼"是御宅族遍访日本城镇、乡村，寻找动漫取景地，试图还原动漫场景和情节，并身临其境体验动漫魅力的行为之一。如第三章介绍的位于日本埼玉县的"鹫宫町神社圣地巡游"就是一个典型事例。

综上所述，秋叶原、Cosplay秀场、池袋乙女路和鹫宫町等知名动漫圣地是御宅族走出二次元世界，在现实世界聚集、消遣、与他人交流互动的重要场域，也是他们在现实中感知、确认自我，获得自我认同和群体认同的重要途径。

五 游离于现实世界与虚拟世界的特殊人群

御宅族高度融入虚拟的二次元世界，长期观阅动漫，逐渐适应和接受动漫中的语言、行为方式、价值判断和道德标准，接收并认同了由电子通信传媒建构的虚拟世界，并以动漫世界的标准和眼光来评判现实世界，或者在现实世界中寻找动漫中各种逻辑或情节的依据，不断考据。例如，御宅族收集各种现实知识为动漫作品做注解就是其重要表现。动漫文化潜移默化地影响着御宅族的世界观、人生观、价值观及生活方式，他们大部分业余时间都坐在显示屏前观阅动漫或玩动漫游戏，对他们而言，现实世界和动漫虚拟世界的界限日益模糊。

社会心理学认为，一定的人际交往是维持个体精神、心理健康的重要养分。御宅族把大量时间、精力倾注在动漫产品等虚拟事物的考据上，或者通过网络等平台在虚拟的空间内与各种虚拟身份角色的人进行交流，久而久之，动漫式的或虚拟世界的交际方式习惯就成为他们待人接物、思考判断的标准，导致他们正常的人际交往能力和交往兴趣下降，某种程度上成为现实世界的边缘人物。具体表现在：第一，御宅族希望把更多时间和精力投入到喜好的动漫上，通常厌恶外出。根据安田诚（2011）提供的统计数据，截至2010年，日本终日闭锁在家不外出的人数超过360万。这部分人不愿工作和外出，不愿与人进行正常交流，而靠父母供养。严重者长期不出房间，每天吃父母放在房间门口的饭食，如厕也只在夜间家人睡下后进行。第二，御宅族在日常生活中不擅交际。呆滞、迟钝、出言莫名其妙或沉默不语，这是中森明夫对御宅族在日常生活中形象的描摹。由于习惯和适应了动漫或网络世界的交流方式和遣词造句习惯，在现实生活中，御宅族的待人接物往往显得僵硬和奇特，或者谈论着奇怪的话题，无法与人融洽交谈。交际的不顺或失败更加剧了他们逃避现实、沉迷于虚拟世界的倾向。第三，许多御宅族长期宅在室内，观阅动漫或使用电脑，缺乏锻炼和饮食睡眠的不规律损害着他们的身心健康。但御宅族往往难以察觉，或者不以为然，依然乐在其中。长期的御宅生活损害健康，更使人意志减退，同时由于缺乏与周围人的有效沟通，反应能力和社交能力退化，容易造成身份焦虑、社交恐惧和逃避正常交流的心理症候。

第二节　动漫文化的象征符号体系及其意义

　　文化人类学的研究对象是"文化与人"，也可以理解为从"文化"的角度研究"人"的学科。人类学的学科定位，就是把人的思维、行为以及由人的行为所构成的社会文化现象作为研究对象。人类学已经走过了160多年的学科发展历程，由于文化现象的复杂性和人文社会科学的特殊性，因而文化人类学各理论学派对于人性和文化本质、人类学的学科性质，以及研究目标有着不同的认识和理解，形成了不同的人观、文化观和学科观。其中，滥觞于19世纪中叶，兴盛于20世纪60年代至70年代的象征人类学及之后出现的阐释人类学不仅在人类学学科内部，甚至在整个人文社会科学领域都影响深远。20世纪中叶，德国哲学家恩斯特·卡西尔（Ernst Cassirer）在其著作《人论》中，提出了他关于人的定义：人与其说是"理性的动物"，不如说是"符号的动物"，亦即能利用符号去创造文化的动物。正是人类这种"符号的动物"创造了蕴含着深邃现实和历史内涵的象征文化。卡西尔力图论证的一个基本思想是：人与动物的本质差异是人能够发明、运用各种"符号"，创作出他们所需要的"理想世界"。他认为，人只有在创造文化的活动中才能成为真正的人；也只有在文化活动中，人才能获得真正的"自由"。① 根据这一观点，可以认为，文化是社会行动者利用象征符号为自己制造的意义和组织的逻辑。

象征人类学与阐释人类学都把人看作是能够创造和使用"符号"，并赋予"符号"以"意义"的动物，换言之，人类是追求"意义"的动物，而象征符号则可以被认为是人类意识的表达工具，或意识的物化。"文化"是表达价值观的符号体系，象征人类学研究的目的，在于揭示特定文化背景中，象征如何结合成体系，揭示象征如何影响社会行为者的世界观、精神与感知，以及不同文化共同体中，象征表述的文化多样性与社会意义。美国著名人类学家格尔兹指出，文化系统的意义是通过人与人互动过程建构起来的，而意义的传递与交流是公共的，而不是存在于个人脑海中的，即"意义"是通过公共符号传递，公共符号是指同一文化共同体内人们赖以表达自己的世界观、价值观和社会情感的交流媒体。阐释人类学就是要寻求人们生活中的意义和价值体系，以实现跨文化理解。人类学的文化研究目标是获得一种人与人得以相互沟通、社会得以绵延传续、人生的知识及对生命的态度得以表述的话语途径。② 在这里需要特别提出的还有另一位人类学家维克多·特纳（Victor Turner），他认为，象征符号意义的构建和再构建发生在具体的、动态的社会过程中。所以，应将象征符号放置在一个具体的社会行动场域中来理解其意义。离开了社会行动过程，离开了使用象征符号的过程，就无法理解其意义。因此，人类学关注的应该是人们的实践行动、表现或表演。特纳更进一步提出，象征符号不仅是意义载体，而且直接参与或促成社会行动。文化是作为一种经验、经历而存在的，离开过程无从理解其意义。因此，人类学

---

① ［德］恩斯特·卡西尔：《人论》，西苑出版社2003年版，第2—3页。
② ［美］克利福德·格尔兹：《文化的解释》，上海人民出版社1999年版，第11—31页。

研究的是符号怎样被使用，被操弄、表演，而不是符号本身。①

以上人类学相关理论，可以为研究御宅族这一文化现象提供特定的理论视角和分析框架，同时，理论还能够为我们的研究结论提供某种解释。对御宅族而言，动漫文化就是他们共享的文化符号。动漫文化所承载的象征意义，内化于御宅族这一亚文化群体的价值观、对世界的认知和态度等；外在体现于他们的再创作作品，他们的言谈举止、着装风格、消费行为，以及在公开场合的角色表演、圣地朝圣与巡礼等。御宅族的外在表现，如生活方式、行为方式、风格等就是一般人眼中的动漫亚文化。动漫文化是一个庞大的符号体系，从结构上看，由作为传播手段的各类媒介、作为传播内容的各类文本和作为传播接受者的受众三部分组成。人类学是把文化作为象征符号体系加以分析和阐释的学科。动漫文化象征符号体系的构成要素有平面文本、立体（动态）文本和影像、图片、音乐及各类物化的动漫周边产品，以及御宅族的再创造的作品等在内的各类动漫文本。这些动漫文本都是意义的载体。象征人类学和阐释人类学②都把人看作是能够创造和使用"符号"，并赋予"符号"以"意义"的动物，而这个"意义"就是"文化"。文化的核心是意义的创造、交流与理解。下文从动漫的文本内容、传播媒介和受众三个方面探讨动漫文化符号体系的构成及其所承载的意义。

一　动漫文本内容

动漫文本是意义的载体，动漫文本的形式多样，既包括各类漫画书刊、画册、图片等平面文本，也包括电视动画和动画电影、动漫游戏等立体文本，还包括以动漫人物等为原型制作的模型、手办等动漫周边产品。上述文本大多数通过互联网媒介传播，还有一些物化的实物文本通过实体店、跳蚤市场等展示或出售。所有这些文本形式构成了动漫的呈现体系，都是动漫符号的有机组成部分。而动漫核心象征

---

① 维克多·特纳：《象征之林》，商务印书馆2006年版。
② 本书把阐释人类学归入象征人类学。把阐释人类学与象征人类学分别开来是因为阐释人类学更注重于意义的阐释，更强调地方性知识。

意义的载体则是动漫文本所表达的内容,即漫画、动画所呈现给受众的,包括画面、故事情节、叙事结构、音乐风格等影像的内容。

下文从三个方面分析日本动漫的文本意义:

第一,价值取向。日本动漫的价值取向可以概括为:弘扬主旋律与多元价值取向并存。

大部分日本动漫作品,都在表现和推崇日本文化中的尊"圣"、崇"武"和集体荣誉感三种核心价值观。尊"圣",即崇敬、维护正统和权威。崇"武",即在日本武士道精神的影响下,部分动漫作品崇"武"特征十分明显,显示出日本国民坚忍、拼搏、不畏竞争、希望在激烈竞争中不断超越自我的性格。集体荣誉感是日本文化的重要价值取向和行为准则,在大部分日本动漫作品中,都推崇集体主义精神和团队协作。很多日本动漫作品也表达了热爱自然、维护世界和平的人类普世价值观。如宫崎骏动画作品大多涉及人类与自然之间的关系,反对战争和破坏,宣扬和平主义精神,追求人与自然和谐共存。他试图通过动漫作品来阐述其自然生态思想——拯救自然、救赎人类,反映了他追求人类与自然和谐共处、追求万物平等的思想。动漫是日本国民生存状态、思想观念的一种表现形式,动漫所表达的价值取向,对御宅族的价值观有着潜移默化的影响。

第二,动漫内容。日本动漫的内容可以概括为:题材丰富多样,文化兼容并蓄。

日本动漫在彰显日本文化特色的同时,表现出开放包容的态度。日本文化具有很强的"拿来主义"和"改良主义"特性。表现为日本动漫发展始终坚持鲜明的民族特色,并不断在世界各国和各民族的历史文化中挖掘宝藏,对东亚和欧美等异域题材进行筛选,对其历史故事、神话传说、历史人物、自然地理风貌、绘画手法、音乐风格等进行借鉴和改造,取其精华为己用,最终整合为印有鲜明"日本制造"特色的动漫新作,极大地丰富了动漫题材。

日本动漫的题材包括了科幻类、政治类、商业类、历史类、言情类、校园类、探险类、体育竞技类、神话传说类、战争类、格斗类、悬疑侦探类、恐怖类、机战类、耽美类、搞笑幽默类、魔幻类等多种类型，内容几乎涵盖了社会生活的所有领域。其文化元素也显出多元化的兼容并蓄的特征。日本动漫除了从题材类型分类之外，还会按照动漫受众的年龄和性别分为少年动漫、女性动漫、青年动漫、成人动漫和儿童动漫等。这就为不同偏好、不同年龄、不同性别的受众提供了多样的选择范围。

第三，艺术特征。日本动漫的艺术特征可以概括为：对美的极致追求和对个性、风格的彰显。

动漫是一种以图画为主要表现形式的艺术作品，画面是动漫作家与受众交流沟通的媒介。日本动漫以画面效果精致而闻名。动漫创作者对先进的数字媒体技术的运用，使得日本动漫作品的画质效果不断改善优化，体现出精湛的技术水平和独特的艺术品位。日本动漫创作者十分注重动漫音乐的制作，动漫音乐是在为动漫故事和情节服务，大型动漫作品甚至投入大量资金聘请知名音乐制作人、歌手或乐团创作动漫音乐。优美动听的动漫音乐使动漫作品本身更加深入人心，而动漫音乐也随着动漫作品的热卖而水涨船高。日本著名作曲家久石让就为《千与千寻》《龙猫》《天空之城》等多部动漫电影创作了主题音乐，作品广为流传、深受欢迎。

日本动漫文本的以上三大特征保证了作品具有很强的趣味性和感染力，从而吸引了以御宅族为主体的动漫消费者，特别是对御宅族的影响尤为深远。

二 动漫传播媒介

日本动漫经历了一个多世纪的发展，到20世纪90年代末，CG技术，即计算机图形计算、处理和显示技术迅速发展和推广开来，被运用于动漫作品的设计、绘画、拍摄和游戏周边产品的制作上，动漫作品中出现三维动画、数字电影、手机动画和网络游戏等数码作品，更增添其趣味性和感染力。先进的数字媒体技术对优良动漫作品的制作形成有力的支撑，保证了日本动漫具有精致的画面和优美动听的音乐效果。

传播媒介经历了从传统平面媒体向数字媒体的发展，特别是互联网技术的运用和日新月异的发展带给人们的不仅是技术手段的进步，使得人们足不出户就可以便捷地进行互相交流,并通过可视的、声音的以及文本的形式搜集和发布信息,不受时空、距离、成本的限制,而且在某种程度上可以说,互联网是最少受到政府控制的传播媒介。传播媒介不能被简单地看作供人们随意使用的工具,现代媒介的出现和使用对人们的生活方式也产生了重大影响。除了技术层面的考量外,从社会文化角度思考,可以很容易让我们注意到,伴随新媒介时代一同而来的还有各种社会关系和社会结构的重组,由此也带来了"意义"呈现方式和呈现内容的多样化和复杂化。御宅族的主体由青少年组成,他们都是使用互联网和各类电子产品的"达人",他们能够熟练使用互联网和数码电子产品等现代资讯手段,观阅、搜集、传播、分享与动漫相关的各类信息。互联网技术的高速发展和动漫网站的大量建立为御宅族个体的形成和群体的壮大创造了有效的平台和沟通途径。此外,日本作为世界上动漫产业成熟和完善的典范,为日本动漫文化的繁荣,为御宅族的形成、发展提供了得天独厚的社会文化环境。

三 动漫受众

受众是传播学中的一个专业化术语,特指那些与大众传媒建立起传受关系的大众。御宅族是动漫受众的主体,他们是传播的接收者,即意义的接受者,同时也是意义的创造者。在有关传媒受众的研究中,英国传播学者斯图亚特·霍尔（Stuart Hall）的观点引起人们的广泛关注,他用"编码/解码"的模型将观众描绘为主动从媒体符号中创造意义的群体（Hall, 1980）。斯图亚特·霍尔从理论层面对大众传播与公民身份认同作了这样的阐释:大众传媒生产出来的信息经过编码成为某种话语形式,受众再通过解码行为去消费这个意义。而且他认为,受众是以自己作为实践主体的身份去消费这个意义的。到了 20 世纪 80 年代末,许多学者都认为媒体消费者是积极的主体,并认为媒体带来的影响是异质性的,会因个体受众的经历和社会地位的不同而不同。

人类学进入媒体研究领域的时间虽然不长,但人类学的理论视角和研究方法在对媒体受众的研究中得到了很好的运用。通过参与观察等民族志方法，人类学研究者可以深入探究人们怎样利用不同媒体，如何诠释接收到的信息，如何利用媒体建构身份认同。近期关于媒体消费的人类学研究取得了很多成果，其中主要一点集中于受众对阅读、观看和聆听到材料的主动诠释。[①] 如果从人类学整体论的视角出发，动漫文本的意义并非由动漫文本生产者单独创造出来的，广大的动漫文化消费者在意义的生产过程中也扮演着至关重要的角色。

包括御宅族在内的媒体受众成长为具有"解码"能力，具有文本再生产、主动创造意义的能力，乃至在社会和学理层面得到重视和尊重也经历了一个涉及社会和传媒技术的进步、相关学科的发展、受众本身文化资本不断积累的过程。张嫱在其《粉丝力量大》一书中曾这样描绘粉丝："粉丝的前世是被动的受众，是'面目模糊的、被动接受媒介内容的乌合之众'，而今生是'媒介无所不在的环境中主动出击寻找内容的阅听人'。不是被媒体操弄的盲目受众，而是可以创造意义和文本内容的主动消费者。"[②]

受众的概念由传播学提出，20 世纪中叶之前，在社会学家的理论体系中，将工业社会视为大众社会。而大众（Mass）又常常被社会学家、社会心理学家称为乌合之众，如法国社会心理学家古斯塔夫·勒庞在其《乌合之众——大众心理研究》一书中就认为：群体行为表现为无异议、情绪化和低智商。[③] 大众，特别是传统媒体时代的大众，曾一度被认为由芸芸众生组成，他们互不来往，因而是孤独的，品位是粗俗的或无知的、被动的、任人摆布的。[④]

随着以互联网为代表的新媒介技术的迅速发展和普及，当今社会进入了新媒体时代，也称自媒体时代，传播学等学科对受众研究愈加深入，逐渐改变了人们对受众的传统看法。人们在关注大众传媒对受

---

① ［英］阿雷恩·鲍尔德温、布莱恩·朗赫斯特等：《文化研究导论》，高等教育出版社 2004 年版。
② 张嫱：《粉丝力量大》，中国人民大学出版社 2010 年版。
③ ［法］古斯塔夫·勒庞：《乌合之众——大众心理研究》，冯克利译，中央编译出版社 2004 年版。
④ ［英］雷蒙·威廉斯：《关键词——文化与社会的词汇》，生活·读书·新知三联书店 2005 年版。

众影响的同时,也逐渐注意到了受众的主动性和能动性,及其对传媒活动的影响,在对大众传媒的研究中甚至把受众置于大众传播研究的核心地位。持这一观点的典型代表人物是美国学者费斯克,他认为,观众不是消极、被动地接受文化工业的产品,而是具有不容忽视的"辨识力"和创造力,他们在接受大众文化产品的同时,也在生产和流通着各种"意义"——这种由大众主动参与的意义的生产和流动就是大众文化。[1] 但学术界在整个20世纪依然进行着有关大众、受众、公众的讨论和争议。如法国学者丹尼尔·戴扬(Daniel Dayan)对公众与传媒活动中的受众进行细致的区分,认为公众具有以下六方面的特点:第一,公众一种社会群体,它具有社会交往性,并显示一定的稳定性。第二,公众认真对待内部讨论,并由这种讨论而形成。第三,公众具有公开展示自己的能力,每个具体的公众都在这种公开的自我表现的过程中确立与其他公众的关系和自己的特殊性。第四,公众在公开的自我表现中表明对某些价值的认同,对某种共同理念或世界观有所追求。特定的公众成员因这些共同性的认同、理念或价值观形成公众群体。第五,公众有将个人性质的审美趣味转化为公共性质的社会要求的能力。第六,公众具有自我意识和自我审视能力。[2]

笔者认为,丹尼尔·戴扬的"大众"概念,是一个可以将受众包括在内的、处于新传媒时代的、具有现代公民意识的社会群体或集团。他总结的上述六个特征同样可以启发我们对于御宅族这一社会群体特征的判定和理解。笔者认为,对所谓动漫文化象征符号体系的分析至少应该包括对动漫御宅族生活方式的"意义之网"及其编织过程、方法及途径的探讨。

第三节 御宅族生活方式的意义及其获得途径

人类学领域有两种文化观最具代表性:一种文化观是将文化看作

---

[1] [美]费斯克:《理解大众文化》,王晓珏、宋伟杰译,中央编译出版社2001年版。
[2] 转引自周国文《公众、传媒与公民权利》,《理论与现代化》2007年第2期。

是一种适应性策略,是满足人类需要的工具和手段;另一种文化观即是前文介绍的将文化看作是为人类提供意义的象征符号系统,即"意义之网"。所谓的"意义之网"就是文化,在人类学有关文化的界定中,"文化"可以用来指"使一种特定的生活方式显得与众不同"的符号的创造和使用,而文化分析就是阐明一种特殊的生活方式,以及这种生活方式隐含或外显的意义和价值。①

御宅族就是在衣食住行、休闲娱乐、消费、人际互动、风格等生活方式中,编织着属于他们的"意义之网"。其内在的价值观、世界观或对外在世界的认知等反映在他们的生活方式中。在他们作为御宅族的生活方式中创造了各种符号、象征、文本、意义,并催生了动漫亚文化的产生。动漫亚文化就是一种生活方式的文化。下文就动漫御宅族生活方式的"意义之网"及其编织方法、"意义"获得途径等进行分析探讨。

一　愉悦感和幸福感的获得

人既是文化的造物,又是具有本能需要的高级动物,换言之,人同时受到文化和动物本能的控制。人类追求快乐、追求幸福的欲望源自人的本能,是人的基本需求之一。研究御宅族要回归人性的原点,从人的基本心理需要和埋藏于心灵深处的情感与欲望出发。当代社会一方面物质相对充裕,另一方面生活节奏快、竞争激烈、压力大,身在其中的人们如饥似渴地寻找释放的出口和机会,渴望通过娱乐放松身心、释放压力、体验生命的激情,寻找,甚至是制造快乐。现代社会文化机制的代表性特征是文化工业和大众传媒,包括动漫文化在内的娱乐文化正是这种文化机制的产物。消费时代的到来引起文化取向的调整,它使我们更加关注自我意识的张扬,关注个体自由与权利,关注个体的欲望与快感。

动漫文化虽然是属于娱乐文化的一种,但对动漫文化的消费绝不仅仅是为了满足"悦耳悦目"的感官层次享受需要,也包括"悦心

---

① [英]阿雷恩·鲍尔德温、布莱恩·朗赫斯特等:《文化研究导论》,陶东风等译,高等教育出版社2004年版,第46页。

悦意"的更高层次的精神需要和审美需要,而愉悦又是审美文化的本质属性。以青少年为主体的御宅族对于动漫文化的痴迷,投射出的是他们心中某种潜在的欲望和对在现实世界难以实现的梦想的追求。御宅族在对快乐与意义不断追求的过程中形成并强化自我认同和归属感。

日本动漫以丰富的想象力著称,题材多元、内容新奇,加上画风优美,制作精良,能够为动漫观阅者创造出多彩的虚拟世界。动漫角色和故事场景是创作者从现实生活中通过抽象、夸张、拟人或讽喻等手法提炼设计出的图像符号,能够给受众带来强烈的视觉冲击。这些图像符号包含着美好感人的故事情节、优美轻松的生活环境或颇具人格魅力的俊男美女等信息,往往成为御宅族痴迷崇拜的场景或对象。长期沉浸在动漫世界中的御宅族会逐渐将现实世界和动漫世界模糊化,认为动漫作品中的美好生活场景和俊美的动漫角色是比现实生活更加真实和完美的时空。这个"二次元世界"是御宅族能够发挥想象力和努力自主控制的空间。御宅族沉迷于"二次元世界"之中,通过收集各种周边产品、制作同人志、Cosplay等行为来填充现实世界的空洞。例如,痴迷于某些动漫中性感女性角色的御宅族,能够根据自身的审美标准塑造出完美的二次元异性,集异性的外貌、身材、性格各种优点于一身,创造出比现实世界的异性更加吸引人的角色。御宅族在游戏中,能够通过不懈的努力升级角色、完成任务、获取宝物和结交朋友,虚拟的真实感和成就感能够极大刺激御宅族自尊心和自信心的膨胀,这是在压力巨大、举步维艰的现实世界里所感受不到的快感和轻松。

从某种意义上说,他们是快乐幸福的一群人。他们做着自己喜欢做的事情,虽然在局外人看来,有点偏执、有点迷狂,但他们主导着自己的欲望,在他们特有的生活方式中找到了认同感、满足感和归属感。动漫世界对他们来说有多重意义:有释放、有逃避、有刺激、有激情、有分享、有模仿,还有创造等。他们乐在其中,乐此不疲。

二 自我认同和群体认同的实现

对御宅族而言,其生活方式的最大意义在于获得自我认同与群体认同。"认同"指一个人或一个群体用来界定他们是谁,以及什么对他们来说是有意义的特征。① 自我认同是一个自我身份的建构过程。著名社会学家、社会心理学家安东尼·吉登斯(Anthony Giddens)在论及"认同"时,表明了如下的观点:文化环境影响着我们的行为,但并不意味着人类被剥夺了个性或自由意志。与他人的互动虽然制约着我们所持的价值观和行为方式,但社会化也是我们个性和自由的源头。在社会化的过程中,每个人都会发展出自我认同感,以及独立思考和行动的能力。吉登斯还辨析了社会认同与自我认同的关系。他认为,在社会学领域,认同是一个多侧面的概念。社会学家们经常提到两种类型的认同:社会认同和自我认同。这些认同形式是从分析的角度加以区分的,实际上它们是紧密相连的。社会认同指的是别人赋予某个人的属性,基本上可被看作是表明一个人是谁的标志。同时,社会认同也将该人与具有相同属性的其他人联系起来,如学生、母亲、律师、亚洲人等,许多人同时拥有多重社会身份,多样化的社会认同反映了人们生活的多重维度,但大多数人都是围绕着一种主要的认同来组织他们生活中的意义和经验。如果说社会认同标志出个人是如何与他人"相同"的,那么自我认同则把我们区分为不同个体。自我认同指的是自我发展的过程,通过这一过程我们形成了对自身以及对周围世界的关系的独特感觉。② 吉登斯有关自我认同的定义是:实现自我发展和确定个人身份,从而形成一种关于我们自己的,以及我们同周围世界关系的独特感觉的持续性过程。③ 吉登斯最后总结说,现代社会让我们面临大量令人眼花缭乱的选择机会,诸如成为什么样的人、如何生活以及做些什么。我们日常生活中做出什么决策,像穿什么、如何举止和消磨时间,有助于明确我们到底是谁。现代社会迫使我们去发现自我。作为自觉自知的人类,我们有能力不断创造和再创造自我认同。④ 而御宅族就是在主流社会看来有些另类的生活方式中

---

① [英]安东尼·吉登斯:《社会学》,北京大学出版社2003年版。
② 同上。
③ 同上。
④ 同上。

建构着自我的身份，在与社会的互动中，特别是在与各类动漫团体、动漫组织和动漫网络社区不断的联系、沟通与互动中，逐步强化着自我身份与自我认同。自我认同对于御宅族来说最大的意义在于，在追求自我实现的过程中获得某种自我成就感，在这种认同感中获得自信与自尊，在接受自己的同时，体验到自我的价值以及社会的承认与肯定。

自我认同的"内容"和"程度"，会因御宅族个人的经历、个体特质、兴趣特长等的不同而有所差异，但御宅族都是通过对动漫文化资本的积累、对动漫象征符号的消费和运用，通过对个人风格、价值、品位的坚持，以及积极的动漫文化实践，建构自我身份，实现和巩固自我认同。

自我认同是在与他人的互动基础上达成的，他人是自我的镜像，我们认同的是他人眼中的自己。当自己得不到与自己相关的人群认可、找不到"组织"时，我们就会感到失落、孤独、难过，甚至是挫败；当自己被一群与自己有着相似生活方式、相似价值观与追求的群体或团体接受、赞许时，就是一种愉悦、解脱，是一种鼓舞。在现实生活中，每个人都是独立的个体，但个人作为一种社会存在，必然要与社会、他人建立认同关系，以确定自己的归属、确立自己在各类社会团体及社会秩序中的位置和角色。对认同感和归属感的渴求不仅是一种个体的需要，而且是一种群体心理和群体情感。群体认同可以认为是特定的个体从其赞赏和确认归属的群体中获得的一种社会认同感。群体认同是社会互动的基础，也是人们确定自己的身份、角色以及与他人的关系的基础。群体认同的实现，可以有效弥补在现实生活中因缺少交际而产生的缺失感。对动漫的共同热爱是御宅族群体认同的心理基础，通过对动漫象征意义的解读，通过与同好交流、分享观看或阅读心得，通过各类媒介平台展示自己的作品，通过加入动漫兴趣社团，通过组织或参与各类与动漫相关的如角色扮演等社会文化活动等方式，获得和巩固动漫亚文化群体共通的价值观、行为方式和群体认同。

动漫网络社区是御宅族互动交流，达成群体认同的重要平台。传统意义上的社区主要是指"居住在一定地域范围内的人们所组成的社会生活共同体"。随着网络社区的兴起，特别是社交媒体的迅速发展，传统社区的功能逐步衰退。各类动漫网站的大量出现为御宅族的形成和群体的壮大创造了有效的平台和沟通途径，利用动漫网站这一平台观阅动漫、参与论坛、下载上传图片、发布接收信息、组织相关活动。与传统社区相对应，网络社区因其超地域、无边界、匿名、流动、非面对面等特征而被称为虚拟社区，但网络社区有时比传统社区更真实。传统社区是一个熟人社会，人际交往需要考量的因素很多，但网络社区的人们可以展示不愿意在现实世界中表现的真实自我。虽然网络社区也有类似于现实社会中的规范和并不绝对平等的关系，但网络世界没有边界，英雄不问出身，大家相对平等地在同一个平台上发表观点意见和交流互动，共同参与动漫文本意义的"共建"或"重建"过程。网络社区已经成为御宅族群体进行社会互动的主要场域，是御宅族实现群体认同的重要途径。动漫御宅族生活方式的意义，表层是对风格、个性的张扬，对快感的获得，深层是对自我身份的建构，对自我认同和社会认同的实现。

三 以文化消费为特征的消费动机与消费行为

日本社会已经从以制造业为主的工业社会转型为以消费为主的知识经济社会。所谓的知识经济是指："一个社会不再主要以物质商品的生产为基础，而是以知识的生产为基础。知识经济的出现主要是适应技术型消费者的发展，在计算机技术、娱乐以及电子传媒等方面都有新的开拓。"[1]

在前工业社会和工业社会，人们更多关注的是产品的物理属性、使用价值，而在以知识经济为主导的消费社会，人们不再注重产品（商品）的使用价值，而是更加关注其因文化创意而带来的符号价值，更加注重产品本身所蕴含的社会意义。在消费社会中，产品（商品）的使用价值变得不再重要，而其符号价值凸显。消费社会的各类产品组成了一个象征性体系，产品的使用价值让位于代表着象征意义的符

---

[1] ［英］安东尼·吉登斯：《社会学》，北京大学出版社2003年版。

号价值。

法国学者让·波德里亚在其《消费社会》一书中提出：在消费社会，"消费者消费的并不是商品本身，而是商品所包含的意义和所代表的符号"。① 也就是说，在物质产品基本满足人们需要的消费社会，人们的消费更多地转向了文化消费、意义消费。

文化消费是指人们根据自己的主观意愿，选择文化产品或服务，来满足精神、心理需求的一种消费，具体指消费者用于文化活动、文化产品、娱乐产品和服务等相关方面的支出和消费活动。而消费文化是指在一定的历史阶段中，人们在物质生产与精神生产、社会生活以及消费活动中所表现出来的消费动机、消费手段、消费行为和消费环境的总和。

正如乔治·瑞泽尔所言：当我们消费物品时，我们就是在消费符号，同时在这个过程中界定我们自己。因此，物品的种类可被视为个人的生产种类。人们就是以他们所消费的物品为基础而将自己与其他类型的人相区别。在对某些物品进行消费时，我们就是在表明我们与那些消费着同样物品的人是相似的，而与那些消费着其他物品的人之间是不同的。正是这种符码控制着我们消费什么和不消费什么。② 也就是说，在消费社会人们的消费更多地转向了符号和意义消费，转向了文化消费，并在文化消费的过程中，建构自我与他人的异同，即建构着自我的身份。乔治·瑞泽尔还分析了消费社会的重要特征：除了我们期望的商品和服务之外，文化的任何方面几乎都可以销售，数额巨大的文化产品堆加到消费社会那些待销售的商品领域中。我们正在逐渐被各种消费物品所淹没，更不用说用来分配这些商品和服务的那些数量日益增多的各种手段。③

此外，消费手段和消费方式的改变，也影响着人们的消费行为。网上购物及电视购物的普及、信用卡的预付功能以及购物中心的出现

---

① ［法］让·波德里亚：《消费社会》，南京大学出版社 2000 年版。
② ［美］乔治·瑞泽尔：《后现代社会理论》，华夏出版社 2003 年版。
③ 同上。

等,改变了传统的消费行为,使得消费不仅便捷,而且有了更大的选择空间。消费方式的便捷和多样化赋予人们更强的消费能力,但同时人们也发现,这种消费模式有难以抵御的诱惑力和一定的控制力,使人们的消费表现出非理性、被动的一面,如超出自己的需要和能力购买一些完全没有使用价值的物品。但费斯克认为,在接受文化产品的时候,大众并非是被动的、消极的、无助的,而是主动的、积极的、具有抵抗性和颠覆性的。在消费文化产品的过程中,大众也在对文化产品进行利用和转换。大众对文化商品的选择与利用,体现了大众在文化活动中的积极能动性。[1]

御宅族对动漫的消费是一种文化和意义消费,对于御宅族而言,动漫消费的真正意义在于自我身份的建构与表达,在于凸显自我的主体性,完成自我形象建构和风格塑造,以实现和强化自我身份认同。御宅族以他们所消费的物品为基础而将自己区别于其他群体,如与普通人和一般的动漫爱好者相比,御宅族享有毫无争议的权威性,他们拥有的动漫文化资本使他们在动漫市场上占有绝对的优势地位,往往扮演着动漫市场引导者的角色,甚至影响到动漫文化产业的走向。同时,御宅族也以他们消费的物品为基础将自己归属于特定的群体,如可以从与其他御宅族相同或相似的消费方式和消费行为中,建构出群体认同感和归属感。

如前文所述,关于大众传媒,以及由大众传媒主导的文化消费模式与受众的关系有两种代表性观点:一种观点认为在大众传媒时代,大众传媒的控制者和传媒内容的制作者占据主导地位,他们是"意义"的建构者和传播者,不管大众传媒表面看起来如何迎合受众的需要,但受众在接受传播内容的过程中都是被动的,无论是对媒体的消费还是对文化产品的消费,大众都是大众传媒掌控的一枚筹码;另一种观点则认为,受众是有敏锐辨识力的群体,并非被动地任人摆布,大众传媒在消费他们的同时,他们也在消费着大众传媒。

通过对日本御宅族生活方式的考察,通过对他们的消费行为,以

---

[1] [美]费斯克:《理解大众文化》,中央编译出版社2001年版。

及他们与传播媒介关系的分析与研究，笔者更倾向于认为，在以互联网为代表的新媒介时代，御宅族与由大众传媒主导的文化消费模式之间是一种互动的、相互博弈的过程，其意义的建构是一种"共建"，在此过程中各取所需，难分高下。

结　　语

日本动漫经历了一个多世纪的发展，目前已成为世界第一大动漫强国，相关的动漫产品也成为全球最具商业和文化影响力的文化产品。日本的动漫御宅族是20世纪80年代以来伴随动漫文化以及现代资讯手段的快速发展而出现的一个特殊的社会群体，他们有别于其他社会群体的生活方式，引起了社会公众和相关领域研究者的关注。学术界对包括御宅族在内的粉丝及粉丝文化的研究逐渐从情绪化、道德化的批评，转为更加理性化和学术化的研究。

本书采用人类学田野调查和文献研究相结合的方法，综合运用人类学、文化社会学、传播学的相关理论，并借鉴文化研究相关视角和理论，对日本御宅族的生活方式、思维及行为方式进行深度描述，在此基础上，从文化整体论的视角出发，在日本社会特定的历史文化语境中，从主位和客位的双重视角，采用个案研究和综合研究相结合的方法，对日本御宅族文化现象进行深度考察和阐述。

本书的结语主要包括以下内容：首先，从逻辑层面概括全文的主要内容；其次，提炼主要观点；最后，分析本书的不足之处和有待进一步研究的问题。

一　本书的逻辑结构

本书的内容由绪论、正文五章和结语三部分组成。

绪论部分梳理和评述国内外相关研究现状，介绍本书的研究内容与研究方法，以及本书的创新之处，并对文中出现的重要概念进行界定。

正文的五个章节是本书的主体内容，其逻辑结构可分为四个层次：

第一层次（本书的第一章）：对作为本书研究背景的日本动漫的形成及发展历程、日本动漫的基本特征进行了概括性的介绍与分析。

首先，介绍了日本动漫的形成及发展历程。

笔者把日本动漫的发展历程划分为：萌芽时期、近代探索时期（20世纪初至20世纪30年代）、战时低谷时期（20世纪40年代）、战后转型时期（20世纪40年代末至60年代）、成熟经典时期（20世纪70年代）和飞跃延伸时期（20世纪80年代至今）。

其次，分析探讨了日本动漫的文化、艺术和产业特征。

在文化层面，第一，日本动漫具有尊"圣"情结，具有崇敬、维护正统和权威的特征。第二，日本动漫深受武士道精神影响，部分动漫作品的崇"武"特征十分明显，显示出日本国民坚忍、拼搏、不畏竞争、渴求在激烈竞争中不断超越的性格。第三，日本文化强调团体规则，重视集体团结，许多日本动漫作品表现出崇尚集体协作奋斗、强调集体荣誉的团体主义精神。第四，许多日本动漫作品号召保护自然、实现人类和自然和谐共生，反对战争和破坏，体现了日本文化中亲近自然、热爱自然的特征。

在艺术表现层面，日本动漫善于汲取其他国家和民族的传统文化因素，作为动漫创作的素材。并且，动漫类型划分细致，各具特色，拥有不同年龄层、不同性别的广泛受众。同时，日本动漫善于运用先进的数字媒体技术制作优良动漫作品，保证了日本动漫具有精致的画面和优美动听的音乐效果。

在产业发展模式层面，日本动漫得到政府、企业、学校和相关机构等多方共同支持和扶助。日本动漫的三大特征保证了作品具有很强的趣味性和感染力，从而能够吸引众多动漫读者和观众，甚至深入影响御宅族的心理和行为。

第二层次（本书的第二章）：对御宅族的概念进行了辨析、界定，梳理和介绍了御宅族形成和演变过程，从定性、定量两个角度分析了御宅族与普通动漫爱好者的异同，并分析了御宅族形成的主、客观原因。

本书重新界定御宅族的定义：御宅族是长期热衷、痴迷于动漫或某一类型动漫的特定群体。御宅族善于利用各种现代通信媒介收集动漫信息，倾入大量时间、精力、金钱，收集自己喜好的漫画、动画、动漫模型与玩偶、电玩游戏以及其他动漫衍生品。

本书把御宅族的发展历史划分为20世纪50年代中期御宅族母体的出现、20世纪70年代末到80年代中期御宅族的诞生、20世纪80年代末到90年代泡沫经济时期御宅族群体的膨胀和2000年后御宅族文化泛滥四个阶段，分别分析不同代际御宅族群体的成长状况和影响因素，并从定性和定量的角度讨论御宅族与普通动漫爱好者的区别方法，以期更加科学地界定御宅族的范围。

第三层次（本书的第三章和第四章）：基于对日本的田野调查，分别对御宅族的语言使用、审美取向、恋爱、衣着装扮、消费娱乐、人际互动、公开场合的身体表演，以及反映在生活方式中的价值观、御宅族的自我形象与评价以及日本社会公众对御宅族的认知和评价等进行了较为翔实的描述与分析。

第一，分析御宅族群体内外对其形象的认识和评价。通过访谈和文献梳理，能够看出御宅族对自身和群体的形成、发展表现出积极肯定的态度。虽然目前御宅族文化与社会主流文化出现逐渐融合的趋势，但日本社会对御宅族群体和文化仍然持较为负面和忧虑的态度。

第二，通过分析御宅族群体独特的语言、审美观、恋爱观、日常衣着服饰等特别的行为模式，较为形象和全面地勾画出御宅族的别样人生，以利于更加具体深入地认识和研究御宅族群体。

第三，研究御宅族在虚拟空间和现实生活中"人—机—人""人—人"等特殊的交流方式，揭示了御宅族交流中有意回避现实身份，而喜好借助动漫符号再造自我，沟通内容以动漫为中心，以及利用互联网间接沟通的特征。

第四，通过大量的田野调查，深入研究御宅族在动漫圣地的活动。笔者深入实地考察了男性御宅族圣地东京秋叶原的中央大道、动漫产品大型综合店、动漫二手店、动漫产品跳蚤市场、动漫书店 animate 和女仆餐厅咖啡馆等。与此同时，笔者也考察了洋溢着腐女文化氛围的女性御宅族圣地池袋乙女路的耽美作品销售连锁店 K-

BOOKS、执事咖啡馆，分析了腐女的定义、特征和形成原因，并在此基础上深入考察了腐女圣地——池袋乙女路，探究了腐女文化的特征和腐女圣地朝圣的状况。笔者还对御宅族追求自我认同的重要行为之一——"动漫圣地朝圣和巡礼"的由来及情况进行了详细的描述，并根据圣地巡礼方式的不同，将巡礼者划分为开拓型圣地巡礼者、回头客型圣地巡礼者和追随型圣地巡礼者三种类型，并通过田野调查的方式，详细考察了三种类型御宅族的巡礼行为特征和情感取向。通过这些研究分析，在一定程度上揭示了御宅族的生活方式、行为特征，以及御宅族对圣地的依存和圣地因御宅族而繁盛的过程与原因。

第五，分析探讨御宅族的角色扮演行为（在公开场合的自我表现）。首先，界定角色扮演的概念，即穿戴与动漫角色相同或相似的服装、饰品，使用相应的道具，模仿其言谈举止，扮演动漫角色的行为和活动。角色扮演是一种根植于日本动漫文化中的附属文化。其次，梳理角色扮演的发展过程。本书按照角色扮演活动的性质和内涵，将其发展过程分为早期带有浓厚宗教性质的角色扮演、民俗性质的角色扮演、美国式的现代角色扮演和当今主流角色扮演——日本动漫角色扮演四个阶段。最后，整理角色扮演活动所包含的整个过程：前期筹划准备阶段（包括研读动漫作品并选定扮演对象、收集角色扮演对象相关的资料、购买或制作服装道具、申请活动场地、化装变身5个步骤）、中期扮演阶段（即真人演绎，包括现场展示和拍摄记录）以及后期加工制作阶段。笔者认为，角色扮演活动具有创造性、反抗性、视觉性和消费性的特征，是御宅族对日本动漫角色进行全面模仿和全情投入动漫世界的重要方式，角色扮演活动成为继御宅族的消费收集、专研考究和同人志再创造之后出现的最新颖和全面的自我表现形式。

在此基础上，笔者对东京秋叶原女仆餐厅和乙女路执事餐厅进行了深入的考察，通过大量访谈和实地调查发现，秋叶原女仆餐厅和乙女路执事餐厅都巧妙地借鉴角色扮演概念和模式，将大量动漫元素融入商业餐饮经营，充分利用了男性御宅族对女仆等"萌系"动漫角色的追捧，以及女性御宅族对执事等动漫角色的迷恋，通过店内空间装潢、服务生角色设定和角色扮演,以及忠实和再现动漫作品的服务项目创造出存在于现实世界中的虚拟动漫时空,吸引了大批御宅族纷至沓来,成为他们在现实世界聚集、消遣和交流沟通的重要场所。

第四层次(本书的第五章):对御宅族的生活方式进行了学理层面的分析。从文化人类学、社会学、传播学等学科视角,借鉴文化研究的相关理论范式,对御宅族的身份特征、生活方式、行为方式及思维方式的特征,以及御宅族生活方式背后的意义和价值系统进行尝试性分析和阐释。

首先,探讨了御宅族的身份特征。御宅族生活方式的典型特征是对动漫的极度依赖,动漫成为其生活不可或缺的部分。具体表现为:

(1) 御宅族是动漫文化资本的拥有者。御宅族拥有的动漫文化资源可分为三个层面:一是无形的、精神的层面,即御宅族对动漫的思想与文化内涵、价值观、审美风格等有较为深入的理解和把握。二是准无形的、基于经验的、对动漫资讯超强的搜寻、发烧解读或再创作能力。就是说,御宅族不是被动的"受众",而是动漫文化智能资源的拥有者,他们不仅观阅、解读、考据,甚至进行二次创作。三是有形的、物质形态的各类动漫产品,包括动漫文本、电玩游戏、模型及其他衍生品等。在御宅族世界里,御宅族拥有的动漫文化资本的多寡是衡量其在动漫网络社区和御宅族群体内部地位高低的标准,也是御宅族的身份象征。上述种种构成了御宅族与普通受众,包括一般的动漫爱好者的区别性特征。

(2) 御宅族是动漫文化的发烧解读者。御宅族对于其喜爱的动漫作品,不会满足于观阅,还会进行深度解读、考据和再创作。一方面,御宅族是动漫精益求精的考据者。与动漫的普通受众不同,御宅族并不只把观阅动漫作为一种娱乐和消遣方式,他们倾注大量时间和精力收集、消费动漫产品,并对动漫作品进行精益求精的解读和考据。御宅族不仅在家中观阅研究大量动漫作品,而且经常出入如东京秋叶原等动漫产品集散地和动漫圣地,努力寻找心仪的动漫作品,力求全面系统地掌握动漫、游戏产业和各种动漫活动的信息。御宅族对动漫的故事背景和情节、故事场景及画面、人物原型、人物性格、艺术风格等细节进行细致入微的推敲，更试图从动漫作品中归纳总结出规律性和指导性的思想观点。御宅族会以自己专精的动漫作品为主轴，建立起自己独到的解读和"理论体系"，甚至从其中获得一种人生感悟。另一方面，御宅族是灵感跃动的再创作者。御宅族的典型特征是他们对动漫进行积极主动的想象发挥和再创造。御宅族通过对漫画、动漫和玩偶模型等内容进行多种方式的改造和扩展，以及角色扮演表现，能够使自己的情感得到宣泄，满足其对理想或幻想的追求欲望。再创作行为是御宅族构建自我身份、实现自我认同和群体认同的一种重要途径。

（3）御宅族是永不餍足的动漫消费者。御宅族是动漫产品最热忱和执着的消费群体。御宅族长期醉心于喜好的动漫产品，阅赏某部或某一系列、某一类型的漫画、动画片，或收集玩赏模型玩具，为购买到喜爱的动漫产品不惜血本、不辞辛苦，这种不知餍足地搜集和购买行为表现为一种狂热的消费状态。御宅族对消费对象的选择更多源于他们对作品创意、个性、风格及美感的追求，他们的消费很大程度上是一种情绪或情感消费，是为自己内心的冲动埋单，为那些能够使他们产生心理共鸣和体现自我价值追求的产品埋单。

（4）御宅族是动漫文化的社会实践者。御宅族痴迷于动漫，具有强烈的"二次元情结"，崇拜依恋某些动漫角色，把其中的价值标准作为自己在现实世界的思维和行为准则。御宅族不仅在虚拟世界抒发自己对动漫的喜爱，更有意无意地通过各种形式将动漫中的行为模式、文化符号和价值标准等带入现实世界，成为动漫亚文化向社会主流文化渗透交融的践行者。

（5）御宅族是现实世界的边缘人群。由于御宅族长期沉浸在虚拟的二次元世界，深度适应和接受动漫式的言行举止、思维方式，动漫文化潜移默化地影响着他们的世界观、人生观、价值观及生活方式，使得御宅族在现实生活中的待人接物显得僵硬而奇特，无法与人融洽交谈。现实世界交流的障碍更加剧了御宅族逃避压力、沉浸于"美妙"的动漫虚拟世界的倾向。

其次，运用象征人类学和文化研究的相关理论和视角，从动漫的文本内容、传播媒介和受众三个方面探讨了动漫文化的符号体系及其所承载的意义。

文本形式构成了动漫的呈现体系，它作为动漫符号的有机组成部分，是各种意义表达的载体。本书从价值取向、内容和艺术特征三个层面分析了动漫文本的意义：第一，日本动漫的价值取向可以概括为：弘扬主旋律与多元价值取向并存。大部分日本动漫作品，都在表现和推崇日本文化中的尊"圣"、崇"武"和集体荣誉感三种核心价值观。第二，日本动漫的内容题材丰富多样，文化兼容并蓄。日本动漫在立足本土文化的同时，表现出很强的"拿来主义"和"改良主义"倾向，不断在世界各国和各民族的历史文化中挖掘宝藏。同时，日本动漫的题材多元，受众分类细致，作品创作针对性强，能够以丰富多样的内容吸引广泛的受众。第三，日本动漫具有对美的极致追求和对个性、风格的彰显的艺术特征。精美的画面、完美的音效和不断引入的现代数码图像制作技术，保障着日本动漫对多元题材和精彩故事情节的呈现能力。

互联网技术的高速发展和动漫网站的大量建立为日本动漫文化提供了便利的传播媒介，有利于御宅族个体的成熟和群体的壮大。日本的动漫产业体系完善、发展模式成熟，加上政府和媒体的支持和宣传，为日本动漫文化的繁荣和御宅族的形成、发展提供了得天独厚的条件。

御宅族，即动漫受众是意义的接受者和创造者。他们伴随着日本动漫的发展而不断演化成长，他们与动漫的关系已由早期的单向接受，转变为多元汲取、自主自觉再创造，二者相辅相成、共同发展。

最后，分析了动漫御宅族衣食住行、休闲娱乐、消费、人际互动、风格等生活方式的"意义之网"及其编织方法和途径。第一，御宅族痴迷动漫是对快感和幸福感的积极获取。面对各种压力，以青少年为主体的御宅族痴迷于其所醉心的动漫文化，投射出他们心中某种潜在的欲望和对在现实世界难以实现的梦想的追求。御宅族不在乎局外人的观感，在对快乐与意义不断追求的过程中形成并强化着自我认同和归属感，乐在其中，并乐此不疲。第二，御宅族痴迷动漫是自我存在和群体认同的实现。动漫御宅族生活方式的意义、形式是对风格、个性的张扬，快感的获得，实质则是对自我身份的建构，通过汲取动漫文化中美好先进的因素充实美化自身。同时，对动漫的热爱是御宅族群体共同的心理基础，通过对动漫象征意义的解读，通过与同好交流、分享观看或阅读心得，通过各类媒介平台展示自己的作品，通过加入动漫兴趣社团，通过组织或参与各类与动漫相关的如角色扮演等社会文化活动等方式，获得动漫亚文化群体共通的价值观、行为方式和群体认同，在亚文化群体中寻求和确立自身的地位。第三，御宅族对动漫的消费是一种文化消费，对于御宅族而言，动漫消费的真正意义在于自我身份建构与表达，在于凸显自我的主体性，完成自我形象建构和风格塑造，以实现和强化自我身份认同。

二 主要观点

第一，日本发达的动漫产业和浓厚的动漫文化氛围，是御宅族文化形成和发展的根源。日本动漫产业链完整、规模庞大。动漫题材多样、创意新颖、画面精美、制作精良，再加上充分利用现代的数码图像制作技术，繁荣的动漫文化造就了日本的御宅族群体。动漫作品这种特殊的文化产品，成为他们获取知识、抒发情感、建立价值观和人生观以及自我表达实现的重要途径。

第二，御宅族生活方式的最大特点表现为生活融入动漫、动漫融入生活。与动漫相融合的生活方式是动漫亚文化的表征。动漫文化内化于御宅族的价值追求和审美取向，外显于御宅族的生活方式与行为方式。动漫御宅族生活方式的意义，表层是对风格、个性的塑造和张扬，快感的获得；深层的意义在于自我身份的建构与表达，在于自我认同和群体认同的实现。

第三，对御宅族而言，动漫文化就是他们共享的文化符号，动漫文化所承载的象征意义，内化于御宅族这一亚文化群体的价值观、对世界的认知和态度等，外在体现于他们的再创作作品，他们自身的言谈举止、着装风格、消费行为，以及在公开场合的角色表演、圣地朝圣与巡礼等。御宅族的外在表现，如行为方式、生活方式、风格等就是一般人眼中的动漫亚文化。一般而言，亚文化是指有别于主流文化的小众文化，而亚文化群体可以认为是具有与主流文化不同生活方式和价值观的一类人。动漫亚文化作为亚文化的一种，是一种生活方式文化。有学者认为，亚文化是调整文化与现实的差距的一套价值观和行为方式，它为亚文化群体提供一揽子的、富有可行性的解决方案。亚文化可以赋予异常行为一种意识形式和表达形式，能够不断对新问题给出新答案，使社会文化更有弹性、更有活力、更现实。[①] 御宅族痴迷于动漫亚文化，在于这种生活方式能够为他们追求的人生提供某种实现的渠道。

第四，动漫亚文化有别于其他的亚文化形式（如反文化），在日本，动漫文化得到了日本政府的扶持和大力推动，御宅族是动漫消费市场的生力军，是政府和文化产业工作者努力寻找和迎合的目标。稳定的御宅族群体加速了动漫产业的发展和动漫文化在日本社会的渗透。

第五，自20世纪90年代开始，日本流行文化日益增加的大众化趋势，特别是新媒体技术的出现，使得小规模文化生产变得更加方便，御宅族在消费动漫文化的同时，也参与了动漫文化的生产。经过几十年的发展，日本御宅族文化已经成为具有重要影响力的社会亚文化，并不断向社会主流文化渗透。在以互联网为主导的新媒介时代，御宅族的动漫消费文化与由大众传媒主导的文化生产模式之间是一种互动的、相互博弈的过程，在此过程中各取所需，相互依存。

第六，御宅族是商业社会和知识经济时代的产物，动漫亚文化是当代社会多元文化的重要组成部分，御宅族的存在是社会活力的表现形态之一。但同时，御宅族对动漫的迷恋表现出一定的过度性，尽管御宅族群体对御宅族文化表现出充分的自信，但社会公众对御宅族有不同程度的负面评价。也就是说，御宅族群体内部的自我认知和群体外部的观感存在一定的差异性。

三　有待进一步研究的问题

一是在关注御宅族共性的同时，关注其群体内部的差异性。可以

[①] 高丙中：《主文化、亚文化、反文化与中国文化的变迁》，《社会学研究》1997年第1期，第113页。

针对不同年龄、性别、职业和阶层的御宅族进行更加具有针对性的研究。与御宅族个体进行更为深入和持久的接触，以更加全面和深入地了解御宅族群体的异质性和流动性。御宅族社群内部的复杂性还表现为其社群内部也具有等级性和组织性，体现出了主流社会的一些特征，如地位、阶层的不同，对权威的服从，对某些行为规范的遵守等，御宅族社群内部和他们沉迷的虚拟网络社区，可能并不是一个想象中绝对自由、平等、去身份化的乌托邦。

二是从参与者的角度观察御宅族。本书主要从研究者的角度观察御宅族。在后续的研究中，可以通过个人的角色转换，如加入女仆餐厅、动漫产品专卖店或动漫圣地的志愿者团体等御宅族集中的场所或组织，以兼职打工为御宅族提供服务的形式，从另一种角度了解分析御宅族。

三是从理论层面深化御宅族研究的理论探讨，以问题为出发点，以跨学科的视野对日本御宅族现象进行更加深入的学理层面的探讨。

四是希望在后续的研究中，能够进行日本御宅族与中国御宅族的比较研究，以扩展研究视野，增加研究的现实意义。

参考文献

一　中文文献

[1] ［英］阿雷恩·鲍尔德温、布莱恩·朗赫斯特等：《文化研究导论》，高等教育出版社2004年版。

[2] ［挪威］埃里克森：《小地方，大论题——社会文化人类学导论》，商务印书馆2008年版。

[3] ［英］安·格雷《文化研究：民族志方法与生活文化》，重庆大学出版社2009年版。

[4] ［英］安东尼·吉登斯：《社会学》，北京大学出版社2003年版。

[5] ［美］贝斯特：《邻里东京》，上海译文出版社2008年版。

[6] 陈奇佳、宋晖：《日本动漫影响力调查报告——当代中国大学生文化消费偏好研究》，人民出版社2009年版。

[7] ［美］大卫·费特曼：《民族志：步步深入》，重庆大学出版社2007年版。

[8] ［美］戴维·波谱诺：《社会学》，中国人民大学出版社1999年版。

[9] 邓惟佳：《试析西方迷研究的三次浪潮和新的发展方向》，《传播学研究》2009年第10期。

[10] 段俊、谭玲：《动漫产业》，四川大学出版社2009年版。

[11] 范明林、吴军：《质性研究》，格致出版社2009年版。

[12] ［德］恩思特·卡西尔：《人论》，西苑出版社2003年版。

[13] 方李莉：《审美价值的人类学研究》，《广西民族学院学报》2004年第5期。

[14] 方李莉：《"文化自觉"与"全球化"发展——费孝通"文化自

觉"思想的再阐释》,《文化研究》2007 年第 1 期。

[15] 方亭:《从动漫流行语解读中国青年亚文化的心理症候——以"萝莉""伪娘""宅男/宅女"为例》,《青年文化》2011 年第 1 期。

[16] [美]费斯克:《理解大众文化》,中央编译出版社 2001 年版。

[17] 高丙中:《主文化、亚文化、反文化与中国文化的变迁》,《社会学研究》1997 年第 1 期。

[18] 高丙中:《海外实地调查与中国社会科学的国际化》,《中国社会科学报》2009 年第 9 期。

[19] 谷亮:《叛逆与快乐——解析动漫迷生活方式的意义》,硕士学位论文,中央民族大学,2007 年。

[20] [法]古斯塔夫·勒庞:《乌合之众——大众心理研究》,中央编译出版社 2004 年版。

[21] [美]古塔·弗格森:《人类学定位——田野科学的界限与基础》,华夏出版社 2005 年版。

[22] 耿楠楠:《日本动漫的文化特征及对中国的启示》,《日本问题研究》2008 年第 4 期。

[23] 韩若冰:《浅谈日本动漫文化的草根性特点》,《民俗研究》2007 年第 1 期。

[24] 韩若冰、韩英:《日本"御宅族"的行为方式及其消费特征》,《山东社会科学》2012 年第 6 期。

[25] 何婧:《中国动漫迷对日本动漫的接受与再创造》,硕士学位论文,重庆师范大学,2008 年。

[26] [美]克利福德·吉尔兹:《文化的解释》,上海人民出版社 1999 年版。

[27] [美]克利福德·吉尔兹:《地方性知识:阐释人类学论文集》,中央编译出版社 2004 年版。

[28] 简妙如:《过度的阅听人——迷之初探》,硕士学位论文,台湾中正大学,1996 年。

[29] [美]杰里·D. 穆尔:《人类学家的文化见解》,商务印书馆

2009 年版。

[30] 孔金连：《长沙市漫迷群体的消费行为研究》，硕士学位论文，中南大学，2007 年。

[31] 胡鸿保：《中国人类学史》，中国人民大学出版社 2006 年版。

[32] [英] 雷蒙·威廉斯：《关键词——文化与社会的词汇》，生活·读书·新知三联书店 2005 年版。

[33] 李长庆：《日本动漫产业与动漫文化研究》，北京大学出版社 2011 年版。

[34] 梁静：《动漫迷的媒介再现分析——以〈广州日报〉2000—2009 年动漫新闻报道为例》，硕士学位论文，复旦大学，2010 年。

[35] 林建煌：《消费者行为》，北京大学出版社 2011 年版。

[36] 林舒舒：《当前日本动漫风靡现象探析》，《江苏社会科学》2006 年第 1 期。

[37] [澳] 林恩·休谟、简·穆拉克：《人类学家在田野：参与观察中的案例分析》，上海译文出版社 2010 年版。

[38] 卢丽：《日本人与漫画》，《东瀛文化》2001 年第 32 期。

[39] [美] 鲁思·本尼迪克特：《菊与刀》，商务印书馆 2003 年版。

[40] 罗岗、刘象愚：《文化研究读本》，中国社会科学出版社 2000 年版。

[41] 罗岗、顾铮主编：《视觉文化读本》，广西师范大学出版社 2003 年版。

[42] 罗钢、王中忱：《消费文化读本》，中国社会科学出版社 2003 年版。

[43] [英] 马林诺夫斯基：《文化论》，华夏出版社 2002 年版。

[44] [德] 马勒茨克：《跨文化交流》，北京大学出版社 2001 年版。

[45] [美] 麦克尔·赫兹菲尔德：《什么是人类常识——社会和文化领域中的人类学理论实践》，华夏出版社 2006 年版。

[46] [美] 乔治·瑞泽尔：《后现代社会理论》，华夏出版社 2003 年版。

[47]［美］乔纳森·H. 特纳：《社会学理论的结构》，华夏出版社 2006 年版。

[48] 戚艳伟：《日本动漫旅游发展模式研究——以秋叶原和鹫宫町为例》，硕士学位论文，兰州大学，2011 年。

[49]［法］让·波德里亚：《消费社会》，南京大学出版社 2000 年版。

[50] 石勇：《动漫文化：不可小觑的青少年亚文化》，《中国青年研究》2006 年第 11 期。

[51] 孙秋云：《文化人类学教程》，民族出版社 2004 年版。

[52] 孙华：《中日动漫比较研究——中国动漫产业发展研究的一个视角》，硕士学位论文，华东师范大学，2008 年。

[53]［美］史蒂文·瓦戈：《社会变迁》，北京大学出版社 2007 年版。

[54] 陶东风：《粉丝文化读本》，北京大学出版社 2009 年版。

[55] 陶东风、周宪：《文化研究》，社会科学文献出版社 2010 年版。

[56] 陶东风、胡疆锋：《亚文化读本》，北京大学出版社 2011 年版。

[57] 谭佳：《动漫亚文化的文化体系》，《广西民族大学学报》2008 年第 1 期。

[58] 王传东、郑琳：《动漫——产业分析与衍生产品研发》，清华大学出版社 2009 年版。

[59] 王铭铭：《西方人类学思潮十讲》，广西师范大学出版社 2005 年版。

[60] 汪宁生：《文化人类学调查》，文物出版社 2000 年版。

[61]［美］威廉·亚当斯：《人类学的哲学之根》，广西师范大学出版社 2006 年版。

[62]［美］威廉·A. 哈维兰：《文化人类学》，上海社会科学院出版社 2006 年版。

[63]［英］维克多·特纳：《仪式过程》，中国人民大学出版社 2006 年版。

[64]［英］维克多·特纳：《象征之林》，商务印书馆 2006 年版。

[65] 夏建中：《文化人类学理论学派》，中国人民大学出版社 1997 年版。

[66] 薛晓源、曹荣湘主编：《全球化与文化资本》，社会科学文献出版社 2005 年版。

[67] 姚湜、王玉珏、常亦殊：《职场竞争激烈　部分白领女性当上"干物女"》，《经济参考报》2007 年第 10 期。

[68] 易前良、王凌菲：《御宅——二次元世界的迷狂》，苏州大学出版社 2012 年版。

[69] [美] 约翰·哈特利：《文化研究简史》，金城出版社 2008 年版。

[70] 张晨阳：《"迷文化"新媒介环境下的价值审视》，《中州学刊》2011 年第 6 期。

[71] 张根强：《御宅族的三重身份》，《中国青年研究》2009 年第 3 期。

[72] 张磊：《中国漫迷群体研究》，硕士学位论文，华中师范大学，2005 年。

[73] 张继焦：《从流行文化到大众文化——都市中的卡拉 OK 现象》，《民俗研究》1997 年第 2 期。

[74] 张嫱：《迷研究理论初探》，《国际新闻界》2007 年第 5 期。

[75] 张嫱：《粉丝力量大》，中国人民大学出版社 2010 年版。

[76] [美] 詹姆斯·罗尔：《媒介、传播、文化——一个全球性的途径》，商务印书馆 2005 年版。

[77] [美] 詹姆斯·克利福德、乔治·E. 马库斯：《写文化：民族志的诗学与政治学》，商务印书馆 2006 年版。

[78] 庄孔韶：《人类学通论》，山西教育出版社 2005 年版。

[79] 赵旭东：《从田野工作到文化解释》，《民俗研究》2004 年第 4 期。

[80] 赵旭东：《文化认同的危机与身份界定的政治学——乡村文化复兴的二律背反》，《社会科学》2007 年第 1 期。

[81] 赵敏：《关于日本漫画研究》，《文化艺术研究》2008 年第

35 期。

[82] 赵思:《浅谈"御宅"现象及其心理分析》,《科教文汇》2009年第 4 期。

[83] [日] 竹田旦:《日本民俗学的产生与发展》,《民俗研究》1998 年第 2 期。

[84] 朱英双:《浅谈日本动漫对中国大学生价值观念的影响》,《教育理论研究》2011 年第 10 期。

[85] 朱岳:《萌系御宅族的后现代性状》,《东南传播》2008 年第 12 期。

[86] 周兴茂、汪玲丽:《人类学视野下的网络社会与虚拟族群》,《黑龙江民族丛刊》2009 年第 1 期。

[87] 周星:《"萌"作为一种美》,《内蒙古大学艺术学院学报》2014 年第 1 期。

二 外文文献

[1] 阿島俊:《漫画同人誌エトセトラ:状況論とレビューで読むおたく史》,东京:久保書店 2004 年版。

[2] 安田誠:《図説オタクのリアル―統計からみる毒男の人生設計》,东京:幻冬舍コミックス 2011 年版。

[3] 長山靖生:《おたくの本懷:"集める"ことの叡智と冒険》,东京:ちくま文庫 2005 年版。

[4] 大原まり子:《オタクと三人の魔女》,东京:徳間書店 1995 年版。

[5] 大泽真幸:《電子メディア論》,东京:新曜社 1995 年版。

[6] 大泽真幸:《虛構の時代の果て》,东京:ちくま新書 1996 年版。

[7] 大塚英志:《おたくの精神史 1980 年代論》,东京:講談社 2004 年版。

[8] 稲葉振一郎:《おたくの遺伝子》,京都:太田出版 2005 年版。

[9] 島国大和:《ゲーム屋が行く!デジオタク業界で生き残る道》,东京:毎日コミュニケーションズ 2005 年版。

［10］島田裕巳：《異文化とコミュニケーション：オタク国家・日本の危機》，东京：日本評論社1991年版。

［11］東一郎：《羊よサラバ：経済オタク一郎》，东京：新風舎2004年版。

［12］東浩紀：《リアルのゆくえ——おたくオタクはどう生きるか》，东京：講談社現代新書1998年版。

［13］東浩紀：《不過視なものの世界》，东京：朝日新聞社2000年版。

［14］東浩紀：《動物化するポストモダンオタクから見た日本社会》，东京：講談社〈講談社現代新書〉2008年版。

［15］東浩紀：《網状原論F改：ポストモダン・オタク・セクシュアリティ》，东京：青土社2003年版。

［16］渡辺和博：《オタク玉》，东京：太田出版1990年版。

［17］渡辺大地：《それでもやっぱりモーニング娘：オタク的楽しみ方のススメ》，东京：アートブック本の森2003年版。

［18］荷宮和子：《おたく少女の経済学》，东京：廣済堂1995年版。

［19］鶴岡法斎：《日本アタク大賞》，东京：扶桑社2003年版。

［20］高安正明：《なぜ売れる!?："アキバ系"商売のしくみ》，东京：オーエス出版社2004年版。

［21］岡田斗司夫、唐沢俊一、眠田直：《オタクアミーゴス!》，东京：ソフトバンク1997年版。

［22］岡田斗司夫：《東大おたキングゼミ》，东京：自由国民社1998年版。

［23］岡田斗司夫：《国際おたく大学：一九九八年最前線からの研究報告》，东京：光文社1998年版。

［24］岡田斗司夫：《オタクの迷い道》，东京：文藝春秋1999年版。

［25］岡田斗司夫、田中公平、山本弘：《史上最強のオタク座談会：封印》，东京：音楽専科社1999年版。

［26］岡田斗司夫、田中公平、山本弘：《史上最強のオタク座談会②：回収》，东京：音楽専科社2000年版。

［27］岡田斗司夫、田中公平、山本弘：《史上最強のオタク座談会③：絶版》，东京：音楽専科社2000年版。

［28］岡田斗司夫：《東大オタク学講座》，东京：講談社1997年版。

［29］岡田斗司夫：《オタク学入門》，东京：新潮社（新潮OH！文庫）2000年版。

［30］岡田斗司夫、山本弘：《空前絶後のオタク座談会①：ヨイコ》，东京：音楽専科社2001年版。

［31］岡田斗司夫、山本弘：《空前絶後のオタク座談会②：ナカヨシ》，东京：音楽専科社2002年版。

［32］岡田斗司夫、山本弘：《空前絶後のオタク座談会③：メバエ》，东京：音楽専科社2002年版。

［33］岡田斗司夫：《オタクはすでに死んでいる》，东京：新潮社2008年版。

［34］宮崎駿：《出発点1979～1996》，东京：徳間書店1996年版。

［35］宮崎駿：《折り返し点1997～2008》，东京：岩波書店2008年版。

［36］《広辞苑第六版》，东京：岩波書店2003年版。

［37］広田恵介、目黒譲二：《オタクライフ》，东京：データハウス1999年版。

［38］吉田正高：《二次元美少女論：オタクの女神創造史》，东京：二見書房2004年版。

［39］樫村愛子：《ネオリベラリズムの精神分析—なぜ伝統や文化が求められるのか》，东京：光文社2007年版。

［40］菊池聡：《おたくステレオタイプと社会的スキルに関する分析》，Japanese Association of Educational Psychology，2003年。

［41］難波功士：《戦後ユース・サブカルチャーズをめぐっておたく族と渋谷系》，硕士学位论文，Kwansei Gakuin University，2005年。

［42］清谷信一：《ル・オタク：フランスおたく事情》，东京：KKベストセラーズ1998年版。

［43］浅羽通明：《天使の国王：「おたく」の論理のために》，东京：JICC 出版局 1991 年版。

［44］日本おたく大賞実行委員会《日本オタク大賞 2004》，东京：扶桑社 2004 年版。

［45］森川嘉一郎：《おたく：人―空間―都市》，东京：幻冬舎 2004 年版。

［46］榊原史保美：《やおい幻論》，东京：夏目書房 1998 年版。

［47］石井久雄：《おたくのコスモロジー》，The Japan Society for the Study of Education，1997 年。

［48］唐沢俊一、志水一夫：《トンデモ創世紀 2000：オタク文化の行方を語る》，东京：イーハトーブ，1999 年版。

［49］西垣通：《メデイアの森：オタク嫌いのたわごと》，东京：朝日新聞社 1998 年版。

［50］榎本秋：《オタクのことが面白いほどわかる本：日本の消費をけん引する人々》，东京：中経出版 2009 年版。

［51］相田美恵：《現代日本におけるコミュニケーションの変容おたくという社会現象にっ通じて》，硕士学位论文，Hiroshima Shudo University，2004 年。

［52］小川伸彦・山泰幸：《現代文化の社会学入門》，京都：ミネルヴァ書房 2007 年版。

［53］相田美恵：《おたくをめぐる言説の構造》，硕士学位论文，Hiroshima Shudo University，2005 年。

［54］斎藤环：《戦闘美少女の精神分析》，东京：筑摩書房 2006 年版。

［55］野村総合研究所：《オタク市場の研究》，东京：東洋経済新報社 2005 年版。

［56］永江郎：《平らな時代：おたくな日本のスーパーフラット》，东京：原書房 2003 年版。

［57］原えりすん：《オタクトリビア》，东京：スタジオディーエヌエー 2003 年版。

[58] 宇田川岳夫：《フリンジ・カルチャー：周辺的オタク文化の誕生と展開》，东京：水声社1998年版。

[59] 宅八郎：《イカす！おたく天国》，东京：太田出版1991年版。

[60] 折原由梨：《おたくの消費行動の先進性について》，跡見学園女子大学マネジメント学部紀要第8号，2009年。

[61] 持永只仁：《アニメーション日中交流記》，东京：株式会社东方书店2006年版。

[62] 中野独人：《電車男》，东京：新潮社2004年版。

[63] 中森明夫：《おたくの研究》，东京：漫画ブリッコ1983年版。

[64] 中島梓：《コミュニケーション不全症候》，筑摩書房1999年版。

[65] 竹熊健太郎：《私とハルマゲドン：おたく宗教としてのオラム真理教》，东京：太田出版1995年版。

[66] アルテイシア：《59番目のプロポーズ：キャリアとアタクの恋》，东京：美術出版社2005年版。

[67] エチエンヌ・バラール：《オタク・ジャポニカ》，大阪：河出書房新書2000年版。

[68] おたっきい佐々木：《フっ完全おたくマニュアル》，东京：ワニブックス1997年版。

[69] クーロン黒沢：《香港電脳オタクマーケット》，东京：徳間文庫1996年版。

[70] コスモヒルズ：《クイズパズルの遊園地：もっと深く、もっと楽しく（在宅おたく編）》，东京：ベストセラーズ1992年版。

[71] スタジオハード：《電脳アタクページ》，大阪：ゼスト1997年版。

[72] ヒロヤス・カイ：《オタクの考察》，东京：シーアンドアール研究所2008年版。

[73] もえたん製作委員会：《萌える英単語：もえたん》，东京：三オブックス2003年版。

[74] ぽにーてーる：《インター・オタク・ネット》，东京：ダイヤ

モンド社 1997 年版。

[75] ミルミル：《萌える株式投資：一獲千金！豊かなオタク生活》，东京：ベストセラーズ 2004 年版。

[76] EYE-COM：《日本一短いオタクちゃんへの手紙》，大阪：アスキー出版社 1997 年版。

[77] J・イワンビッチ、T・デユーニング：《優秀なオタク社員の上手な使い方》，东京：ダイヤモンド社 2002 年版。

[78] Otaspo：《東京オタッキースポート 1996～97》，东京：技術評論社 1996 年版。

[79] Livingstone, S. (2004), "The Challenge of Changing Audiences, or, what ie the Internet?" *European Journal of Communication*.

[80] Staiger J. (2005), "Media Reception Studies", New York University Press.

[81] Hills M. (2005), "NEW Directions in Fan Studies Patterns of Supprise", *American Behavioral Scientist*, Vol. 48, No. 7, Sage Publications.

[82] Broker, W. and Jennyn, D, *The Auedience Studies Reader*, Routledge, London and New York.

[83] Sandvoes, C. (2005), "NEW Directions in Fan Studies One Directional Fan", *American Behavioral Scientist*, Vol. 48, No. 7, Sage Publications.

附　录

附录一　调查提纲

一　"御宅族"个人调查

调查对象：年龄、性别、文化程度、职业、身份、所在地区（住址）。

调查时间：2013 年 7 月＿＿＿日。

调查地点：＿＿＿＿＿＿＿＿＿＿。

（1）你是什么时候开始喜欢动漫的？为什么喜欢？

（2）你喜欢什么类型的动漫？为什么？

（3）你认为自己是御宅族吗？

（4）你认为什么样的人算是"御宅族"？

（5）你认为御宅族和其他动漫爱好者有什么异同？

（6）你认为御宅族的共同特征是什么？

（7）现在流行的动漫语言是什么，能给我介绍几个吗？

（8）御宅族的着装风格是什么（男、女）？

（9）请他（她）介绍御宅族居室的布置、装饰特点。

（10）你有无喜欢的声优？现在最有人气的声优是哪些人？

（11）你业余时间是如何安排的？什么时间看动漫？

（12）你主要的休闲（娱乐）方式是什么？（从事与动漫相关的活动、旅游、聚会、健身、其他）

（13）除了自己看动漫以外，你参加哪些同人活动？（动漫展、角

色扮演、圣地巡游）

（14）你参加同人活动的相关团体吗？怎么参加的？（如参加，名称、活动内容、频率）

（15）你是否去女仆咖啡厅、执事餐厅？说说你的看法、评价。

（16）同人志的主要内容是什么？是什么人编的？多长时间出一本？

（17）编辑、发行费用怎么来的？

（18）同人志是花钱买的吗？

（19）你的好朋友都是御宅族吗？有几个御宅族朋友？

（20）你有非御宅族的朋友吗？

（21）恋人是否是御宅族？

（22）你认为与这两类人（御宅族和非御宅族）交往有什么不同？

（23）你与其他御宅族交往最看重（最佩服）的是什么？

（24）你与御宅族朋友的交流内容主要是什么？

（25）你和他们是怎么联系的？

（26）你上的动漫网站是什么？是用网名和大家交流吗？论坛上大家都交流些什么？（动漫资讯、对动漫作品讨论、二次创作的展示）

（27）你什么时间上网观看动漫？每次看多久？

（28）你对动漫资讯的获得途径是什么？（互联网、同人活动、同人志、其他漫迷）

（29）你上的动漫网站的数量、人数、注册方式是什么？

（30）你拥有的动漫文本和衍生产品有哪些？获得的渠道是什么？大概花了多少钱？

（31）动漫产品怎么来的？都是自己买的吗？

（32）你用在购买动漫产品上的月（年）花费大概是多少？

（33）你购买动漫的地点、方式是什么（实体店、网络）？东京的动漫产品集散地除秋叶原外还有其他哪些地方？

（34）你的钱是父母给的？还是打工挣来的？

（35）父母对你喜欢动漫的态度如何？

（36）你只收藏你喜欢的类型的产品，还是有新的作品出来就买？

买些什么？

（37）你消费（购买、收集、收藏）的动机是什么？（喜欢、收藏、分享、交流）

（38）御宅族的生活方式对你有什么影响？

（39）作为御宅族，与主流社会的关系怎样？（是否愿意与非漫迷交往、交流的兴趣与能力）

（40）你进行过二次创作吗？

（41）御宅族会变为非御宅族吗？

（42）御宅族一般都是年轻人吗？

（43）御宅族是男性多还是女性多？

二　女仆咖啡厅调查

（一）基本情况

地址、开放时间、店内布局、摆设（照片）；

店长、工作人员人数、分工；

特色（布置、服务生的服饰、餐饮、服务内容）；

顾客的情况（是否大多数是男性御宅族）；

本店的由来和发展历程。

（二）访谈提纲

1．"女仆"访谈提纲

地点：_____；

时间：2013 年 7 月___日；

访谈对象：女仆咖啡厅服务生_____；

（1）你是学生吗？

（2）是打工吗？

（3）你是如何找到这份工作的呢？工作前需要培训吗？

（4）选择这家店打工的原因是什么呢？这里工资很高吗？

（5）你一周来几次？什么时间来？一次多长时间？

（6）你在这里工作多长时间了？

（7）在店里负责什么工作？（打扫、洗餐具、点菜、送菜、与客人的互动等）

（8）据说这里有和客人做游戏、聊天互动的环节，可以谈谈你的感受吗？

（9）你们的服装很可爱，是定制的吗？

（10）这里的客人主要是男性御宅族吗？女士客人多吗？

（11）这里有固定的客人吗？

（12）店里播放的动画片（动画电影）都是怎么选的？客人们可以选片播放吗？

（13）来这里的客人是因为喜欢店里的料理，还是喜欢店里的动漫气氛？

（14）这家女仆店的特色是什么？

（15）你平时喜欢什么动漫作品？你是御宅族吗？为什么？

（16）能不能分享一下在女仆店打工的乐趣和辛苦所在？

（17）你觉得店里气氛怎么样？

（18）有什么推荐的料理吗？

2. 店长访谈提纲

地点：_____。

时间：2013 年 7 月____日。

访谈对象：女仆咖啡厅店长_____。

（1）贵店开了多长时间了？

（2）为什么想要开这样一家女仆店呢？

（3）店里举行与动漫相关的主题活动吗？

（4）开店时遇到过什么困难吗？

（5）你们店里每天有几个女仆工作？招募的女仆都需要满足什么条件？

（6）经营情况如何？

（7）来就餐的客人都是些什么人？

（8）女仆店的主要特色是什么？可以谈谈与其他茶餐厅的异同吗？

（9）据你所知东京女仆店多吗？

（10）你平时喜欢看什么动漫作品呢？

（11）未来还有什么打算呢？

3．顾客访谈提纲

地点：_____。

时间：2013 年 7 月____日。

访谈对象：女仆咖啡厅顾客_____。

（1）你是怎么知道这家女仆店的呢？

（2）你喜欢什么样的动漫作品呢？举几个例子吧！

（3）这间女仆店和你在动画、漫画中看到的印象中的女仆店感觉一样吗？

（4）这家店都提供什么服务？请谈谈与其他茶餐厅的异同。

（5）你对这里的服务满意吗？

（6）请谈谈你对这家咖啡厅女仆的印象。

（7）你常来这里吗？多长时间来一次？

（8）为什么选择来女仆店？

（9）是和朋友相约一起来的吗？

（10）你是御宅族吗？

（11）你认为御宅族和非御宅族的区别是什么？

（12）什么样的人算是御宅族？

三　动漫活动调查

时间：2013 年 7 月。

地点：_____。

活动名称：_____。

（一）基本情况

1．人员情况

主办方：主办者的身份、职业、主办的目的。

参与者：个人或团体。

2．场地情况

提供者、是否租用、费用、是否是固定的。

3．活动内容

角色扮演：动漫剧的名称、数量、创作者及扮演者、情节。

交易：交易的内容（同人志或动漫作品或动漫相关产品）。

4. 报名方式、收费情况

5. 如是比赛，名次情况及奖励情况

（二）活动记录

活动过程（步骤）、活动内容、参加人员、活动的开始和结束时间、现场的其他情况。

（三）访谈提纲

1. 对活动组织者的访谈。

地点：_____。

时间：2013年7月____日。

访谈对象：_____。

（1）筹备内容（租用场地、募集人员、内容安排）。

（2）角色扮演所需服装、道具的加工制作情况和费用。

（3）活动支出项目有哪些？支出多少？所需经费如何筹措？

（4）这样的活动是定期举办吗？

（5）在哪里发布活动信息？

（6）什么样的人或团体能参加？需要注册吗？

（7）参加今天活动的共有几个团体？是什么团体？

（8）他们都来自东京吗？

（9）正式参加的有多少人？现场有多少人？

（10）活动一般都在什么时候举行？

（11）根据什么确定举办的时间？（季节、假期）

（12）每次的活动内容都一样吗？

（13）为什么要举办这样的活动？

（14）你是第几次筹办这样的活动？

（15）御宅族团体都是民间的吗？现在比较活跃的有哪些？都有什么活动？

（16）御宅族团体是怎么形成的？大家除了在网上交流以外，还有什么交流方式？

2. 对参加者的访谈

地点：_____。

时间：2013 年 7 月____日。

访谈对象：_____。

（1）你们是第几次参加这样的活动？

（2）今天演出的剧目叫什么？

（3）准备了多长时间？

（4）服装、道具都是自己制作的，还是有专门的制作地方？费用多少？谁出的？

（5）你们的团体有几个人？他们的身份都是什么？

（6）参加今天活动的都是御宅族吗？什么样的人算是御宅族？

四　秋叶原动漫城调查

店铺分布（最好画平面图）、规模、数量、环境。

收集有关店铺介绍的文字材料。

（一）基本情况

1. 动漫相关的店铺情况。

店铺的面积、商品陈列情况、售货员情况。

经营情况（人气商品是什么）、服务方式、营业时间。

2. 经营者情况

店长、店员（年龄、专职或兼职）。

3. 产品情况

动漫产品及其衍生产品的分类。

动漫产品是否有外国的？是哪些国家的？

最流行的作品和题材是什么？

哪些产品卖得好？

4. 顾客情况

来客的年龄、身份（是否是御宅族）。

他们的消费情况、消费倾向是什么？

谈谈对御宅族的看法、评价。

（二）访谈提纲

1. 对店长、店员的访谈

地点：_____。

时间：2013 年 7 月____日。

访谈对象：_____。

（1）店开了多长时间了？

（2）主要经营的产品是什么？

（3）你一直从事这个生意吗？

（4）动漫城是什么时候出现的？到现在有什么变化吗？

（5）生意好做吗？

（6）本店有几位店员？都是专职的吗？

（7）哪些商品最受欢迎？

（8）你本人喜欢看动漫吗？

（9）来这里的顾客都是御宅族吗？

（10）他们和其他的顾客有什么不同？

2. 对顾客的访谈

地点：_____。

时间：2013 年 7 月____日。

访谈对象：_____。

（1）消费的内容是什么？（购买动漫产品或动漫衍生产品）

（2）消费动机是什么？（喜欢、收藏、分享、交流）

（3）你拥有的动漫文本和衍生产品有哪些？获得的渠道是什么？大概花了多少钱？

（4）你用在购买动漫产品上的月（年）花费是多少？

（5）你只收藏你喜欢的类型的产品？还是有新的作品出来就买？买些什么？

（6）购买的地点、方式是什么？（实体店、网络）东京的动漫产品集散地除秋叶原外还有其他哪些地方？

（7）你参加的与动漫相关的活动有哪些？

（8）来这里买动漫及相关产品的都是御宅族吗？

（9）动漫剧或动漫电影从网络都能下载吗？下载收费吗？

五　圣地巡礼（朝圣）

调查地点：新宿、池袋。

调查时间：_____。

调查对象：_____。

（一）圣地巡礼的内容

（1）寻找到取景地拍照。

（2）在动漫人物曾经喝咖啡、就餐的地方，漫迷在同样的地方就餐喝咖啡。

（二）对圣地巡礼、旅游的解释

（三）访谈提纲

（1）在此地拍摄过什么动漫剧？名称、拍摄时间是什么？剧情是什么？

（2）御宅族都会到"圣地"吗？

（3）都是和朋友们一起来的吗？

（4）大家都是自发来的，还是有人组织来的？

（5）如是组织来的，组织者是什么人？

（6）都利用什么时间来？

（7）去东京之外的地方吗？

（8）找到实景后，除拍照留念外，还有别的活动吗？

（9）照片是否发到动漫网站上与大家分享？

（10）是否找到的"圣地"越多就越骄傲？

（11）你最喜欢看的动漫作品是什么？

附录二　角色扮演（Cosplay）之女仆咖啡厅
——北京市女仆咖啡厅调查报告

一　调查目的与意义

Cosplay，中文译名为"角色扮演"。Cosplay 是英文 Costume Play 的略写，Costume 指服装、装束，Play 指扮演、游戏。角色扮演基于日本动漫游戏产业而产生，一般是指由真人利用服装、饰品、道具以及化装等来扮演动漫（ACG）[①]中的角色、情节或是一些日本视觉系乐队以及电影中的某些人物。

女仆咖啡厅（日文：メイドカフェ；罗马拼音：meido kafe；英文：Maid Cafe）为角色扮演餐厅的一大类型，因咖啡厅的女服务生装扮成19世纪维多利亚女王时期女仆的模样而得名。女仆咖啡厅是以1998年8月在东京角色扮演展中的游戏——"欢迎来到 Pia Carrot！！"为蓝本的咖啡厅。女仆咖啡厅的餐点内容与普通的咖啡店类似，而服务生大多是参照ACG当中女仆的角色，她们身着19世纪维多利亚女王时期女仆的装束，称呼男性顾客为"主人"（"ご主人様"）。在日语中"主人"是妻子对丈夫的称呼，这与普通咖啡厅对顾客的称呼不同，在日本服务行业中，称呼顾客为"御客様"，即客人的敬称。

女仆咖啡厅客户群多以御宅族（ACG迷的泛称）、ACG爱好者及单身男性为主。女仆咖啡厅有自己独特的服务方式，比如帮客人按摩、陪客人聊天、打牌或做游戏，不过都需额外收费。有些店提供跪式服务，让"女仆"跪着给客人的咖啡加牛奶和方糖，甚至喂顾客进餐。女仆咖啡厅还会不定期地举办派对、主题日等活动。日本东京秋叶原是动漫迷（御宅族）的大本营，日本首家女仆咖啡厅"Cure Maid"也是于2001年3月在东京秋叶原的电器街成立，随后女仆咖

[①] ACG 为英文 Animation、Comic、Game 的缩写，是动画、漫画、游戏（通常为电玩游戏）的总称。

啡厅开始在日本各地纷纷成立，逐渐形成一股御宅族次文化的流行风潮。尽管女仆咖啡厅最早出现在日本，但其风潮迅速扩展至其他国家和地区，包括中国台湾、韩国、墨西哥、加拿大和美国等地都有女仆咖啡厅的出现。

由于笔者的博士论文涉及"御宅族的角色扮演"这一内容，计划2013年去日本做相关田野调查，其中也包括对"女仆咖啡厅"的调查。为了亲身体验在中国的日式女仆咖啡厅的文化特色，并为在日本的调查和研究提供一种比较的视野和素材，笔者于2012年12月23日和24日分别对位于北京市朝阳区的两家女仆咖啡厅做了预调查。

随着日本动漫在中国的风行，国内各大城市陆续出现女仆咖啡厅。据笔者了解，在北京市共有3家女仆咖啡厅（国内习惯称之为女仆餐厅）。笔者前去调查的女仆餐厅分别是"路地里女仆餐厅"和"屋根里女仆餐厅"。

二 女仆餐厅概况及调查经过

（一）路地里女仆餐厅

路地里女仆餐厅（Rojiura Maid Restrant）位于北京市朝阳区建国路郎家园16号楼B1层。该餐厅于2010年开业，员工约25人，服务员以大学生为主。客人多是日本动漫迷（御宅族）或喜爱日本动漫文化的青少年，也有慕名而来的游客。

该店铺占地90平方米左右，餐桌25张。满员时可容纳客人80余人。店内服务区分为两个区域：餐厅区和表演区。餐厅区由"女仆"为客人服务，提供膳食和饮料、甜品。客人还可以随意在店内观赏动漫作品，并和女仆互动，如做游戏、合影等。

表演区有一个长3.5米、宽2.5米的舞台，台下座席30位。每周六晚会有市内COS社团（角色扮演社团）的成员到该店表演动漫歌舞。观看节目时的最低消费为30元/小时。除此之外，这里还会不定期地组织动漫主题活动。

为了能够仔细观察女仆餐厅的设计、布局，有充分的时间与"女仆"、店长及客人交谈，笔者在上午11点前来到了路地里女仆餐厅。该餐厅在一个写字楼的地下一层，店门口挂着醒目的招牌，招牌上写着"路地里"三个大字,在"路地里"上面还写有一排小字:"屋根里动漫主题餐厅系列",明显是一个动漫主题餐厅(见图1)。

图1 路地里女仆餐厅的招牌

从写字楼正门进入,顺着楼梯下到地下一层,便是女仆餐厅的正门了(见图2)。还没走进门,恭候在咖啡厅门口的两名女仆扮相的服务员,就很热情地用日语和我们打招呼,意思是"欢迎光临"("いらっしゃいませ")。一进入餐厅就能感受到浓厚的日本动漫的文化气息,门口的桌子上摆着漫画书、卡片、明信片(见图3),店内墙上贴满了动漫海报(见图4),橱窗里面放着各类动漫玩偶、玩具、手办模型（见图5），书架上摆放着许多原版动漫书、杂志和小说供客人们阅读，现场还播放着日本动漫歌曲。

图2　女仆餐厅入口处

图3　门口桌子上摆着漫画、卡片、明信片等

276 | 我迷故我在

图 4　墙上贴满了动漫海报

图 5　橱窗里面的动漫玩偶、手办模型等

入座后，一位女仆将菜单拿到笔者的餐桌上。由于此时是上午，所以除了主菜单以外还有另外一张"路地里女仆主题餐厅中午特价餐"的菜单（见图6）。菜单上标示着供应的主菜、饮料以及甜品等食品。主菜大体有西式蛋饼、蛋包饭、意大利面、日式盖饭等，而饮品则是果汁、茶、牛奶等。这间女仆餐厅的特别主菜之一是蛋包饭（オムライス），女仆会用番茄酱在蛋包饭上画出可爱的脸蛋儿、动物或者是心形图案（见图7）。店里的服务不仅限于提供餐饮方面，这间女仆餐厅还提供游乐、与女仆合照和其他促销项目。餐桌上除摆放着酱油、辣椒粉和牙签外，还有一个铃铛，如果需要服务员的话按铃铛就行。点过餐后，女仆为我们备好餐具、一双筷子和垫纸。筷子很有意思，做成了铅笔的样子，垫纸像是一个笔记本（见图8）。

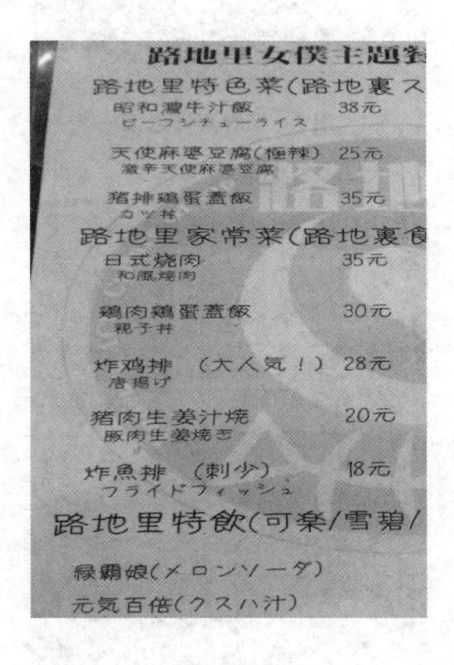

图6 菜单

278 | 我迷故我在

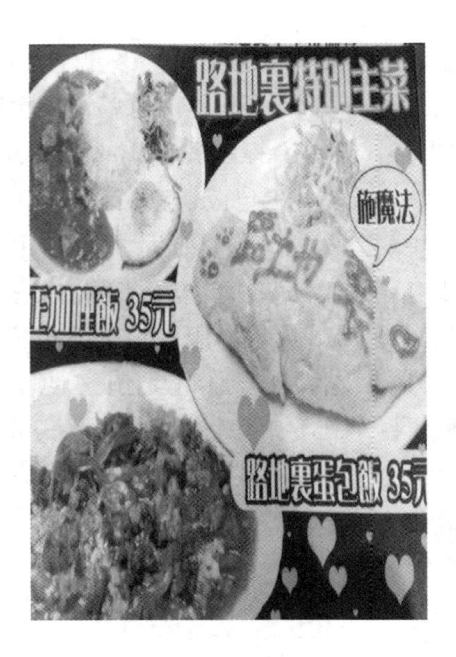

图 7 招牌菜蛋包饭

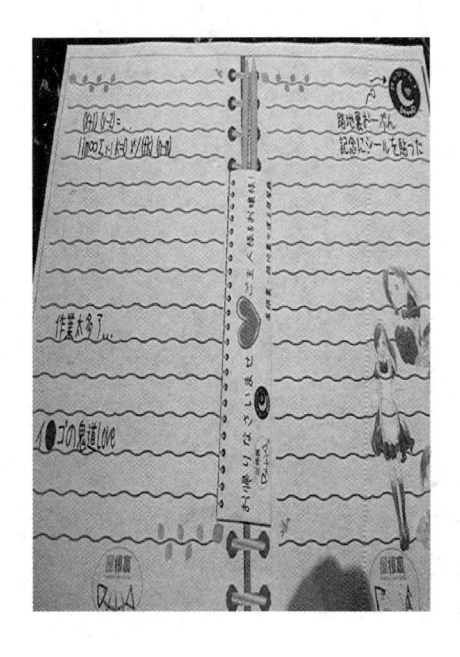

图 8 垫纸和铅笔状的筷子

店内的女服务生穿的都是特制的可爱女仆服装，因调查当时还没有到中午的就餐高峰，所以店内只有2名"女仆"当班，两人都是在读的大学生，她们的名字分别叫"亚梨沙"和"桃子"（见图9），这两个名字都是取自她们各自喜欢的动漫作品。亚梨沙告诉笔者，她们现在穿的这套服装是在日本的网站上订购的，服装会随着季节的变化而更换，每个季节都有新的款式。当笔者问到为什么在这里工作、在这里工的乐趣时，亚梨沙说，并不是为了赚钱，这里的工资只有每小时10元，主要因为自己喜欢日本动漫，在这里工作的乐趣"当然就是在ACG的氛围下工作了，客人少的时候还可以偷懒看动画"。

图9　左侧是亚梨沙，右侧是桃子

桃子也是一位动漫爱好者，她热情地为我们介绍着店里的情况。她说这家咖啡厅和一般的西式咖啡厅不同，是一家很正统的日式女仆店，料理都很正宗、很好吃。有的客人是因为喜欢店里的料理来的，而有的客人是因为喜欢店里轻松的气氛来这里玩的。她还说，客人想到的动画片、动画电影在店里都能找到，店里播放的也是当下比较流行的动漫乐曲。

在与两位"女仆"交谈的过程中笔者了解到，在这里工作的女仆大都是高校的在校大学生，都是因为喜爱日本动漫慕名而来，利用课余时间到这里打工。要想成为"女仆"，首先要填写女仆店网站上的招聘信息表，也有通过熟人介绍来应聘的。正式聘用前由店方统一安排面试，录用后还有一系列的待客礼仪、日语训练。女仆们都很珍惜并享受这份工作。

交谈中笔者向两位"女仆"了解到，这家咖啡厅由两位老板共同经营，其中一位来自中国台湾，名叫俞孜奇；另一位是日本人，名叫峰岸宏行。中国台湾的俞孜奇曾留学日本，和峰岸宏行是同学，因而相识。当时俞孜奇外出，笔者只访谈到日本老板峰岸宏行。峰岸宏行约40岁，能说一些简单的中文，我们用汉语和日语进行了交谈。谈话中了解到，这家店是屋根里女仆主题餐厅的连锁店。在谈到为什么想到要开这样一家女仆店时，他回答说，他一直很喜欢动漫，开一间女仆店的想法已经很久了，在上大学的时候就有这种想法，也很想在中国发展。但是当时的资金和精力都有限，所以直到2010年，经朋友介绍找到了开店的店面，才有机会把这家店开起来。"我的目的就是开一家动漫主题餐厅，把喜欢动漫的同好们都聚集起来，让大家有一个交流和放松的场所，能够一起看看漫画、动画，也能够在店里举办很多与动漫相关的主题活动，为动漫爱好者提供一个小众化的动漫体验空间。当初开业2个多月无盈利，现在好了。很多15—30岁的男顾客帮衬，一些上班族下班后会结伴而来，其中还有日本白领，少数人还会每周都来捧场，我们很高兴"。

当笔者问到中日两国御宅文化的异同时，他说："感觉这边的御宅很厉害，很有热情，有很多画画得很好。"他还说，还有再开一家执事店[①]的想法，现在还在策划当中。时至中午，我们点了这里的招牌菜"女仆蛋包饭"。结束用餐后，两位"女仆"把我们一直送到门口，一边鞠躬一边用日语对我们说"请慢走！"（"行ってなさい！"）

---

① 中国的动漫爱好者用"执事"一词指西装白领的"英式管家"，执事店也就是英伦贵族风格的餐饮店。也有人把执事店叫作"男仆店"，执事店的服务员（执事）都是男性，身着英式管家服饰，服务对象与"女仆店"相反，以年轻女性、女白领为主。上海已经有这样的店出现。

这句话在日语中通常是当家人出门时才会使用的礼貌性用语。

(二)屋根里女仆餐厅

屋根里女仆餐厅(Yanewura Okonomi Yaki)位于北京朝阳区新源里中街8号2楼,是以日式铁板烧料理为主的动漫主题餐厅,2010年开业以来以其独特的动漫文化气息和美味的日式铁板烧料理吸引了各年龄段、各阶层的顾客。约200平方米的店内共分三个服务区:女仆咖啡厅、宅人区和铁板烧区。女仆咖啡厅除一般用餐的桌椅外,还设有吧台,是休闲、就餐兼顾的地方。宅人区充满了ACG的元素,有电视和游戏机,可以点播自己喜欢的动画片。铁板烧区是离门最近的区域,适合普通顾客。店里最主要的招牌料理就是日式铁板烧,当然也有很多可口的配菜。店内有工作人员50人左右,常规服务的"女仆"是3—4人,周末会有增加。

屋根里女仆餐厅隐藏在一个家属区当中,不是很好找。等我们找到时,正赶上晚6点多的用餐高峰。餐厅入口处看上去像是一家很普通的日式居酒屋(见图10),顺着楼梯上到2楼,门口有一个女仆端着甜点的牌子,上面用日语写着"欢迎光临屋根里"("「屋根裏」へようこそ")(见图11)。由于我们前去调查的日子正好是12月24日平安夜,店里客人很多。进门后一位女仆走过来简单介绍了店内的三个服务区,问我们想坐哪里(见图12)。之后把我们带到了选择的座位上(宅房)。宅房是日式房间,入口处需要脱鞋,室内席地而坐,当然,地上铺着榻榻米。待我们坐好后,"女仆"向我们介绍因为当晚是平安夜,店里推出双人或四人套餐。我们点了双人套餐。环顾了一周,其他客人基本也都是在享用圣诞套餐。与路地里女仆餐厅的客人相比,这里的客人中有很多女性,也有一些年纪较大的客人(见图13)。客人们一边就餐一边观赏店内播放的日本动画片。除了墙上粘贴的动漫海报和穿着女仆服装的工作人员,屋根里女仆餐厅和其他日式居酒屋没有太大差别。可能因为当晚是平安夜的缘故,再加上这家店也有团购业务,客人很多,上菜速度较慢,"女仆"的服务似乎也不如"路地里女仆餐厅"细致、周到,商业气氛更浓。"女仆"都使用敬语,在店里还可以看到原版日语动画片。我们点了简单的饭菜,一边用餐一边与邻桌的一位客人交谈。这位客人也是一个动漫爱好者，他说是因为喜欢这里的氛围才来这里用餐的。

图 10　屋根里女仆餐厅入口处

图 11　欢迎光临屋根里

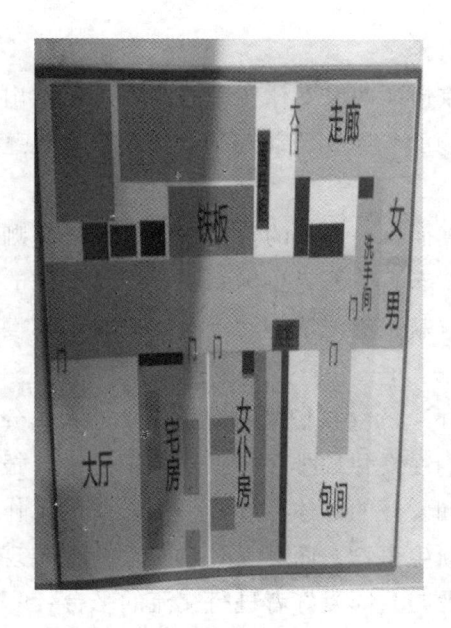

图 12　屋根里餐厅的布局

图 13　一位年龄较大者在就餐

三 分析与讨论

从以上对北京市的两家女仆餐厅的调查可以看出,女仆咖啡厅是以日本动漫为主题的餐厅,是动漫产业和动漫文化蓬勃发展的表现形式之一。

从商家的角度而言,商家的营销点就是动漫。咖啡厅的名称、店面和店内的装潢、布置、服务生的装束,以及提供的服务内容等都尽显动漫元素,店家就是靠浓浓的动漫氛围来吸引动漫迷和动漫爱好者的光顾。

从扮演"女仆"的女孩们来看,她们中的大部分是动漫或角色扮演的爱好者,她们在女仆咖啡厅打工,并不是冲着报酬而来,而是为自己寻找有着共同爱好的群体,寻找一个喜欢的工作环境。角色扮演在中国还是一个新生事物,而"女仆咖啡厅"的出现,为她们提供了一个表现自己以及与共同爱好者进行交流的平台。

从顾客的角度而言,女仆餐厅将ACG中的角色世界延伸到现实世界中,为沉迷于二次元情结中的人们提供了一种在现实世界中的文化体验机会。充满动漫元素的环境、日式温柔、周到的服务也是在现实生活中难以体验到的。它使得年轻人从严格、沉闷的日常生活规范中暂时解脱出来,在商家、店员共同营造的动漫文化环境中,寻找到一种归属感、满足感和轻松感。

女仆餐厅虽然是角色扮演中的一种,但与各种动漫展中的扮演秀有所不同,这一点笔者将在后续的研究中予以甄别。至于人们对"女仆咖啡厅"的或接受或批评的态度也属于正常现象,毕竟这种模式的咖啡厅或餐厅,属于一种亚文化,与主流文化的价值观有所不同。此外,女仆餐厅的出现也是一种时尚风潮,而流行时尚具有时限性,这一时尚风潮能够持续多长时间,是否会被新的风潮所取代,都是笔者将继续关注的议题。

北京女仆咖啡厅调查报告记录

本部分是笔者对当班"女仆"、店长以及顾客的访谈记录。

访谈记录 1

地点：路地里女仆餐厅。

时间：2012 年 12 月 23 日上午。

访谈对象：女仆餐厅服务员亚梨沙。

笔者：你是学生吗？

亚梨沙：对，我是北京第二外国语学院的学生，今年念大一。

笔者：学的是什么专业？你的专业和日本有关系吗？

亚梨沙：没有，我是财经战略专业的。

笔者：来这家店打工的原因是什么呢？这里工资很高吗？

亚梨沙：这里一个小时的工资只有 10 元。但是我喜欢这个，一直就很希望能够到女仆咖啡店打工呢！

笔者：那你一周来几次？

亚梨沙：我平时学校也很忙，也只有假期才来。一周 3 次，每次 5 小时。

笔者：你觉得店里气氛怎么样？

亚梨沙：平常工作也不是很多，店里气氛很和谐，大家相处很好，并且一直工作在宅的氛围里很愉快呢！

笔者：据说这里有和客人做游戏互动的环节，这个能接受吗？谈谈感受。

亚梨沙：当然可以啦！这是一家女仆店必备的功能吧？我认为女仆店的特色就在于女仆和客人的互动了，我很期待呢！

笔者：你们的服装很可爱，是定制的吗？

亚梨沙：现在的这套服装是在日本的网站上订购的，是最适合这个季节的一套女仆装。我们的服装会随着季节的变化而更换，每个季节都有新的款式。

笔者：能不能分享一下在女仆店打工的乐趣和辛苦所在？

亚梨沙：乐趣当然就是在 ACG 的氛围下工作了，客人少的时候还可以偷懒看动画呢（笑）！辛苦的话，就还是工作了吧！其实工作量也不是很大啦！就是洗盘子、打扫、点单什么的！

访谈记录 2

地点：路地里女仆餐厅。

时间：2012 年 12 月 23 日。

访谈对象：女仆餐厅服务员。

笔者：平时喜欢什么动漫作品？

桃子：喜欢"Macross F"，还有《V 家》，还有很多。

笔者：你是如何找到这份工作的呢？

桃子：朋友介绍来的，也是从客人到女仆。

笔者：店里要求女仆会说日语，你是怎么学的呢？

桃子：之前看动漫就会一些简单的，到店里打工还会给我们做两天培训。慢慢积累吧！

笔者：店里播放的动画片都是怎么选的？客人们可以选片播放吗？

桃子：几乎客人想到的动画片、动画电影在店里都能找到！一般是播放比较流行的，也可以根据客人的喜好来播放。

笔者：这间女仆店的特色在哪里呢？

桃子：它区别于西式的女仆店，是一家很正统的日式女仆店，料理都很正宗、很好吃。有的客人是因为喜欢店里的料理来的，而有的客人是因为喜欢店里的轻松气氛，来这里玩的。

笔者：有什么推荐的料理吗？

桃子：那当然是女仆蛋包饭啦，还有章鱼小丸子也很好吃！点女仆蛋包饭的客人们可以要求女仆用番茄酱写不同的字上去。还有一些我们特别设计的饮料，比如叫"EVA"的特饮。

笔者：那是什么呢？

桃子：就是只为漂亮女士特制的可爱饮品，一天只做 20 杯。

笔者：这里的女客人多吗？

桃子：不是很多，也有的。

笔者：这里有固定的客人吗？

桃子：有，有些客人每周都来好几次，特别是周六晚上演出的时候。

访谈记录3

地点：路地里女仆餐厅。

时间：2012年12月23日。

访谈对象：女仆餐厅老板峰岸宏行。

女仆餐厅有两位老板——俞孜奇（中国台湾）和峰岸宏行（日本），但调查当日只有一位老板在店。

笔者：为什么想要开这样一家女仆店呢？

峰岸：我一直以来是很喜欢动漫，开一间女仆店的想法已经很久了，应该说在上大学的时候就有这种想法。但是当时的资金和精力都有限，所以直到2010年，通过朋友的介绍找到了开店的店面，才有机会把这家店开起来。我的目的就是开一间主题餐厅，把喜欢动漫的同好们都聚集起来，让大家有一个交流和放松的场所，能够一起看看漫画、动画，也能够在店里举办很多与动漫相关的主题活动等。

笔者：开店时遇到过什么困难吗？

峰岸：不是所有人都喜好动漫，更难以让所有人喜好此中的一个分支——女仆文化，我们从一开始，就只能做一个小众化的动漫体验空间。当初开业2个多月仍无盈利，现在好很多了。有许多15—30岁的男顾客帮衬，一些上班族下班后会结伴而来，其中还有日本白领，少数人还会每周来捧场，我们很高兴。

笔者：两位老板是怎样相识的呢？

峰岸：我们是同一所大学的同学。因为很谈得来，觉得可以一起合作。

笔者：平时喜欢看什么动漫作品呢？

峰岸：喜欢"One Piece"《死神》这类的热血漫画。

笔者：你们店里通常每天有几个女仆工作？招募的女仆都需要满足什么条件？

峰岸：常规上服务的女仆是三到四人，也根据情况而定。以后女仆的人数还会逐渐增加。对女仆的要求，首先是要漂亮，就是萌度要够，还有就是会简单的日语，会跳舞唱歌的更好。我们也对她们进行培训，然后服务要好，对客人细心周到。虽然现在店里的女仆可能各个方面还不够完善，但是我们希望以后会越来越好。

　　笔者：觉得中国的宅文化和日本的宅文化有什么不同？

　　峰岸：感觉这边的宅很厉害，很有热情，有很多画画得很好。

　　笔者：未来还有什么打算呢？

　　峰岸：我们有再开一家执事店的想法，当然还在策划当中。

访谈记录4

　　地点：屋根里女仆餐厅。

　　时间：2012年12月24日晚6点。

　　访谈对象：在屋根里女仆餐厅就餐的客人。

　　笔者：您是怎么知道这家女仆店的呢？

　　客人：是通过朋友介绍来的，觉得这家店气氛很好，后来就经常来了。

　　笔者：都是和朋友相约一起来的吗？

　　客人：基本上是这样的，大家会聊聊天、打扑克什么的。

　　笔者：你喜欢什么样的动漫作品呢？举几个例子吧。

　　客人：举例子的话，有"EVA"和《空之境界》吧。

　　笔者：这间女仆店和你在动画、漫画中看到的印象中的女仆店感觉一样吗？

　　客人：基本上是差不多的，挺不错。

　　笔者：有没有"萌"店里的某个女仆？会和她们聊天吗？

　　客人：有啊，都很"萌"！我和她们熟悉了之后也会常常聊天。

后　记

　　书稿最终完成，搁笔掩卷之际，在欣喜与释怀之余，还有些不安。有言道"文章千古事，得失寸心知"，我想说的是，有些"得失"是自知的，有些则未必。但愿我的这份"答卷"不要留给我太多的遗憾和愧怍。

　　本书的思路和基本构架，来自我的博士学位论文。学位论文完成于2014年5月。从博士论文到完成书稿，又经历了两年半的时间。在此期间，我再赴日本做补充调查，并在国内参与了一系列的相关科研活动，收集到了一些新的资料。根据对新田野调查资料的分析，以及对近两年新的学术研究成果的评析，特别是在听取了有关专家学者的意见和建议的基础上，我对博士论文的内容做了调整、扩充和修改，对研究思路、学术观点和研究结论进行了重新梳理和进一步完善。望着面前20余万字的书稿，颇多的感慨挥之不去，因为它承载着太多的谆谆教诲与悉心帮助。

　　2010年，我有幸考取了中国社会科学院的博士研究生，师从于色音研究员攻读法学博士学位。由衷感谢我敬爱的导师色音研究员。恩师严谨的治学风格、深厚的学术造诣和因材施教的大家气度令我万分敬佩和感激。能够成为色音老师的弟子，是我求学路上最大的幸运。三年来，色音老师不仅指导我研究治学，更教诲我做人做事。他身上特有的坚忍不拔、一丝不苟的精神一直影响和鞭策着我。在博士论文的写作过程中，色音老师给予我充分的自由研究时间，在工作和教研十分繁忙的情况下仍然给予我殷切的关怀和悉心的指导，这一切都令我感激至深，也成为我完成博士论文的动力。作为色音老师的弟子，我一直忐忑不安的是离他对我的希望还有不小的距离，我始终明白，博士论文虽然完稿了，但学业永远不会结束！

感谢本书中援引了其研究成果的每一位专家和学者。尽管他们中的大部分我都未曾有幸谋面，但是他们的一些相关著述我都反复认真拜读过，从中学到了很多的知识，受到了不少的启发。

感谢我的家人对我的鼓励和支持，以及为保证书稿顺利完成付出的辛劳。

日本御宅族生活方式研究在我国仍是一个较为空白的领域。在书稿写作过程中，我整理了国内外学者的研究成果，并在日本进行了多次田野调查，收集相关资料，努力构建日本御宅族生活方式的分析框架。我深感写作的复杂和难以驾驭。尽管本人极尽现有之能，也难免会有疏漏、不当之处，恳请各位专家、老师不吝赐教，我亦会在此基础上努力地完善。

博日吉汗卓娜

2017 年春于北京